Stressbewältigung im Jugendalter

Stressbewältigung im Jugendalter

Ein Trainingsprogramm

von

Anke Beyer und Arnold Lohaus

HOGREFE

Dr. Anke Beyer, geb. 1974. 1995-2001 Studium der Psychologie in Marburg. 2002-2006 Forschungsstipendiatin und später Wissenschaftliche Mitarbeiterin am Fachbereich Psychologie an der Universität Marburg. Seit 2006 Psychologin an der Kinder- und Jugendpsychiatrie des Universitätsklinikums Frankfurt am Main.

Prof. Dr. Arnold Lohaus, geb. 1954. 1973-1980 Studium der Psychologie in Münster. 1982 Promotion. 1987 Habilitation. 1996-2006 Professor für Entwicklungspsychologie an der Universität Marburg. Seit 2006 Professor für Entwicklungspsychopathologie an der Universität Bielefeld.

Bibliografische Information Der Deutschen Bibliothek

Die Deutsche Bibliothek verzeichnet diese Publikation in der Deutschen Nationalbibliografie; detaillierte bibliografische Daten sind im Internet über <http://dnb.ddb.de> abrufbar.

Dieses Trainingsprogramm ist in Kooperation mit der Techniker Krankenkasse entstanden.

© 2006 Hogrefe Verlag GmbH & Co. KG
Göttingen · Bern · Wien · Toronto · Seattle · Oxford · Prag
Rohnsweg 25, 37085 Göttingen

http://www.hogrefe.de
Aktuelle Informationen · Weitere Titel zum Thema · Ergänzende Materialien

Das Werk einschließlich aller seiner Teile ist urheberrechtlich geschützt. Jede Verwertung außerhalb der engen Grenzen des Urheberrechtsgesetzes ist ohne Zustimmung des Verlags unzulässig und strafbar. Das gilt insbesondere für Vervielfältigungen, Übersetzungen, Mikroverfilmungen und die Einspeicherung und Verarbeitung in elektronischen Systemen.

Gesamtherstellung: Hubert & Co, Göttingen
Printed in Germany
Auf säurefreiem Papier gedruckt

ISBN-10: 3-8017-2031-4
ISBN-13: 978-3-8017-2031-5

Inhaltsverzeichnis

Vorwort 7

Kapitel 1: Hintergrund des Trainings 9

1.1 Einführung 9
1.2 Begründung für den zentralen Stellenwert von Problemlösekompetenzen 11
1.3 Theoretische Grundlagen des Aufbaus von Problemlösekompetenzen 13
1.4 Übersicht zu weiteren Stressbewältigungstrainings für das Jugendalter 14

Kapitel 2: Ergebnisse einer Bedarfsanalyse 17

2.1 Verbreitung von physischen und psychischen Stresssymptomatiken 17
2.2 Bezüge zwischen Stresserleben und Stresssymptomatik 19
2.3 Bedarf für ein Stressbewältigungsprogramm aus der Sicht der Schüler 19

Kapitel 3: Trainingskonzept 23

3.1 Konsequenzen aus der Bedarfsanalyse 23
3.2 Modularisierter Aufbau des Trainings 25

Kapitel 4: Überblick zu den Trainingssitzungen 27

4.1 Kurzüberblick 27
4.1.1 Modul Wissen zu Stress und Problemlösen 27
4.1.2 Ergänzungsmodul Gedanken und Stress 29
4.1.3 Ergänzungsmodul Soziale Unterstützung 31
4.1.4 Ergänzungsmodul Entspannung und Zeitmanagement 33
4.2 Begleitmaßnahmen 34
4.2.1 Akzeptanz des Trainings 34
4.2.2 Arbeit in Kleingruppen 35
4.2.3 Eingliederung in den Schulalltag 35
4.2.4 Internetnutzung 36
4.3 Beschreibung der Trainingssitzungen 37
    Modul Wissen zu Stress und Problemlösen 37
    Modul Gedanken und Stress 57
    Modul Soziale Unterstützung 72
    Modul Entspannung und Zeitmanagement 84

Kapitel 5: Evaluation 105

5.1 Evaluationskonzept 105
5.1.1 Trainingsteilnehmer 105
5.1.2 Trainingsbedingungen 105

5.1.3	Evaluationsinstrumente	106
5.2	Evaluationsergebnisse	110
5.2.1	Vergleich von Trainings- und Kontrollgruppe	110
5.2.2	Trainingsbewertung durch die Trainingsteilnehmer	113
5.2.3	Unterschiede zwischen den Trainingsmodulen	114
5.2.4	Einflüsse des Schultyps und der Klassenstufe auf die Evaluationsergebnisse	117
5.2.5	Evaluationsergebnisse für geschlechtshomogene und -heterogene Gruppen	118
5.2.6	Evaluationsergebnisse zur Nutzung des Internets	119
5.2.7	Eltern- und Lehrerperspektive	120
5.3	Konsequenzen	120

Literatur 124

Anhang I: Trainermaterial 127

A	Materialien	127
B	Abschlussfragebogen	153
C	Folien	157

Anhang II: Teilnehmermaterial 165

Vorwort

Stresserleben und Stresssymptome sind im Jugendalter weit verbreitet. Eine durch die Techniker Krankenkasse (2002) geförderte Befragungsstudie mit 1957 Schülerinnen und Schülern der Klassen 5 bis 12 aus verschiedenen Schulformen zeigte, dass etwa jeder zweite Jugendliche mindestens einmal wöchentlich Kopfschmerzen oder Schlafprobleme hatte. Bei jedem dritten Jugendlichen traten Symptome wie Bauchschmerzen, Appetitlosigkeit oder Herzklopfen auf. Auch psychische Probleme wie Gefühle der Anspannung und Überforderung wurden vielfach berichtet. Einen großen Teil dieser Symptome brachten die Schülerinnen und Schüler mit Anforderungen in der Schule in Zusammenhang, aber auch Probleme in der Familie oder mit Freunden wurden nicht selten genannt.

Um Jugendliche dabei zu unterstützen, aktuelle Belastungssituationen besser zu bewältigen und sie auf den Umgang mit zukünftigen Stresssituationen vorzubereiten, hat die Techniker Krankenkasse in Zusammenarbeit mit dem Arbeitsbereich Entwicklungspsychologie am Fachbereich Psychologie der Universität Marburg ein Stressbewältigungsprogramm für Schüler der 8. und 9. Jahrgangsstufe entwickelt, das in der Regel im Schulsetting angeboten wird.

Das Programm umfasst acht Doppelstunden. Kernstück ist die Vermittlung eines Problemlöseansatzes, der eine übergeordnete Form der Stressbewältigung darstellt. Im Kurs werden fünf Problemlöseschritte anhand des Modells der Stressschlange „SNAKE" erarbeitet, die dem Programm gleichzeitig den Namen gibt.

Der Problemlöseansatz wird durch eine von drei optionalen Kurseinheiten zu den Themen „Gedanken und Stress", „Soziale Unterstützung" oder „Entspannung und Zeitmanagement" ergänzt. Die Auswahl richtet sich nach dem Bedarf und den Interessen der Teilnehmer.

Das Grundmodul sowie die Aufbaumodule umfassen jeweils vier Doppelstunden, so dass durch die Kombination des Basismoduls mit einem der Zusatzmodule ein Gesamtumfang von acht Sitzungen entsteht.

Im Zeitraum von Oktober 2003 bis Februar 2004 wurde das Programm in 18 Schulklassen in Hessen und Nordrhein-Westfalen erprobt und umfassend evaluiert. Die Ergebnisse weisen auf die Wirksamkeit und eine hohe Akzeptanz des Programms durch die Jugendlichen hin.

Im vorliegenden Kursleitermanual sind der Hintergrund der Trainingsentwicklung, das Programm selbst und die Evaluationsstudie ausführlich beschrieben.

Das Programm lässt sich als Gesamtprogramm oder in Auszügen im Schulsetting sowie in anderen Kontexten einsetzen, wobei darauf aufmerksam zu machen ist, dass Einsätze im Rahmen des §20 SGB V (bzw. Folgegesetz) einer vorherigen Trainerschulung sowie der Absprache mit der Techniker Krankenkasse bedürfen.

Das Programm ist in Kooperation mit der Techniker Krankenkasse entstanden. Wir möchten uns insbesondere bei Herrn Dipl. Psych. York Scheller für die konstruktive Zusammenarbeit bedanken. Wir danken weiterhin Frau Elisabeth Wolter für die Unterstützung bei Formatierungsarbeiten für dieses Buch.

Marburg, im Mai 2006   Anke Beyer
Arnold Lohaus

Kapitel 1

Hintergrund des Trainings

1.1 Einführung

Nicht nur Erwachsene, sondern auch Kinder und Jugendliche erleben Stress. Sie sind mit einer Vielzahl von Anforderungssituationen in der Schule, in der Familie und in der Freizeit konfrontiert, die – je nachdem wie gut sie bewältigt werden – zu einer Stressauslösung führen können. Die Stressauslösung ist in der Regel mit einer physischen und psychischen Aktivierung verbunden und kann bei der Problemlösung hilfreich sein. Insofern kann Stress durchaus mit positiven Effekten verknüpft sein. Positive Effekte sind weiterhin auch deshalb zu erwarten, weil im Umgang mit Anforderungssituationen gelernt wird, ein Bewältigungspotential zu entwickeln. Dies spricht gleichzeitig dafür, dass es grundsätzlich sinnvoll ist, Anforderungen an Kinder und Jugendliche zu richten.

Problematisch ist es dagegen, wenn ein Stresserleben dauerhaft und relativ kontinuierlich auftritt, da dies mit dem Auftreten von physischen und psychischen Symptomatiken verknüpft sein kann, die einen chronischen Charakter erhalten und ihrerseits zur Verstärkung des Stresserlebens beitragen können. Treten beispielsweise als Folge dauerhafter Aktivierungs- und Anspannungszustände Kopfschmerzen auf, so kann das Kopfschmerzerleben zu einem zusätzlichen Stressor werden, der das Stresserleben weiter steigert (Denecke & Kröner-Herwig, 2000). Um derartige Aufschaukelungsprozesse zu vermeiden und um Lernprozesse im Umgang mit Anforderungssituationen zu unterstützen, ist es sinnvoll, rechtzeitig ein anforderungsgerechtes Bewältigungspotential aufzubauen.

Um dieses Ziel zu erreichen, wurde ein Stressbewältigungsprogramm für Jugendliche konzipiert. Das Programm richtet sich vorrangig an Jugendliche der 8. und 9. Klasse im Alter von etwa 13 bis 15 Jahren. Da gerade in dem Zeitraum während und nach der Pubertät vielfältige Restrukturierungsprozesse stattfinden und die Jugendlichen auf vielen Gebieten nach Neuorientierungen suchen, dürfte gerade dieser Altersbereich für ein derartiges Unterstützungsangebot eine bedeutsame Zielgruppe sein. Obwohl das vorliegende Programm für diese Altersgruppe entwickelt und evaluiert wurde, ist es möglich, dass auch andere Altersgruppen davon profitieren können. Dies ist im individuellen Fall von der jeweiligen Gruppenkonstellation abhängig und erfordert gegebenenfalls geeignete Programmanpassungen.

Theoretische Grundlage des Stressbewältigungsprogramms ist das transaktionale Stressmodell von Lazarus und Mitarbeitern (Lazarus, 1966; Lazarus & Launier, 1981; Lazarus & Folkman, 1984; Lazarus & Lazarus, 1994). Es wird dabei zwischen Anforderungen und Belastungen unterschieden, wobei eine Anforderung erst aufgrund subjektiver Bewertungsprozesse zu einer Belastung wird. Betrachtet man die Anforderungen, mit denen Jugendliche konfrontiert sind, so lassen sich (a) kritische Lebensereignisse, (b) entwicklungsbedingte Probleme und (c) alltägliche Spannungen und Probleme (daily hassles) voneinander unterscheiden.

Kritische Lebensereignisse sind in der Regel mit einschneidenden Änderungen von Alltagsroutinen und relativ umfangreichen Neuanpassungen verbunden (wie beispielsweise die Trennung der Eltern, Umzug, Schulwechsel etc.).

Ähnliches kann für *entwicklungsbedingte Probleme* gelten, die dadurch gekennzeichnet sind, dass sie typischerweise an bestimmte Lebensabschnitte gebunden sind (wie beispielsweise den Eintritt in die Pubertät). Da diese Ereignisse (im Gegensatz zu manchen kritischen Lebensereignissen) nicht plötzlich und unvorhersehbar eintreten, können bereits antizipatorisch Maßnahmen zur Bewältigung einsetzen, um den Umgang mit diesen Ereignissen zu erleichtern.

Alltägliche Spannungen und Probleme beziehen sich auf Alltagsanforderungen, die im alltäglichen Leben auftreten können (Streitigkeiten mit den Eltern oder Freunden, Schulprobleme, Zeitmanagementprobleme etc.). Gerade diesen Alltagsproblemen ist in den vergangenen Jahren in der Forschung verstärkt Aufmerksamkeit gewidmet worden, da ihnen offenbar eine große Bedeutung bei der Auslösung eines subjektiven Stressempfindens zukommt (Compas, Malcarne & Fondacaro, 1988; Compas & Phares, 1991; Fields & Prinz, 1997). Dies gilt vor allem dann, wenn derartige Probleme dauerhaft und immer wiederkehrend auftreten, da sie dadurch zu einem relativ kontinuierlichen Belastungserleben führen können. Auch die Bewältigung von kritischen Lebensereignissen und von Entwicklungsproblemen (wie sie beispielsweise bei Jugendlichen im Umgang mit der Pubertät auftreten können) wird dadurch erschwert.

Der Übergang von einer Anforderung zu einer subjektiven Belastung wird nach dem transaktionalen Stressmodell durch zwei Bewertungsschritte moderiert: Im ersten Schritt (primäre Bewertung) wird eine Anforderungssituation danach bewertet, ob sie als positiv, irrelevant oder stressbezogen gesehen wird. Wenn sie als potentiell stressbezogen eingeschätzt wird (z.B. als bedrohlich, als Herausforderung oder wenn bereits ein Schaden bzw. ein Verlust eingetreten ist), folgt im zweiten Bewertungsschritt (sekundäre Bewertung) die Beurteilung der eigenen Ressourcen, die Anforderungssituation zu bewältigen. Ein Stress- bzw. Belastungserleben ist dabei dann zu erwarten, wenn die eigenen Ressourcen als unzureichend für eine subjektiv zufrieden stellende Bewältigung der Anforderungssituation gesehen werden.

Dieses Modell zeigt gleichzeitig die bedeutsamsten Eingriffspunkte für eine Förderung von Stressbewältigungskompetenzen. Ansatzpunkte bieten dabei (a) Änderungen der Bewertung von Anforderungssituationen und (b) Optimierungen der Bewältigungsressourcen. Stressbewältigungsprogramme können an beiden Punkten ansetzen, um so die wahrgenommene Belastung zu senken. Änderungen von *Bewertungen* werden vor allem durch Trainingsmaßnahmen zur kognitiven Umstrukturierung erreicht. Hier geht es unter anderem darum, bisherige Bewertungen zu analysieren und nach alternativen Bewertungen zu suchen. Unter *Bewältigungsressourcen* sind neben den Bewältigungsstrategien auch weitere soziale und personale Ressourcen subsumiert, die den Bewältigungsprozess erleichtern können. Dies bedeutet, dass neben Maßnahmen zur Optimierung des individuellen Bewältigungsverhaltens auch Maßnahmen zur Erweiterung des sozialen Netzwerks, auf das man bei der Bewältigung zurückgreifen kann, oder Maßnahmen zur Steigerung der Selbstwirksamkeit und der Selbstwertschätzung wichtig sein können, da dadurch die Bewertung von Anforderungen sowie die Bewertung der eigenen Bewältigungsressourcen beeinflusst werden können.

Betrachtet man die Bewältigungsstrategien näher, so lässt sich eine Vielzahl von Strategien unterscheiden, die nach dem transaktionalen Stressmodell in problemfokussierte und emotionsfokussierte Strategien klassifiziert werden können (Lazarus & Folkman, 1984). Problemfokussiertes Coping ist mit der Kontrolle oder Veränderung Stress auslösender Situations- oder Personmerkmale verbunden (z.B. durch Ändern des Tagesablaufes oder ein Versöhnungsgespräch), während emotionsfokussiertes Coping die Kontrolle und Veränderung der mit einem Stresserlebnis verbundenen negativen physischen und psychischen Effekte zum Ziel hat (z.B. durch Ablenkung, Entspannung oder Vermeidung). Andere Klassifikationssysteme differenzieren z.B. zwischen Annäherungs- und Vermeidungsstrategien (Roth & Cohen, 1986) oder primären und sekundären Kontrollstrategien (Rothbaum, Weisz & Snyder, 1982). Gemeinsam ist allen theoretischen Ansätzen eine Unterscheidung zwischen zwei Modi: einer direkten Bewältigung, die auf eine Veränderung des Stressors fokussiert, und einer indirekten Bewältigung, in der die Belastungssituation nicht unmittelbar angegangen wird (durch die Zentrierung auf den Umgang mit körperlichen Reaktionen, durch Problemvermeidung, durch die Senkung eigener Ansprüche etc.).

In empirischen Studien ließen sich weitere Differenzierungen des Bewältigungsverhaltens nachweisen. So konnten in einer Studie von Lohaus, Fleer, Freytag und Klein-Heßling (1996) mittels Faktorenanalyse empirisch drei Copingdimensionen für das Kindes- und Jugendalter identifiziert werden: die Nutzung problemlösender Strategien, die Nutzung destruktivemotionsregulierender Strategien sowie die Nutzung sozialer Unterstützung (s. auch Jose, Cafasso & D´Anna, 1994 und Jose, D´Anna, Cafasso & Bryant, 1998). Damit zeigt die Struktur der Bewältigungsmodi bei Kindern eine große Übereinstimmung zu den Komponenten der Bewältigung, wie sie Seiffge-Krenke (1989) und Kavšek (1993) bereits zuvor für das Jugendalter bestimmt haben. Dort fanden sie die Bewältigung unter Nutzung sozialer Ressourcen, internale Bewältigungsstrategien (überwiegend mit problemlösender Funktion) und problemmeidendes Verhalten (überwiegend mit emotionsregulierender Funktion) als Modi der Bewältigung alltäglicher Problemsituationen. In einer Folgestudie von Lohaus, Eschenbeck, Kohlmann und Klein-Heßling (2006) konnte die zuvor von Lohaus et al. (1996) identifizierte Faktorenstruktur um zwei weitere Dimensionen erweitert werden, wobei hier die Suche nach sozialer Unterstützung, problemorientierte Bewältigung, vermeidende Bewältigung, konstrukitv-palliative Bewältigung und destruktiv-ärgerbezogene Bewältigung unterschieden werden.

Bei der Anforderungsbewältigung kommt es jedoch nicht nur auf ein breites Bewältigungsrepertoire, sondern auch auf den situationsgerechten Einsatz des Bewältigungsrepertoires an: In kontrollierbaren und beeinflussbaren Situationen kann es sinnvoll sein, problemorientiert zu bewältigen, während in unkontrollierbaren und nicht beeinflussbaren Situationen problemorientiertes Bewältigen nicht zu einer effektiven Problemlösung führen kann (Klein-Heßling & Lohaus, 2002a). In derartigen Situationen ist es in der Regel sinnvoller, die dadurch ausgelösten Stressreaktionen zu beeinflussen (z.B. durch den Einsatz von Entspannungsverfahren) oder die Situationsbewertung zu verändern, damit die Stressreaktionen weniger stark auftreten. Einige Bewältigungsstrategien (wie die Suche nach sozialer Unterstützung) nehmen dabei einen Sonderstatus ein, da sie sowohl in problemorientierter Funktion (z.B. als Hilfe bei der Problemlösung) als auch in emotionsfokussierter Funktion (z.B. zur Beeinflussung negativer Emotionen durch Trost und Zuspruch) eingesetzt werden können.

Das Stressbewältigungsprogramm für Jugendliche enthält sowohl Elemente zur Beeinflussung der primären Situationsbewertung als auch Elemente zur Beeinflussung der sekundären Bewertung der vorhandenen Bewältigungsressourcen. Im Rahmen der primären Situationsbewertung handelt es sich vor allem um Trainingselemente zur kognitiven Umstrukturierung. Im Bereich der sekundären Bewertung werden Trainingselemente eingesetzt, die sich auf die Erweiterung des Repertoires an Stressbewältigungsstrategien und ihren situationsgerechten Einsatz richten.

Zentrales Element des Stressbewältigungsprogramms sind Maßnahmen zur Verbesserung der Problemlösekompetenz. Die übrigen Elemente zur Beeinflussung der primären Bewertung und der Stressbewältigungsressourcen bauen auf dieser Basis auf. Die Begründung für die zentrale Stellung der Stärkung von Problemlösekompetenzen ergibt sich aus den Ergebnissen vorausgehender Evaluationsstudien zu einem Stressbewältigungsprogramm für Kinder. Daher soll auf diese Ergebnisse im Folgenden kurz eingegangen werden.

1.2 Begründung für den zentralen Stellenwert von Problemlösekompetenzen

Um bereits im Kindesalter präventiv Stressbewältigungskompetenzen aufzubauen, wurde ein Trainingsprogramm für Grundschulkinder der 3. und 4. Klasse entwickelt und evaluiert (Klein-Heßling, 1997; Lohaus, Klein-Heßling & Shebar, 1997; Klein-Heßling & Lohaus, 2000). Zentrale Elemente dieses Präventionsprogramms sind Programmbausteine zum Erkennen von potentiellen Stresssituationen, von möglichen Stressreaktionen sowie zum Aufbau von Stressbewältigungsressourcen. Zu den vermittelten Stressbewältigungsressourcen gehören (a) sich mitteilen zu lernen, (b) Ruhepausen einzuplanen, (c) Spielen und Spaß als Stressbewältigungsstrategie einzusetzen sowie (d) kognitive Umstrukturierung.

Entscheidend ist, dass für die Programmevaluation verschiedene Programmvarianten konstruiert wurden, die die oben aufgeführten Basiselemente auf unterschiedliche Weise und zu unterschiedlichen Anteilen realisierten. Es wur-

den insgesamt vier Programmvarianten realisiert:

(a) eine wissensorientierte Variante, bei der vor allem Wissen zu Stress und Stressbewältigung vermittelt wurde,
(b) eine entspannungsorientierte Variante, bei der als zentrale Elemente Ruhe und Entspannung als Stressbewältigungsstrategie vermittelt wurden,
(c) eine problemlösungsorientierte Variante, bei der als zentrales Element aktives Problemlösen vermittelt wurde,
(d) eine Kombinationsvariante, in der die wichtigsten Elemente aus den drei anderen Trainingsvarianten zusammengefasst waren.

Die vier Trainingsvarianten wurden in ihren Wirkungen mit einer Stichprobe von insgesamt 170 Grundschulkindern evaluiert. Es wurden für jede Trainingsvariante acht Sitzungen im Umfang von 90 Minuten realisiert. Die Trainings wurden in Kleingruppen von 8 bis 12 Kindern durchgeführt und fanden im Freizeitbereich (als Kurse, die von der Techniker Krankenkasse angeboten wurden) statt.

Zur Evaluation wurden Befragungen der Kinder und ihrer Eltern eine Woche vor Trainingsbeginn sowie eine Woche und sechs Monate nach Trainingsbeginn durchgeführt. Als Evaluationskriterien dienten unter anderem Wissenszuwächse bei den Kindern zu Stress und Stressbewältigung sowie Angaben der Kinder und ihrer Eltern zum Ausmaß des Stresserlebens der Kinder, zu ihrer Stresssymptomatik sowie zu den von ihnen eingesetzten Stressbewältigungsstrategien.

Als zentrales Ergebnis zeigte sich, dass die Trainings nicht nur zu Wissensverbesserungen führten, sondern auch zu einer Reduktion des Stresserlebens und der physischen Stresssymptomatik. Darüber hinaus zeigten sich deutliche Unterschiede zwischen den vier Trainingsvarianten: Die günstigsten Ergebnisse fanden sich bei der problemlösungsorientierten Trainingsvariante, gefolgt von dem kombinierten Training, dem Wissenstraining und dem entspannungsorientierten Training. Die Trainingswirkungen ließen sich nicht nur unmittelbar nach Trainingsende nachweisen, sondern blieben auch nach sechs Monaten noch bestehen. Bei einigen Evaluationskriterien wurden sogar noch weitere Verbesserungen beobachtet. Auch die deutlichen Unterschiede zwischen den Trainingsvarianten blieben bestehen.

Die Ergebnisse unterstützen damit den Nutzen einer Fokussierung auf Maßnahmen zur Verbesserung von Problemlösekompetenzen. Da Entspannung im Kindes- und Jugendalter dennoch nicht selten eingesetzt wird, wurde in Folgestudien eine gezielte Evaluation verschiedener systematischer Entspannungsverfahren vorgenommen (Lohaus & Klein-Heßling, 2000; Lohaus, Klein-Heßling, Vögele & Kuhn-Hennighausen, 2001; Klein-Heßling & Lohaus, 2002b; Lohaus & Klein-Heßling, 2003). Hier wurden im Wesentlichen sensorisch orientierte Entspannungsverfahren (die Progressive Relaxation) mit kognitiv-imaginativen Entspannungsverfahren verglichen. In den Vergleich wurden weiterhin neutrale Geschichten einbezogen, die keine systematischen Entspannungsinstruktionen enthielten. Trainingsteilnehmer waren Kinder und Jugendliche im Alter von 7 bis 14 Jahren.

Die Ergebnisse zeigen, dass in allen Entspannungsbedingungen kurzfristige Entspannungswirkungen erreicht werden: Die Herzfrequenz reduziert sich, der Blutdruck sinkt und auch das subjektive Befinden verbessert sich. Diese Änderungen konnten jeweils unmittelbar nach Ende der Entspannungssitzungen nachgewiesen werden, während sich längerfristige Wirkungen der Entspannungstrainings nicht zeigen ließen. Die Ergebnisse der systematischen Entspannungstrainings unterschieden sich dabei nicht von den Ergebnissen der Präsentation neutraler Geschichten. Bedeutsame Bezüge zum Alter der Kinder und Jugendlichen ließen sich kaum nachweisen.

Aus diesen Befunden folgt, dass der Stellenwert von Maßnahmen zur Emotionsfokussierung bis in das frühe Jugendalter hinein offenbar nicht überbewertet werden sollte. Mit Maßnahmen, die auf Entspannung ausgerichtet sind, kann der Effekt einer unmittelbaren Induktion von Ruhe erzielt werden, wobei eine systematische Nutzung von Entspannungstechniken im Kindes- und Jugendalter vermutlich eher die Ausnahme ist. Aus diesem Grunde erhielten Maßnahmen zur Induktion von Ruhe und Entspannung in dem Stressbewältigungsprogramm für Jugendliche einen geringeren Stellenwert im Verhältnis zu problemlöseorientierten Trainingselementen. Dies kommt darin zum Ausdruck, dass ein Trainingsmodul zum Problemlösen *grundsätzlich* als Trainingselement für Jugendliche empfohlen wird, während ein Trainingsmodul zu Ruhe und Entspannung als Ergänzungsmodul zur Verfügung steht, das in Abhängigkeit von den Interessen der Jugendlichen zum Einsatz kommen kann.

Da das Modul zum Problemlösen einen zentralen Stellenwert innerhalb des Trainingsprogramms für Jugendliche einnimmt, sollen im Folgenden die theoretischen Grundlagen zu diesem Modul zusammengefasst werden.

1.3 Theoretische Grundlagen des Aufbaus von Problemlösekompetenzen

Problemlöseansätze haben ihren Ursprung in verschiedenen wissenschaftlichen Traditionen, wobei insbesondere die Gestalt- und Denkpsychologie als wesentliche Vorläufer zu sehen sind. Das Vorgehen bei der Lösung von Denkproblemen wurde dabei als Modell betrachtet, das auch bei der Lösung psychischer Probleme Anwendung finden kann.

In Problemlöseansätzen wird dazu typischerweise eine Handlungssequenz definiert, die die Lösung psychischer Probleme erleichtern soll. Eine derartige Handlungssequenz, die sehr starke Verbreitung in der Literatur gefunden hat, stammt von D'Zurilla und Goldfried (1971) und unterscheidet die folgenden Schritte zur Lösung eines Problems (s. auch Kämmerer, 1983):

(a) Allgemeine Orientierung: Es soll eine Einstellung zu dem Problem geschaffen werden, die die grundsätzliche Lösbarkeit des Problems betont und vorschnelle, impulsive Lösungen vermeidet.
(b) Problemdefinition und Problemkonkretisierung: Das vorliegende Problem soll mit seinen verschiedenen Komponenten genau benannt werden, um dadurch zu einer lösungserleichternden Strukturierung zu gelangen.
(c) Generierung von Lösungsalternativen: In diesem Schritt sollen möglichst viele alternative Lösungen auf der Basis eines Brainstormings entwickelt werden.
(d) Entscheidung für eine Lösung: Aus den zuvor generierten Lösungsalternativen soll die subjektiv geeignetste herausgesucht werden.
(e) Handlungsdurchführung und Evaluation: Die Lösung, auf die die Entscheidung gefallen ist, wird realisiert und der damit erreichte Erfolg bewertet.

Falls es im Schritt (e) nicht zu einer erfolgreichen Lösung gekommen ist, kann der Lösungsprozess erneut durchlaufen werden. Zu diesem Grundmodell des Problemlöseprozesses gibt es eine Reihe von Varianten, die einzelne Teilschritte weiter differenzieren oder zusammenfassen.

So unterscheidet Kämmerer (1983) beispielsweise sechs Schritte (Weckung eines Problembewusstseins, Benennung und Beschreibung des Problems, Sammlung von Alternativen, Treffen einer Entscheidung, Verwirklichung der Entscheidung sowie Bewertung der Entscheidung), während Priestley, McGuire, Flegg, Hemsley und Welham (1978) vier Phasen differenzieren (Erfassung des Problems, Zielsetzung, Lernen, Evaluation). In dem Stressbewältigungsprogramm für Jugendliche wurde eine Entscheidung für fünf Schritte getroffen, wobei die Schritte (a) und (b) aus dem Modell von D'Zurilla und Goldfried zusammengefasst wurden und dafür (wie in dem Modell von Kämmerer, 1983) eine Differenzierung zwischen Handlungsdurchführung und Evaluation vorgenommen wurde. Dadurch sollte auf der einen Seite eine zu hohe Differenziertheit vermieden werden, die die Erinnerbarkeit für die Jugendlichen möglicherweise reduziert hätte. Auf der anderen Seite sollte die Handlungsdurchführung von der Evaluation getrennt werden, da diese beiden Prozessbestandteile nicht nur von den involvierten Kompetenzen, sondern auch in der zeitlichen Abfolge voneinander abgegrenzt werden können.

Bei Problemlösetrainings lassen sich Trainingsvarianten, bei denen einzelne Problemlösekompetenzen trainiert werden (wie beispielsweise das Generieren von Lösungsalternativen oder die Entscheidungsfindung), von Trainingsvarianten unterscheiden, die die gesamte Problemlösesequenz vermitteln.

Obwohl es Hinweise darauf gibt, dass auch kurze Trainings zu einzelnen Problemlösekompetenzen viel versprechend sein können (s. zusammenfassend Heppner & Hillerbrand, 1991), wurde für das Stressbewältigungstraining für Jugendliche eine Entscheidung zugunsten der Vermittlung einer vollständigen Problemlösesequenz getroffen, um nicht einzelne Bestandteile zu isolieren und ein Verständnis für den Problemlöseprozess in seiner Gesamtheit zu wecken.

Zur Evaluation von Problemlösetrainings liegt eine Vielzahl von Studien vor, die jedoch weitgehend auf das Erwachsenenalter bezogen sind (s. Heppner & Hillerbrand, 1991). Sie belegen für verschiedene Problembereiche (wie Ärgerkontrolle, Depressivität etc.) eine Effektivität der Vermittlung eines Problemlösetrainings. Für das Kindes- und Jugendalter lassen sich ebenfalls Hinweise auf eine Effektivität von Problemlösetrainings finden. So ließ sich in einer Studie von Elias et al. (1986) zeigen, dass Kinder, die an einem Problemlösetraining teilgenommen hatten, die mit einem Schulwechsel verbundenen Anforderungen besser bewältigen konnten als Kinder ohne Teilnahme an einer Intervention. Weiterhin ließ sich in einer Studie von Dubow und Tisak (1989) mit Dritt- bis Fünftklässlern belegen, dass Problemlösefähigkeiten einen moderierenden Effekt auf die Beziehung zwischen Stresserleben und Verhaltensproblemen ausüben. Daraus lässt sich folgern, dass die negativen Wirkungen eines erhöhten Stresserlebens mit dem Training von Problemlösefähigkeiten möglicherweise reduziert werden.

Insgesamt unterstützen die bislang vorliegenden Studien damit die Annahme, dass mit der Implementation eines Problemlösetrainings positive Wirkungen auf den Umgang von Kindern und Jugendlichen mit Anforderungen und Problemen erreicht werden können.

1.4 Übersicht zu weiteren Stressbewältigungstrainings für das Jugendalter

Neben Problemlösetrainings wurden in der Vergangenheit verschiedene weitere Trainingsansätze zur Stressbewältigung entwickelt. Dabei wurden zum Teil Problemlösetrainings integriert und mit weiteren Trainingselementen (z.B. zur Verbesserung von Kommunikationsfähigkeiten oder des Zeitmanagements) kombiniert. Im Folgenden soll daher ein kurzer Überblick über weitere, schon existierende Stressbewältigungstrainings für das Jugendalter gegeben werden. Unterschieden werden kann dabei zwischen Trainings, die direkt auf die Beeinflussung des Stresserlebens gerichtet sind, und Trainings, bei denen Elemente zur Stressbewältigung integriert sind, um dadurch indirekt ein Ziel zu erreichen, das über die Reduktion des Stresserlebens hinausweist. So werden beispielsweise Trainingselemente zur Stressbewältigung in Programme zur Suchtprävention integriert (s. Mittag & Jerusalem, 1999; Aßhauer & Hanewinkel, 1999). Die Annahme ist hierbei, dass eine Steigerung der Kompetenzen, mit eigenen Problemen umzugehen, die Wahrscheinlichkeit eines Ausweichens auf andere Mittel zur Problemlösung reduziert (z.B. durch Suche nach Anerkennung durch die Peergroup oder durch die Nutzung von Suchtmitteln zur Ablenkung von eigenen Problemen). Ein derartiger Einsatz von Stressbewältigungselementen findet sich auch in Interventionen zur Prävention von Ängsten und Depressionen im Jugendalter (Manz, Junge & Margraf, 2001; Pössel, Horn & Hautzinger, 2003).

Für das Jugendalter gibt es im deutschsprachigen Raum bisher ausschließlich Trainings, die Stressbewältigungselemente einsetzen, um indirekt bestimmte Präventionsziele zu erreichen. Direkt und ausschließlich auf die Reduktion des Stresserlebens ausgerichtete Stressbewältigungstrainings für Jugendliche gibt es bisher nicht. Anders ist dies im angloamerikanischen Raum, für den bereits verschiedene Trainings vorliegen. Auf diese Trainingsprogramme soll im Folgenden kurz eingegangen werden, um das Spektrum der bisher eingesetzten Trainingselemente zu verdeutlichen.

In mehreren Stressbewältigungstrainings erfolgte eine Anwendung des Stressimpfungsmodells von Meichenbaum (1985) für das Jugendalter. Das Stressimpfungsmodell besteht aus drei Phasen: (a) einer Konzeptualisierungsphase, (b) einer Kompetenzerwerbsphase und (c) einer Anwendungsphase. In dem Stressbewältigungstraining von Hains und Ellmann (1994) erfolgte eine Umsetzung dieses Konzeptes in 13 Trainingssitzungen. In der Konzeptualisierungspha-

se (Sitzungen 1 und 2) ging es darum, Stress erzeugende Situationen zu identifizieren und physische Reaktionen, Kognitionen, Emotionen und Verhalten zu differenzieren. Die Kompetenzerwerbsphase (Sitzungen 3 bis 10) enthielt Trainingselemente zur kognitiven Umstrukturierung, zum Problemlösen und zum Angstmanagement. In der Anwendungsphase wurde der Umgang mit konkreten Stresssituationen mit Hilfe der Kompetenzen, die zuvor erlernt wurden, eingeübt. An der Studie zur Evaluation des Trainingsprogramms nahmen 21 Jugendliche teil, wobei 11 Jugendliche die Trainingsgruppe und 10 Jugendliche eine Wartekontrollgruppe bildeten.

Die Ergebnisse zeigten positive Wirkungen im Hinblick auf Ängste, Depressivität und Ärgergefühle vor allem bei Jugendlichen, die zuvor hohe Emotionalitäts-Werte gezeigt hatten. Die Effekte erwiesen sich als stabil, wie eine Follow-up-Erhebung nach zwei Monaten ergab, und zeigten sich auch in der Wartekontrollgruppe nach zeitverzögerter Durchführung des Trainings. Keine Wirkungen zeigten sich dagegen bei Evaluationskriterien, die sich auf die Schulleistungen, physische Symptomatiken und das Ausmaß des Stresserlebens bezogen.

Ebenfalls auf der Basis des Stressimpfungstrainings von Meichenbaum (1985) stellten Kiselica, Baker, Thomas und Reedy (1994) ein Trainingsprogramm für das mittlere Jugendalter zusammen (mit 24 Neuntklässlern als Interventionsgruppe). Die Komponenten des Stressimpfungstrainings wurden hier um Inhalte eines Selbstbehauptungstrainings und um die Vermittlung der Progressiven Muskelrelaxation ergänzt. Das Training besteht aus acht 60-minütigen Sitzungen. Nach einer Wissensvermittlung zu den Themen Stress, Stressoren, Angst und Angstsymptome, in der theoretische Aspekte mit den individuellen Erfahrungen der Teilnehmer (Problemanalyse) verknüpft werden, steht in den ersten Sitzungen das Erlernen der Progressiven Muskelrelaxation im Vordergrund. An die Progressive Muskelrelaxation schließen sich Sitzungen zur kognitiven Umstrukturierung an, wobei im Wesentlichen in Gruppendiskussionen stressbezogene Kognitionen identifiziert und umbewertet werden. In den letzten Sitzungen treten die Trainingselemente zur Selbstbehauptung in den Vordergrund. In Rollenspielen werden Selbstbehauptungsstrategien in unterschiedlichen Szenarien erprobt und bewertet. Zu allen drei Strategieschwerpunkten (Entspannung, kognitive Umstrukturierung und Selbstbehauptung) sollen noch im Laufe des Trainings nach der Einübungsphase Erfahrungen in Alltagssituationen erfolgen, die in der Gruppe ausgetauscht werden. Verglichen mit einer Kontrollgruppe (24 Neuntklässler) zeigten sich bei den Trainingsteilnehmern Verbesserungen bei selbst berichteten Ängsten und bei stressbezogenen Symptomatiken, nicht dagegen bei den Schulleistungen.

Auf dem Stressimpfungstraining von Meichenbaum basiert weiterhin auch das Training von Hains (1992), dessen Evaluationsergebnisse jedoch wegen des geringen Umfangs der Trainingsstichprobe (6 Jugendliche im Alter von 15 bis 17 Jahren) nur mit Einschränkungen zu interpretieren sind. Interessanter ist dagegen eine weitere Studie von Hains und Szyjakowski (1990), die ebenfalls auf dem Stressimpfungstraining basiert, die jedoch eine ausschließliche Fokussierung auf kognitive Elemente der Stressbewältigung vornimmt. Für die Konzeptualisierungsphase bedeutet dies, dass eine Einführung zu irrationalen und Stress induzierenden Gedanken erfolgt. In der Kompetenzerwerbsphase werden Kompetenzen zur Analyse, Hinterfragung und Restrukturierung von irrationalen und stressinduzierenden Gedanken vermittelt, die dann in der Anwendungsphase weiter eingeübt werden. Zu jeder Phase wurde eine einstündige Gruppensitzung durchgeführt, auf die zwei Einzelsitzungen folgten. An der Studie nahmen insgesamt 21 männliche Jugendliche im Alter von 16 bis 17 Jahren teil (9 in der Interventions- und 12 in der Kontrollgruppe). Die Interventionsgruppe zeigte signifikante Abnahmen hinsichtlich ihrer Angst- und Ärgerwerte und signifikante Verbesserungen hinsichtlich des Selbstwertgefühls und positiver Gedanken in hypothetischen Stresssituationen. Die Effekte blieben über einen Zeitraum von 10 Wochen stabil.

Die bisher dargestellten Trainings fokussierten auf dem Stressimpfungstraining von Meichenbaum und ergänzten es um weitere Trainingselemente oder legten dabei einen Schwerpunkt auf spezifische Trainingselemente (wie die kognitive Umstrukturierung). Daneben gibt es Trainings ohne eindeutige theoretische Basis, bei der verschiedene Stressbewältigungselemente zu einem Training zusammengestellt werden. Zu erwähnen ist dabei ein Training von Jason und Burrows (1983), bei dem das Training adaptiver Stressbewältigungskompetenzen im Zentrum steht. Dazu werden jeweils zwei Trainingssitzungen mit jeweils 45 Minuten zu (a) Entspannung, (b) kognitiver Umstrukturierung und (c) Problemlösen durchgeführt. An der Evaluation des Trainings nahmen insgesamt 57 Jugendliche (27 in der Trainingsgruppe und 30 in der Kontrollgruppe) teil. Die Ergebnisse weisen darauf hin, dass die Trainingsteilnehmer im Vergleich zur Kontrollgruppe nach dem Training Verbesserungen hinsichtlich ihrer Selbstwirksamkeitsannahmen zeigten. Weiterhin ergab sich eine Zunahme rationaler Überzeugungen und eine verstärkte Anwendung von Strategien zur kognitiven Umstrukturierung.

Ein weiteres Trainingsprogramm wurde von De Anda (1998) entwickelt. Es handelt sich um ein kognitiv-behaviorales Stressbewältigungstraining für die mittlere Adoleszenz. In einem zehnwöchigen Programm wird den Teilnehmern zunächst theoretisches Wissen über Stress und den Unterschied zwischen gesundem Stress (Eustress) und ungesundem Stress (Distress) vermittelt. Neben den physiologischen Grundlagen von Stress lernen sie ein kognitives Modell der Stressverarbeitung kennen, das die Bedeutung der Bewertung potentieller Stressoren für das Stresserleben betont. Als Stressbewältigungsstrategien wird neben der Progressiven Muskelrelaxation geübt, Gefühle zu äußern und über eigene Gefühle zu sprechen sowie Ruhepausen einzuhalten und Ablenkungsmöglichkeiten zu nutzen. Daneben erlernen die Teilnehmer Problemlösestrategien zum Umgang mit Stresssituationen Die Strategien werden in den Sitzungen und auch in verhaltensbezogenen Hausaufgaben im Alltag erprobt.

An der Evaluationsstudie nahmen 54 Jugendliche teil (36 in der Trainings- und 18 in der Kontrollgruppe). Die Ergebnisse weisen auf positive Effekte hinsichtlich der Entspannungsfähigkeit und der Nutzung kognitiver Strategien zur Stressreduktion hin. Ein ähnliches Programm wurde weiterhin auch von De Anda, Darroch, Davidson, Gilly und Morejon (1990) vorgelegt.

Betrachtet man die bisher vorliegenden Stressbewältigungsprogramme für Jugendliche im Zusammenhang, so lässt sich konstatieren, dass in allen Fällen entweder Elemente des Stressimpfungsmodells oder des Problemlöseansatzes (oder beides) enthalten sind. Daneben findet sich eine Reihe spezifischer Elemente (wie kognitive Umstrukturierung oder Entspannung), die zusätzlich integriert werden. Bei dem hier vorgestellten Stressbewältigungsprogramm für Jugendliche wurde eine Entscheidung zugunsten des Problemlöseansatzes getroffen, da er die Möglichkeit bietet, in den dadurch geschaffenen theoretischen Rahmen weitere Stressbewältigungskomponenten (wie Entspannung) zu integrieren. So können beispielsweise einzelne Stressbewältigungskomponenten in spezifischen Modulen vermittelt werden, die dann dazu beitragen, den Suchraum bei der Suche nach Lösungsalternativen im Problemlöseansatz zu erweitern. Da der Problemlöseansatz den Jugendlichen explizit vermittelt wird, ist dieser Zusammenhang nicht nur von theoretischem Interesse, sondern wird auch für die beteiligten Jugendlichen transparent.

Bei den bisher vorliegenden Trainingsevaluationen fällt weiterhin auf, dass grundsätzlich relativ geringe Stichprobengrößen realisiert wurden und dass weiterhin bisher offenbar ausschließlich Evaluationsdesigns zur Anwendung kamen, die neben der Trainingsgruppe nur eine Kontrollgruppe ohne Intervention (bzw. eine Wartekontrollgruppe mit verzögerter Intervention) vorsahen. Problematisch ist bei dieser Designwahl insbesondere, dass keine Interventionsalternativen erprobt wurden, so dass unklar ist, ob es besonders wirksame oder weniger wirksame Trainingskomponenten gibt. Als Konsequenz wurden in der vorliegenden Evaluationsstudie größere Stichproben realisiert. Weiterhin wurden Trainings mit unterschiedlichen Trainingskomponenten miteinander verglichen.

Nachdem die theoretischen Grundlagen des Stressbewältigungstrainings für Jugendliche dargestellt wurden, folgt nun eine Zusammenfassung der Ergebnisse einer empirischen Vorstudie, aus der sich ebenfalls Grundlagen für die Konstruktion des Stressbewältigungstrainings ergeben haben.

Kapitel 2

Ergebnisse einer Bedarfsanalyse

Um Basisinformationen über den Bedarf für ein Stressbewältigungstraining für Jugendliche zu erhalten, die in die Konstruktion des Trainings einfließen können, wurde zunächst eine empirische Bedarfsanalyse durchgeführt. Ziel war es,

(a) Informationen über die Verbreitung von physischen und psychischen Stresssymptomatiken zu erhalten,
(b) mögliche Bezüge zwischen Stresserleben und Stresssymptomatik zu analysieren und
(c) Informationen darüber zu erhalten, ob und in welcher Weise die Schüler selbst einen Bedarf für ein Stressbewältigungsprogramm sehen.

Es wurden Daten von 1699 Schülern der Klassenstufen 5 bis 10 aus weiterführenden Schulen in verschiedenen Regionen Nordrhein-Westfalens analysiert. Die Daten stammen aus einer größeren Stichprobe ($N = 1957$), in der auch Schüler der Klassen 11 und 12 befragt wurden. Die älteren Schüler wurden aus der Analyse ausgeschlossen, da es sich bei ihnen um eine verhältnismäßig kleine Gruppe und nur um Schüler der gymnasialen Oberstufe handelt. Bei der Stichprobenziehung wurde darauf geachtet, Schüler aus verschiedenen Schulformen (Hauptschule, Realschule, Gymnasium, Gesamtschule) zu befragen und Schulen aus städtischen und ländlichen Regionen zu berücksichtigen. Es wurden 216 Hauptschüler, 432 Realschüler, 514 Gesamtschüler und 537 Gymnasiasten befragt. Mit 52% Mädchen und 48% Jungen entspricht die Geschlechtsverteilung nahezu der erwarteten Gleichverteilung in der Population. Der Altersdurchschnitt der befragten Schüler lag bei 13.6 Jahren ($SD = 2.2$); 88.3% der Befragten gaben als Nationalität deutsch an, unter den übrigen 11.7% war die türkische Nationalität mit etwa einem Drittel am stärksten vertreten.

Allen Schülern wurde ein Fragebogen vorgelegt, der aus insgesamt fünf Teilen bestand. Bei den Fragebogenteilen handelte es sich um

- einen Wochenplan zur Erhebung der (vor allem außerschulischen) Aktivitäten,
- Fragen zur physischen und psychischen Symptomatik sowie zum Gesundheitsverhalten,
- Fragen zum Stresserleben allgemein,
- Fragen zum Stresserleben in den Bereichen Schule, Familie, Freizeit und Selbst,
- Fragen zum Interesse an einem Stressbewältigungskurs.

Darüber hinaus wurden am Beginn des Fragebogens einige biographische Angaben (zu Alter, Geschlecht, Klasse, Schulart, Nationalität und Anzahl der Geschwister) erhoben. Im Folgenden werden die zentralen Ergebnisse zu den oben aufgeführten Fragestellungen berichtet.

2.1 Verbreitung von physischen und psychischen Stresssymptomatiken

Um Hinweise auf einen Bedarf für ein Stressbewältigungsprogramm für Jugendliche zu erhalten, soll im Folgenden das Ausmaß der physischen und psychischen Symptomatik betrachtet werden (s. hierzu auch Lohaus, Beyer & Klein-Heßling, 2004). Insgesamt berichten die Schüler von einer Vielzahl an physischen und psychischen Symptomen. Es handelt sich um Symptome, die die Schüler für den Zeitraum der vergangenen Woche angegeben haben. Die Tabellen 1 und 2 zeigen die Häufigkeitsangaben für verschiedene physische und psychische Symptome. Um eine Konzentration auf potentielle Stresssymptomatiken zu ermöglichen, sind bei dieser Auswertung Schüler mit akuten und chronischen Erkrankungen herausgefiltert.

Tabelle 1: Übersicht zu den physischen Symptomangaben der Schüler (ohne Schüler mit akuten oder chronischen Erkrankungen), alle Angaben in Prozent

	In der vergangenen Woche ...			
	keinmal	einmal	mehrmals	jeden Tag
Kopfschmerzen	45.5	32.2	20.1	2.2
Unruhe	33.2	31.6	30.9	4.3
Schwindel	66.5	19.9	11.9	1.7
Schlaflosigkeit	45.7	26.6	22.9	4.8
Bauchschmerzen	61.8	23.9	12.7	1.6
Unkonzentriertheit	40.5	27.7	28.7	3.0
Herzklopfen	66.4	18.4	12.5	2.7
Händezittern	69.9	17.6	10.5	2.0
Übelkeit	68.4	22.1	9.0	0.6
Appetitlosigkeit	62.0	19.2	16.8	2.1
Schweißausbrüche	65.9	14.9	16.6	2.7
Alpträume	79.5	14.1	5.6	0.8
Atembeschwerden	82.8	10.1	5.3	1.7

Tabelle 2: Übersicht zu den psychischen Symptomangaben der Schüler (ohne Schüler mit akuten oder chronischen Erkrankungen), alle Angaben in Prozent

	In der vergangenen Woche ...			
	keinmal	einmal	mehrmals	jeden Tag
Wut	13.4	34.3	47.7	4.7
Verärgerung	10.3	31.7	53.1	5.0
Erschöpfung	19.1	31.8	41.7	7.4
Traurigkeit	45.8	30.9	20.1	3.2
Überforderung	51.7	31.4	14.1	2.8
Anspannung	42.1	33.3	22.5	2.1
Unzufriedenheit	32.3	38.8	25.9	3.0
Einsamkeit	68.6	18.3	10.6	2.6
Ängstlichkeit	70.2	20.5	8.0	1.3
Hilflosigkeit	79.9	13.5	5.4	1.2
Schuldgefühle	66.2	22.8	9.3	1.8

Um Zusammenhänge zwischen den Variablen Klassenstufe und Geschlecht und dem Ausmaß der von den Schülern berichteten physischen und psychischen Symptomatik zu untersuchen, wurde eine multivariate Varianzanalyse mit den Summenscores der physischen und psychischen Symptomatik als abhängigen Variablen und der Klassenstufe und der Geschlechtszugehörigkeit als unabhängigen Variablen gerechnet. Bei der Klassenstufe wurden dabei die Klassen 5 und 6, 7 und 8 sowie 9 und 10 zusammengefasst. Wie die Ergebnisse zeigen, finden sich bei der Klassenstufe ($F_{(4, 3168)}$ = 10.34, $p < .001$, Eta^2 = .013) und dem Geschlecht ($F_{(2, 1583)}$ = 54.42, $p < .001$, Eta^2 = .064) signifikante Effekte. Ergebnis der univariaten Varianzanalysen ist, dass dieser Klassenstufeneffekt im Wesentlichen durch signifikante Unterschiede bei der psychischen Symptomatik bewirkt wird. In höheren Klassenstufen ist die psychische Symptomatik ausgeprägter als in niedrigeren Klassenstufen. Der Geschlechtseffekt tritt in univariaten Analysen sowohl bei der physischen als auch bei der psychischen Symptomatik auf und weist höhere

Symptomangaben für das weibliche Geschlecht aus. Hier ist zu bedenken, dass das Antwortverhalten möglicherweise lediglich Geschlechtsunterschiede in der Bereitschaft reflektieren könnte, physische und psychische Symptome (ebenso wie Stresserleben) mitzuteilen (Kolip, 1994).

Zusammenfassend lässt sich festhalten, dass von den Schülern insgesamt eine Vielzahl an physischen und psychischen Symptomen angegeben wird, wobei deutliche Geschlechtsunterschiede der Art vorzufinden sind, dass Mädchen mehr Symptome nennen als Jungen. Weiterhin lassen sich bei den Angaben zu psychischen Symptomen Zunahmen mit der besuchten Klassenstufe erkennen. Ergänzend sollte erwähnt werden, dass es keine signifikanten Unterschiede zwischen Kindern und Jugendlichen aus städtischen und ländlichen Wohngebieten gibt (sowohl hinsichtlich des Stresserlebens als auch hinsichtlich der physischen und psychischen Symptomatik).

Vor allem die Zunahmen der (psychischen) Symptomatik mit der besuchten Klassenstufe sprechen für einen frühzeitigen Einsatz von Stressbewältigungsprogrammen, um eine Stabilisierung und Chronifizierung von Symptomatiken zu vermeiden. Um diesem Effekt rechtzeitig zu begegnen und um gleichzeitig den vielfach erhöhten Anforderungen während und nach der Pubertät Rechnung zu tragen, wurden als Zielgruppe für das Stressbewältigungstraining für Jugendliche die Klassenstufen 8 und 9 festgelegt.

2.2 Bezüge zwischen Stresserleben und Stresssymptomatik

Zum Stresserleben zeigen die Befunde der Bedarfsanalyse zusammenfassend, dass das Stresserleben mit der besuchten Klassenstufe ansteigt und dass Mädchen nach ihren Selbstberichten stärker betroffen sind als Jungen.

Die entscheidende Frage, die sich in diesem Zusammenhang stellt, ist, ob es zwischen dem Ausmaß des Stresserlebens und dem Ausmaß der berichteten Symptomatik Zusammenhänge gibt. Wenn hier systematische Zusammenhänge bestehen, würde dies belegen, dass die Vielzahl der von den Jugendlichen berichteten Symptome in der Tat Ausdruck eines Stresserlebens sind. Daraus würde folgen, dass mit einer Reduktion des Stresserlebens (z.B. durch die Partizipation an einem Stressbewältigungstraining) möglicherweise eine Reduktion der physischen und psychischen Symptomatik einhergehen könnte.

Bei den Korrelationen zwischen den Indikatoren des Stresserlebens und den Angaben zur physischen und psychischen Symptomatik zeigen sich durchweg mittlere bis hohe Zusammenhänge in Größenordnungen zwischen $r = .31$ und $r = .52$. Um eine Konfundierung mit dem Vorhandensein von physischen Erkrankungen zu vermeiden, wurden auch hier Schüler mit akuten bzw. chronischen Erkrankungen aus der Stichprobe herausgefiltert. Die Ergebnisse weisen damit darauf hin, dass zwischen beiden Variablenkomplexen in der Tat systematische Bezüge bestehen, die darauf hinweisen, dass die Symptomangaben Ausdruck eines Stressgeschehens sein können. Interessanterweise sind die Bezüge sogar (allerdings geringfügig) deutlicher, wenn die Schüler mit akuten und chronischen Erkrankungen in die Analyse einbezogen werden. Möglicherweise weist dieser Befund darauf hin, dass auch die vorliegende Erkrankung als Stressor wirkt, der nicht nur die physische und psychische Symptomatik erhöht, sondern auch das Stresserleben ansteigen lässt.

2.3 Bedarf für ein Stressbewältigungsprogramm aus der Sicht der Schüler

Im Folgenden soll auf die Frage eingegangen werden, ob die befragten Schüler sich das Angebot eines Stressbewältigungstrainings wünschen und wie sie es gegebenenfalls gern ausgestaltet sähen (s. hierzu auch Klein-Heßling, Lohaus & Beyer, 2003). Dazu wurde gefragt, ob die Schüler grundsätzlich Lust zur Teilnahme an einem solchen Trainingsangebot hätten.

Insgesamt zeigt sich, dass 64.7% der Schüler keine Lust oder eher keine Lust haben, während 35.2% der Schüler eher große Lust oder große Lust daran haben. Der auffälligste Einfluss beim Interesse an einem Stressbewältigungstraining ergibt sich aus dem Geschlecht. Mädchen haben insgesamt ein wesentlich größeres Interesse an

einem Stressbewältigungstraining als Jungen ($Chi^2_{(3)}$ = 165.07; $p < .001$). Während 47% der Mädchen eher große Lust oder große Lust auf einen Stressbewältigungskurs haben, sind dies nur 23% bei den Jungen. Jungen dürften daher wesentlich schwerer zu einer Teilnahme zu motivieren sein als Mädchen.

Da die stärksten Einflüsse auf das Interesse an einem Stressbewältigungstraining eindeutig von der Geschlechtszugehörigkeit ausgehen, wurden die Auswertungen zu den gewünschten Modalitäten eines Trainingsangebotes jeweils für die beiden Geschlechtsgruppen getrennt vorgenommen.

Die erste Frage zu den potentiellen Modalitäten eines Stressbewältigungstrainings bezieht sich auf den präferierten Ort, an dem das Training stattfinden sollte. Insgesamt ist es etwa der Hälfte der Schüler (46.4%) gleichgültig, an welchem Ort ein Training stattfindet. 36% der Befragten wollen, das der Kurs in der Schule stattfindet. Die Wenigsten können sich eine Durchführung an einem Ort außerhalb der Schule vorstellen (17.6%). Die Ergebnisse weisen Geschlechtsunterschiede auf ($Chi^2_{(2)}$ = 12.06; $p < .01$). Es zeigt sich, dass die Jungen als Durchführungsort eher die Schule präferieren, während sich die Mädchen auch einen anderen Ort vorstellen könnten.

Bei der Frage, ob die Schüler lieber an einer Gruppe teilnehmen würden, die aus Mädchen und Jungen besteht, oder ob sie es präferieren würden, als Junge an einer reinen Jungengruppe und als Mädchen an einer reinen Mädchengruppe teilzunehmen, zeigen sich erneut signifikante Geschlechtsunterschiede ($Chi^2_{(2)}$ = 68.61; $p < .001$). Auffällig ist hier, dass mehr Mädchen als Jungen eine geschlechtshomogene Gruppe bevorzugen. Es ist aber zu beachten, dass insgesamt der größte Teil der Mädchen und der Jungen angibt, dass sie eine gemischte Gruppe bevorzugen (44.2%), bzw. dass ihnen dieser Punkt gleichgültig ist (35.1%).

Bei der Frage, ob eine bestimmte Thematik (Schulstress, Familienstress, Stress durch Freizeit und Freunde oder selbstbezogener Stress) bevorzugt wird, ergibt sich das größte Interesse für schulbezogene Themen. Die Behandlung schulbezogener Themen wird von insgesamt 53.1% der Befragten favorisiert. Auch hier ergeben sich Differenzen zwischen den Geschlechtsgruppen ($Chi^2_{(3)}$ = 53.12; $p < .001$). Es fällt auf, dass die Schulstressthematik eindeutig von den Jungen präferiert wird, während die Mädchen auch an Stressproblemen in der Familie sowie mit der eigenen Person interessiert sind.

Im Freizeitbereich sind eher Mädchen als Jungen für die Teilnahme an einem Stressbewältigungstraining zu gewinnen, wobei die häufigsten Angaben auf einen Umfang von ein bis zwei Stunden je Woche entfallen, während fast die Hälfte der Jungen überhaupt nicht bereit ist, Freizeit für die Teilnahme an einem solchen Training zu opfern. Auf die Schulzeit bezogen lässt sich feststellen, dass im Bereich von einer bis zu drei Stunden je Woche jeweils mehr Mädchen als Jungen bereit sind, diesen Zeitanteil zu investieren. Gar keine Zeit wollen dagegen mehr Jungen aufwenden.

Es sollte noch ergänzend gesagt werden, dass vom Trend her der Anteil der Schüler, der bereit ist, Zeit in ein Trainingsprogramm zur Stressbewältigung zu investieren, in den höheren Klassenstufen zunimmt. Es ist davon auszugehen, dass die Zunahme überproportional auf ein Interesse der Mädchen zurückgeht.

In einem weiteren Fragenkomplex wurden die Schüler zur Bedeutung einer Reihe von Thematiken bei der Teilnahme an einem Stressbewältigungstraining gefragt. Es ging dabei darum, ob es für die Schüler wichtig wäre,

- etwas darüber zu erfahren, was Stress überhaupt ist,
- etwas darüber zu erfahren, wie sich Stress äußert,
- etwas darüber zu erfahren, was man gegen Stress tun kann,
- seine Sorgen loszuwerden,
- mit jemandem reden zu können,
- Spaß zu haben und
- Leute zu treffen.

Zur Beantwortung dieser Fragen stand eine vierstufige Antwortskala (überhaupt nicht wichtig, eher unwichtig, eher wichtig, sehr wichtig) zur Verfügung. Bei sämtlichen Items finden sich signifikante Geschlechtsunterschiede (mit jeweils $p < .001$). Insgesamt ist es den Schülern

sehr wichtig, bei einem Stressbewältigungstraining Spaß zu haben und Leute zu treffen, wobei dies für beide Geschlechtsgruppen gleichermaßen gilt. Besonders bedeutsam ist es für die Schüler weiterhin, etwas über Bewältigungsstrategien zu erfahren, seine Sorgen loszuwerden und mit jemandem reden zu können. Die Geschlechtsgruppen unterscheiden sich nicht in der Rangfolge, in der sie diese Themen gewichten. Die Geschlechtsunterschiede liegen im Wesentlichen in der absoluten Bedeutung, die sie den einzelnen Punkten zumessen: Die Mädchen gewichten alle Punkte insgesamt etwas höher als die Jungen.

Ein weiterer Themenkomplex des Fragebogens befasste sich mit den Bedingungen, die Schüler an die Teilnahme an einem Stressbewältigungstraining knüpfen. Die Schüler wurden im Einzelnen gefragt, ob sie teilnehmen würden, wenn

- auch die Freunde mitmachen,
- auch die Mitschüler mitmachen,
- sie keinen aus der Gruppe kennen,
- das Training nichts kostet,
- sie nichts Persönliches aus ihrem Leben erzählen müssen,
- keiner erfährt, dass sie mitmachen,
- die Eltern teilnehmen,
- die Eltern nicht teilnehmen,
- sie eine Bescheinigung über die Teilnahme erhalten,
- das Training in der Freizeit stattfindet,
- das Training während der Schulzeit stattfindet.

Die Fragen waren jeweils mit einer vierstufigen Antwortskala (trifft nicht zu, trifft kaum zu, trifft eher zu, trifft genau zu) zu beantworten. Die Bereitschaft, an einem Training teilzunehmen, ist insgesamt am größten, wenn das Training in der Schule stattfindet, die Eltern nicht teilnehmen, jedoch die eigenen Freunde oder Mitschüler teilnehmen, das Training nichts kostet und nicht über allzu Persönliches geredet wird. Umgekehrt ist die Teilnahmebereitschaft gering, wenn die Eltern teilnehmen und alle in der Gruppe unbekannt sind. Dass niemand etwas über die Teilnahme erfährt oder dass möglicherweise eine Teilnahmebescheinigung ausgestellt wird, ist den Schülern nicht wichtig.

Signifikante Geschlechtsunterschiede (mit mindestens $p < .01$) finden sich bei der Bedingung, dass die eigenen Freunde ebenfalls mitmachen (dies ist den Mädchen wichtiger), dass die Eltern nicht teilnehmen (dies ist ebenfalls den Mädchen wichtiger) und dass der Kurs in der Freizeit stattfindet (in diesem Fall sind die Mädchen eher zu einer Kursteilnahme bereit als die Jungen).

Im abschließenden Fragekomplex zu den Trainingspräferenzen der Schüler wurde der Frage nachgegangen, wer nach der Meinung der Schüler ein potentielles Training zum Thema Stress leiten sollte. Als Ergebnis lässt sich konstatieren, dass in beiden Geschlechtsgruppen die Durchführung durch einen Experten oder einen Psychologen vorgezogen wird. In deutlichem Abstand folgt die Durchführung durch einen Gleichaltrigen (Jugendlichen) oder einen Arzt. Die ungünstigsten Werte erreichen Lehrer und Eltern. Obwohl sich bei einigen Personen Geschlechtsunterschiede ergeben (beim Arzt, Psychologen, Jugendlichen und Experten, jeweils mit $p < .001$), sind die Rangreihen in beiden Geschlechtsgruppen identisch. Die Unterschiede reflektieren daher vermutlich das unterschiedliche Interesse der Geschlechtsgruppen an der Teilnahme an einem Stressbewältigungstraining.

Es lässt sich weiterhin feststellen, dass Schüler insbesondere dann in erhöhtem Maße an einem Stressbewältigungstraining interessiert sind, wenn sie eine eigene Stressbelastung bei sich wahrnehmen. Darüber hinaus ist zu konstatieren, dass Schüler mit einem erhöhten Ausmaß außerschulischer Termine trotz eines tendenziell erhöhten Stressempfindens für die Teilnahme an einem Stressbewältigungskurs (vor allem im Freizeitbereich) schwerer zu erreichen sind.

Zusammenfassend lässt sich festhalten, dass (je nach Klassenstufe und Geschlecht) etwa ein Viertel bis zu der Hälfte der Schüler Interesse an der Teilnahme an einem Stressbewältigungstraining hat. Die Trainingsinhalte sollten sich vom Interesse her überwiegend auf die Schule konzentrieren, wobei das Teilnahmeinteresse insgesamt höher ist, wenn das Training in der Schule stattfindet. Die Schüler sind bereit, über mehrere Wochen hinweg ein bis zwei Stunden für diesen Zweck zu investieren, wobei diese Bereitschaft ebenfalls im Schulbereich höher ist als im Freizeitbereich. Die Schüler bevorzugen es, wenn

die eigenen Freunde oder Mitschüler ebenfalls an dem Training teilnehmen und wenn keine allzu persönlichen Themen besprochen werden. Das Stressbewältigungstraining soll den Schülern Spaß machen und ihnen Gelegenheit geben, (ihnen bekannte) Leute zu treffen. Bedeutsam ist es für die Schüler weiterhin, etwas über Bewältigungsstrategien zu erfahren, seine Sorgen loszuwerden und mit jemandem reden zu können. Als Trainingsleiter präferieren sie in deutlichem Abstand einen Experten oder Psychologen.

Kapitel 3

Trainingskonzept

3.1 Konsequenzen aus der Bedarfsanalyse

Aus den Ergebnissen der Bedarfsanalyse lässt sich ableiten, dass offenbar bei vielen Schülern ein Bedarf für die Teilnahme an einem Stressbewältigungskurs besteht. Dies lässt sich einerseits aus dem Interesse entnehmen, das viele Schüler selbst bekunden. Dies lässt sich andererseits auch aus den Angaben zum Stresserleben und zur Stresssymptomatik folgern. Auf einen Bedarf im Bereich weiterführender Schulen für ein Stressbewältigungsprogramm weist – wie Zusatzauswertungen ergeben – weiterhin auch hin, dass ein Viertel der Schüler angibt, nichts zur Stressbewältigung zu unternehmen und zehn Prozent der Schüler keinen Ansprechpartner haben, um über sie belastende Probleme zu reden.

Folgt man den Angaben der Schüler, so dürfte der Bedarf mit der Klassenstufe ansteigen und bei Mädchen höher sein als bei Jungen. Hier ist allerdings zu bedenken, dass „objektiver" und „subjektiver" Bedarf auseinander klaffen können. Dies wird insbesondere am Beispiel der Geschlechterdifferenzen deutlich, da Jungen aufgrund ihrer Geschlechtsrollenvorstellungen möglicherweise weniger dazu bereit sein könnten, Stresserleben und Stresssymptomatiken zuzugeben, obwohl sie „objektiv" ebenfalls betroffen sind.

Da die Ergebnisse unzweifelhaft einen Bedarf für die Vermittlung von Stressbewältigungsmaßnahmen im weiterführenden Schulbereich erkennen lassen, stellt sich als Konsequenz die zentrale Frage, wie dabei vorgegangen werden könnte. Dabei sind im Wesentlichen zwei Ansatzmöglichkeiten zu unterscheiden:

(a) ein Angebot als Stressbewältigungskurs im Freizeitbereich und
(b) ein Angebot als Stressbewältigungskurs im Schulkontext.

Auf beide Varianten und ihre Vor- und Nachteile soll auf der Basis der vorliegenden Befragungsergebnisse näher eingegangen werden.

(a) Angebot eines Stressbewältigungskurses im Freizeitbereich

Bei einem Angebot im Freizeitbereich ist mit starken Selektionseffekten zugunsten der Mädchen zu rechnen, da sie einerseits mehr Stress erleben und eine erhöhte physische und psychische Symptomatik angeben und andererseits konsistent ein höheres Interesse an einem Stressbewältigungstraining (sowohl im Schul- als auch im Freizeitbereich) an den Tag legen. Dies steht im Widerspruch zu den Teilnahmequoten weiblicher und männlicher Schülerinnen und Schüler bei Stressbewältigungskursen im Grundschulbereich. Hier findet sich in der Regel ein höherer Jungenanteil (58% Jungen im Verhältnis zu 42% Mädchen in der Studie von Lohaus und Klein-Heßling, 1998). Der Widerspruch ist vermutlich dadurch zu erklären, dass die Kinder im Grundschulalter von ihren Eltern zu Kursen geschickt werden. Da sich ein Stressgeschehen bei Jungen vielfach verstärkt in externalisierenden Symptomen äußert, fallen die Symptome den Eltern eher auf. Auch wenn das selbst berichtete Stresserleben möglicherweise auch im Grundschulbereich bei Mädchen höher ist, werden Jungen aufgrund der auffälligeren Symptomatik eher von ihren Eltern zu Stressbewältigungskursen angemeldet. Da die Entscheidung zur Teilnahme an einem Stressbewältigungskurs im Bereich der weiterführenden Schulen mit zunehmendem Alter von den Schülern selbst getroffen wird, dürfte sich das Geschlechtsverhältnis bei einem Training im Freizeitbereich umkehren.

Kurse im Freizeitbereich ließen sich vermutlich eher in höheren Klassenstufen realisieren, vor allem wenn ein erhöhtes Stresserleben und eine erhöhte Stresssymptomatik vorliegen. Es ist allerdings anzunehmen, dass gleichzeitig Schüler nicht erreicht werden, die schon viele außerschulische Verpflichtungen übernommen haben. Ein Kurs im Freizeitbereich würde vermutlich vor allem Schüler mit einer hohen Motivation und einem subjektiven Bedarf erreichen, der sich aus eigenem Stresserleben ableitet. Dennoch müsste der Kurs sehr attraktiv gestaltet sein, um nicht nur das Interesse der Schüler zu wecken, sondern vor allem auch, es aufrechtzuerhalten. Dazu gehört die enge Orientierung an Thematiken, die die Schüler interessieren, die Wahl eines geeigneten zeitlichen Rahmens, der ein bis zwei Wochenstunden nicht überschreiten sollte und die Wahl der Gruppenzusammensetzung, wobei der Wunsch vieler Schüler, möglichst mit Bekannten oder Freunden zusammen an einem Kurs teilnehmen zu wollen, bei Kursangeboten im Freizeitbereich eher schwerer zu erfüllen sein dürfte.

Die Kursdurchführung sollte von einem Experten (bzw. Psychologen) übernommen werden. Obwohl relativ viele Schüler angeben, dass sie Kurse im Freizeitbereich besuchen würden, wenn die Rahmenbedingungen dementsprechend gestaltet sind, bleibt allerdings dennoch unklar, ob sie ein Angebot tatsächlich realisieren würden. Zwischen der verbalen Angabe und dem tatsächlichen Handeln kann eine Kluft bestehen, deren Ausmaß aus der Befragung nicht abgeschätzt werden kann.

(b) Angebot eines Stressbewältigungskurses im Schulkontext

Eine Durchführung im Schulkontext bietet die Möglichkeit, auch Schüler zu erreichen, bei denen „objektiv" ein Bedarf besteht, die subjektiv jedoch nicht erkennen, dass es sinnvoll sein könnte, an einem Stressbewältigungstraining teilzunehmen. Die Erreichbarkeit der Schüler ist weitgehend ohne systematische Selektionseffekte insgesamt größer. Da insbesondere auch Schüler erreicht werden, die selbst keinen Trainingsbedarf sehen, ist hier auch ein primärpräventiver Einsatz eines Stressbewältigungsprogramms möglich – unabhängig davon, ob bereits ein Stresserleben oder eine Stresssymptomatik vorliegt oder nicht.

Ein wichtiger Nachteil dieses Vorgehens liegt darin, dass nicht von vornherein mit einer Motivation und einem Interesse der Schüler an einem Stressbewältigungsprogramm gerechnet werden kann. Auch hier ist es daher von großer Bedeutung, eine Motivation nicht nur aufzubauen, sondern im Trainingsverlauf auch aufrechtzuerhalten. Die dazu notwendigen Maßnahmen sind denen ähnlich, die bereits bei der Variante (a) beschrieben wurden. Obwohl die Durchführung im Schulkontext stattfindet, ist auch in der Variante (b) die Programmdurchführung durch externe Experten (bzw. Psychologen) zu präferieren.

Beide Varianten haben erkennbar spezifische Vorzüge und schließen sich nicht aus, da das vorliegende Stressbewältigungsprogramm sich sowohl in Kursangeboten im Freizeitbereich als auch in Schulkontexten einsetzen lässt. Der wesentliche Unterschied zwischen einem Programmeinsatz im Schulbereich bzw. im Freizeitbereich liegt in der Notwendigkeit, unterschiedliche Gruppengrößen zu berücksichtigen. Da das Programm so konstruiert ist, dass es sowohl in kleineren als auch in größeren Gruppen (d.h. in Schulklassen) durchführbar ist, dürfte die Einsetzbarkeit in unterschiedlichen Kontexten realisierbar sein.

Für die Evaluationsphase des Stressbewältigungsprogramms wurde aus den Ergebnissen der Bedarfsanalyse die Konsequenz gezogen,

- dass das Programm in Schulsettings (als Alternative zu regulärem Schulunterricht) durchgeführt wird,
- dass als Trainingsleiter geschulte Diplom-Psychologen eingesetzt werden,
- dass die Durchführung in Kleingruppen erfolgt (durch zwei Trainingsleiter je Schulklasse, die dadurch die Möglichkeit erhalten, die Gruppe in zwei Kleingruppen zu teilen) und
- dass die Schüler ihre eigenen Bedürfnisse und Interessen in die Gestaltung der Programminhalte einbringen können.

Mit kleineren Gruppen ist es eher möglich, den Bedürfnissen und Interessen der Schüler entgegenzukommen. Weiterhin ist es dadurch auch möglich, auf einzelne Schüler individualisierter einzugehen.

3.2 Modularisierter Aufbau des Trainings

Eine stärkere Orientierung an den Bedürfnissen und Interessen der Schüler soll auch dadurch ermöglicht werden, dass das Trainingsprogramm modularisiert angeboten wird. Das zentrale Modul des Stressbewältigungsprogramms für weiterführende Schulen besteht in der Vermittlung eines Problemlöseansatzes, um Schülern die Grundprinzipien eines problemlösungsorientierten Vorgehens in Stresssituationen nahe zu bringen. Auf der Basis des Problemlöseansatzes können (je nach Bedarf) weitere Module des Stressbewältigungstrainings zum Einsatz kommen. Bei diesen Modulen handelt es sich im Wesentlichen um Bestandteile, die bei der Problemdefinition und bei der Lösungssuche von Nutzen sein können (s. Abbildung 1).

Bei der Lösungssuche kann es nützlich sein, über eine Kenntnis von Stressbewältigungsstrategien sowie über ein Wissen darüber zu verfügen, in welchen Situationen sie angemessen einsetzbar sind. Dazu werden drei Erweiterungsmodule zu den Themen (a) Gedanken und Stress (Kognitive Strategien), (b) Soziale Unterstützung, (c) Entspannung und Zeitmanagement angeboten. Die Erweiterungsmodule sind so gestaltet, dass sie abgesehen von der Vermittlung des Problemlöseansatzes weitgehend unabhängig voneinander einsetzbar sind.

Das Programm ist für einen Einsatz in Doppelstunden im wöchentlichen Abstand konzipiert, da die Schüler eine Programmdauer von wöchentlich etwa ein bis zwei Unterrichtsstunden präferieren. Der Gesamtumfang wurde auf acht Doppelstunden festgelegt, da eine nachhaltige Wirkung vermutlich nicht mit einem noch kürzeren Programm erreicht werden kann. Sowohl das Basismodul als auch die Erweiterungsmodule haben jeweils einen Umfang von vier Doppelstunden. Dementsprechend ist es möglich, den Programmeinsatz über den empfohlenen Einsatz von acht Doppelstunden hinaus auszudehnen, falls mehr Zeit zur Verfügung steht und ein entsprechendes Interesse der Schüler besteht. Falls weniger Zeit vorhanden ist, können gegebenenfalls auch Kürzungen vorgenommen werden, wobei es dann im Ermessen des Trainingsleiters liegt, auf einzelne Trainingselemente zu verzichten.

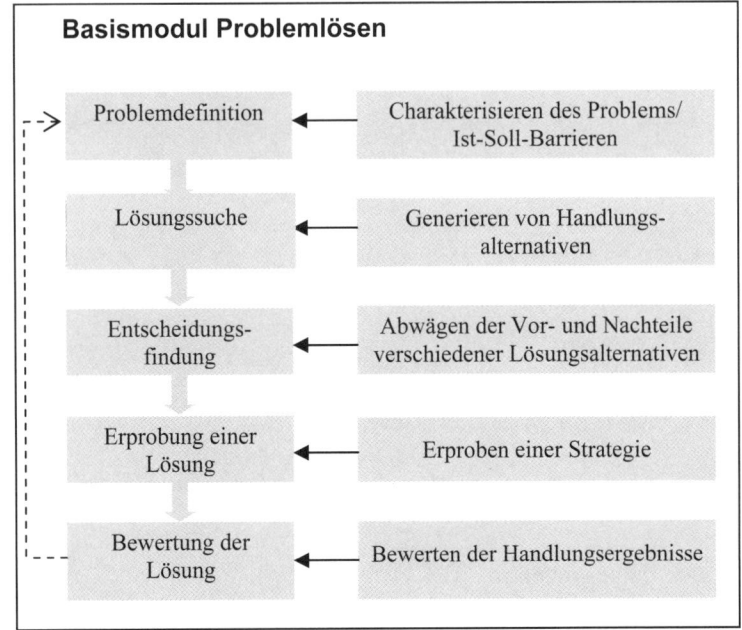
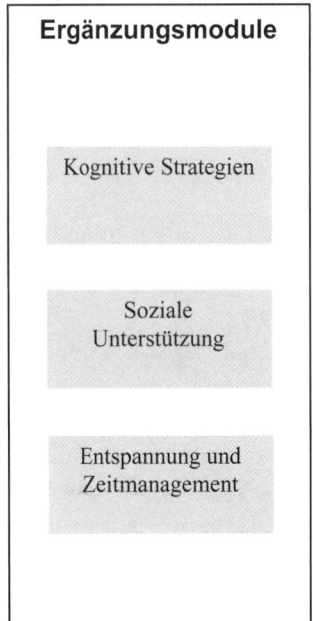

Abbildung 1: Verhältnis zwischen dem Problemlösemodul und den Ergänzungsmodulen

Abschließend sei darauf hingewiesen, dass die vorliegenden Ergebnisse die präventive Bedeutung des Einsatzes eines Stressbewältigungstrainings für den Gesundheitserhalt belegen. Die systematischen Zusammenhänge zwischen dem Ausmaß des Stresserlebens und der Stresssymptomatik und dem Gesundheitsverhalten weisen darauf hin, dass es mit einem Stressbewältigungstraining möglicherweise gelingen kann, positive Effekte auf das Gesundheitsverhalten zu erzielen. Hier scheint im Bereich der weiterführenden Schulen (ergänzend zum Grundschulalter) ein geeigneter Altersabschnitt vorzuliegen, um rechtzeitig angemessene Kompetenzen zu vermitteln. Dabei ist auch zu bedenken, dass durch die rechtzeitige Vermittlung von Kompetenzen zum Umgang mit Stresssituationen nicht nur positive Gesundheitseffekte erzielt werden, sondern auch die Voraussetzungen zum Umgang mit Leistungsanforderungen verbessert werden. Insofern kann die Vermittlung von Stressbewältigungskompetenzen längerfristig auch dazu beitragen, Leistungsdefizite (wie sie beispielsweise in der PISA-Studie dokumentiert wurden, s. Baumert, 2001) auszugleichen.

Kapitel 4

Überblick zu den Trainingssitzungen

Im Folgenden soll ein kurzer Überblick über die Trainingssitzungen gegeben werden, bevor dann eine ausführliche Beschreibung der einzelnen Übungen erfolgt. Der Kurzüberblick ist geeignet, einen Eindruck von dem Training zu erhalten, während sich die ausführliche Darstellung insbesondere an Trainer richtet, die das Training durchführen und hierzu ausführliche Instruktionen erhalten möchten.

4.1 Kurzüberblick

Im Kurzüberblick wird zunächst auf das Basismodul zum Problemlösen und danach auf die Ergänzungsmodule zu Gedanken und Stress, zur sozialen Unterstützung und zu Entspannung und Zeitmanagement eingegangen. In allen Fällen erfolgt zunächst ein Überblick zum Konzept der einzelnen Module und danach eine Kurzübersicht über die einbezogenen Übungen.

4.1.1 Modul Wissen zu Stress und Problemlösen

Ausgehend von einem Problemlöseansatz werden die Teilschritte des Problemlösens anhand des Modells einer Stressschlange vermittelt. Dabei werden fünf Teilschritte unterschieden:

1. Problemdefinition: Stopp – Was ist das Problem?
2. Lösungssuche: Welche Lösungen gibt es?
3. Lösungsauswahl: Was ist die beste Lösung?
4. Realisierung der ausgewählten Lösung: Jetzt geht es los!
5. Bewertung des Handlungsergebnisses: Hat es funktioniert?

Das Modell der Stressschlange (s. Abbildung 2) symbolisiert dabei den Weg, den das Problem nimmt, bevor es „verdaut" werden kann. Gelingt es nicht, eine angemessene Lösung zu finden, beginnt der Prozess der Problemverarbeitung von vorn. Dieses anschauliche Modell soll dazu beitragen, dass das Problemlösemodell für die Schüler erinnerbar bleibt. Die übrigen Module können als Teil der Lösungssuche in das Modell integriert werden. Eine Kurzzusammenfassung der Sitzungen des Problemlösemoduls findet sich in der Tabelle 3.

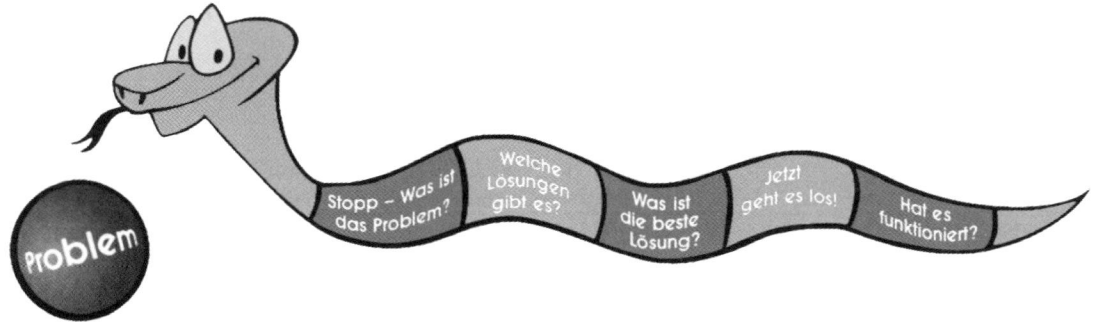

Abbildung 2: Modell der Stressschlange, die den Problemlöseprozess symbolisiert

Tabelle 3: Kurzübersicht zu den Sitzungen des Grundmoduls

Grundmodul Wissen zu Stress und Problemlösen			
Sitzung	**Übung**	**Ziel**	**Methode**
Sitzung 1	Vorstellungsrunde „Steckbrief"	Gegenseitiges Kennenlernen und Abklärung von Erwartungen und Befürchtungen	Erstellung von Steckbriefen
	Festlegung von Trainingsregeln	Gemeinsame Vereinbarung von Regeln, die von allen einzuhalten sind	Gruppengespräch
	Gemeinsames Zusammentragen von Vorwissen zum Thema Stress	Erster Zugang zum Thema Stress	Brainstorming, Wissensvermittlung durch Trainingsleiter
	Kummerkasten	Kennenlernen der Stressauslöser der Schüler	Problemsammlung in einer Box
Sitzung 2	Übersicht über verschiedene Bewältigungsstrategien	Systematisierung von Stressbewältigungsstrategien	Wissensvermittlung durch den Trainingsleiter, Gruppengespräch
	Vorstellung des Problemlösetrainings	Einstieg in das Thema, Motivationssteigerung	Kurze Einführung durch den Trainingsleiter
	Phase 1 im Problemlöseprozess: Was ist das Problem?	Kennenlernen des ersten Problemlöseschrittes	Was ist das Problem?-Folie Fallbeispiel
	Phase 2 im Problemlöseprozess: Welche Lösungen gibt es?	Kennenlernen des zweiten Problemlöseschrittes	Lösungsschema-Folie, Brainstorming
	Phase 3 im Problemlöseprozess: Was ist die beste Lösung?	Kennenlernen des dritten Problemlöseschrittes	Entscheidungsplan-Folie, Entscheidungsfindung im Gruppengespräch
	Üben der ersten drei Problemlöseschritte an einem eigenen Beispiel	Vertiefung der ersten drei Problemlöseschritte	Einzelarbeit
Sitzung 3	Was ist die beste Lösung: Übung zur situationalen Angemessenheit von Coping	Verdeutlichung der Situationsangemessenheit von Bewältigung	Fragebogenquiz und Diskussion
	Phase 4 im Problemlöseprozess: Jetzt geht es los!	Kennenlernen des vierten Problemlöseschrittes	Aktions-Folie, Aktionsplanung und Rollenspiele in Kleingruppen
	Phase 5 im Problemlöseprozess: Hat es funktioniert?	Kennenlernen des fünften Problemlöseschrittes	Bewertungs-Folie und Rückkopplungs-Folie, Gruppengespräch
Sitzung 4	Herzblatt (Lösungssuche, Lösungsauswahl und Lösungsbewertung)	Üben des Problemlöseprozesses	Spiel
	Einführung der „Was ich bei Stress alles tun kann" - Liste	Das eigene Bewältigungspotential verdeutlichen	Bearbeitung der Liste und Diskussion
	Internetnutzung	Kennenlernen des Internets als Hilfe bei der Unterstützungssuche und Einführung der trainingsbegleitenden Internetseite	Einführung durch den Trainingsleiter

In der ersten Sitzung des Problemlösemoduls erfolgt nach einer kurzen Vorstellung der Trainingsleiter und des Trainings zunächst eine Vorstellungsrunde mit Angabe von Erwartungen und Befürchtungen der Schüler. Danach werden Trainingsregeln durch Schüler und Trainingsleiter gemeinsam festgelegt. Es folgt ein Trainingselement, in dem das bereits vorhandene Wissen der Schüler zu Stress und Stressbewältigung zusammengetragen und eingeordnet wird. Abschließend erfolgt eine Informationsvermittlung zu diesen Themen durch den Trainingsleiter sowie ein Sammeln von individuellen Problemen der Schüler in einer Box.

In der zweiten Sitzung erfolgt zunächst eine Erarbeitung verschiedener Stressbewältigungsstrategien. Danach wird der Problemlöseansatz kurz vorgestellt und der erste Schritt des Problemlösens (Problemdefinition) wird anhand eines Fallbeispiels eingeführt. Mit Hilfe eines Brainstormings werden im Anschluss Lösungsmöglichkeiten für das Beispielproblem zusammengetragen, die dann im nächsten Trainingsschritt bewertet werden, so dass es zu einer Handlungsentscheidung kommen kann. Die ersten drei Problemlöseschritte werden danach anhand eines eigenen Problems wiederholt.

In der dritten Sitzung wird zunächst zwischen angemessenen und unangemessenen Bewältigungswegen unterschieden, bevor dann auf die Handlungsrealisierung eingegangen wird. Dazu wird die als geeignet bewertete Handlungsalternative in Form von Rollenspielen umgesetzt. Als letzter Schritt des Problemlöseansatzes erfolgt dann die Bewertung der realisierten Problemlösung.

In der vierten Sitzung wird die Generierung und Bewertung von Problemlösungen anhand der Herzblatt-Übung weiter gefestigt. Dazu nennt ein Schüler ein Problem und drei andere Schüler denken sich Problemlösungen aus. Der erste Schüler wählt den Schüler mit der aus seiner Sicht am ehesten angemessenen Lösung als Herzblatt aus und begründet seine Wahl. Es folgt die Einführung der „Was ich bei Stress alles tun kann"-Liste, auf der die Schüler bereits erarbeitete oder im weiteren Trainingsverlauf noch folgende Bewältigungsstrategien, die sie persönlich für geeignet halten, eintragen können. Abschließend wird auf die Nutzung des Internets zur Problemlösung eingegangen (siehe dazu genauer Punkt 4.2.4).

Spätestens nach der vierten Sitzung ist zu entscheiden, welches der folgenden Module (eventuell auch in Kombination) zum Einsatz gelangen soll.

4.1.2 Ergänzungsmodul Gedanken und Stress

In dem Modul Gedanken und Stress (Kurzzusammenfassung in Tabelle 4) wird auf Möglichkeiten der kognitiven Umstrukturierung eingegangen. Es geht dabei sowohl um eine positivere Bewertung der Anforderungssituation als auch um eine positivere Bewertung der eigenen Person, da auch eine positivere Selbstsicht dazu beitragen kann, die Anforderungssituation und die eigenen Bewältigungsressourcen in einem positiveren Licht erscheinen zu lassen.

In der ersten Sitzung wird zunächst anhand einer kurzen Vorstellungsübung verdeutlicht, dass Gedanken körperliche Prozesse beeinflussen können. Dies wird anhand einer Geschichte vertieft, in der bei gleicher Ausgangssituation zwei unterschiedliche Interpretationen einander gegenübergestellt werden. Im Anschluss werden verschiedene Arten von Stressgedanken anhand selbst erstellter Collagen eingeführt. Die Schüler sollen sich weiterhin in eine vom Trainingsleiter eingeführte Situation hineinversetzen und ihre Gedanken in dieser Situation berichten. Die Gedanken sollen in Stressgedanken, Anti-Stressgedanken und neutrale Gedanken kategorisiert werden. In einer abschließenden Übung soll gelernt werden, Stress erzeugende Gedanken zu hinterfragen und Anti-Stressgedanken zu produzieren.

Die zweiten Sitzung beginnt zunächst mit einer Übung zum Selbstkonzept, bei der aus drei Selbstbeschreibungen entweder eine positive, eine neutrale oder eine negative Selbstbeschreibung ausgewählt werden soll. Da in der Regel die wenigsten Schüler die positive Selbstbeschreibung für sich wählen, wird dadurch verdeutlicht, dass vielfach nur eine geringe Neigung besteht, das Positive an sich selbst hervorzuheben. Es folgt eine Übung, bei der anderen

Schülern Komplimente gemacht werden sollen, damit gelernt wird, das Selbstwertgefühl anderer zu verstärken und auch selbst Komplimente anzunehmen und ihre Wirkung zu sehen. Die Vor- und Nachteile von Komplimenten werden herausgearbeitet.

Tabelle 4: Kurzübersicht zu den Sitzungen des Ergänzungsmoduls kognitiver Strategien

Ergänzungsmodul Gedanken und Stress			
Sitzung	**Übung**	**Ziel**	**Methode**
Sitzung 1	Wie man sich durch Gedanken Stress machen kann: Einstieg	Einstieg in das Thema	Vorstellungsübung
	Wie man sich durch Gedanken Stress machen kann: Einstieg und Hintergrund	Vertiefung des Themeneinstiegs und Vermittlung von Hintergrundwissen	Bearbeitung von Geschichten
	Gedanken und Stress	Kennenlernen von stressbezogenen Gedanken	Erstellen von Collagen in Kleingruppen
	Experiment: Was geht mir durch den Kopf?	Identifikation von Gedanken in konkreten Stresssituationen	Gedankenexperiment, Gruppengespräch
	Anti-Stressgedanken	Es soll gelernt werden, Stressgedanken zu hinterfragen und Anti-Stressgedanken zu entwickeln	Gruppengespräch
Sitzung 2	Was passt zu mir? A, B oder C?	Erkenntnis, dass es vielfach leichter fällt, negative Selbstbeschreibungen zu generieren und zu akzeptieren	Selbstbeschreibung mit vorgegebenen positiven, negativen oder neutralen Eigenschaften
	Komplimenterunde: Das ist klasse an dir!	Auslösung positiver Emotionen und Steigerung des Selbstwertgefühls	Zeichnungen mit Komplimenten, Diskussion
	Komplimente – wofür?	Kritische Beleuchtung des Themas Komplimente	Erstellen von Wandplakaten, Podiumsdiskussion
	Nachmittagsübung: Ein Kompliment machen	Üben der Fähigkeit, Komplimente zu geben	Hausaufgabe
Sitzung 3	Besprechung der Nachmittagsübung	Erfahrungsaustausch über die Wirkung von Komplimenten	Gruppengespräch
	Entwerfen von neuen Gedanken anhand von Beispielen	Üben des Entwickelns von Antistressgedanken	Bearbeitung von Comics
	Eine lustige Begebenheit	Auflockerung	Erzählrunde
	Selbstinstruktionen in verschiedenen Phasen des Stressgeschehens	Üben positiver Selbstgespräche	Wissensvermittlung durch Trainingsleiter und Rollenspiele
Sitzung 4	Das ist mein bester Freund: Selbstbeschreibung aus der Sicht des besten Freundes	Auslösung positiver Emotionen und Steigerung des Selbstwertgefühls	Spiel
	Das Glas ist halb voll	Festigung der Erkenntnisse zum Zusammenhang zwischen Gedanken, Gefühlen und Verhalten	Gruppengespräch

In der dritten Sitzung soll das Entwickeln von Anti-Stressgedanken weiter geübt werden. In einer Übung mit Comics wird gelernt, Alternativen zu Stress erzeugenden Gedanken zu generieren. Anschließend werden Selbstinstruktionen in verschiedenen Phasen des Stressgeschehens besprochen und im Rollenspiel erprobt.

Die vierte Sitzung beginnt mit einer Übung, bei der die eigene Person aus der Sicht des besten Freundes geschildert werden soll. Es geht dabei um die Steigerung des eigenen Selbstwertgefühls. In einer weiteren Übung soll noch einmal die Möglichkeit unterschiedlicher Sichtweisen zu einer gleichen Ausgangssituation thematisiert werden. Dazu werden für verschiedene Ausgangssituationen Stressgedanken und Anti-Stressgedanken einander gegenübergestellt.

Allgemein gilt mit Ausnahme der ersten für alle übrigen Sitzungen, dass anfangs jeweils ein kurzer Rückblick auf die vergangene Sitzung erfolgt. Dies geschieht mit unterschiedlichen Verfahren (wie beispielsweise Lückentext, Quiz etc.). Weiterhin ist in allen Sitzungen die Durchführung von Auflockerungsspielen vorgesehen, die die Schüler selbst einbringen können. Dieses Trainingselement dient einerseits der Motivationssteigerung, andererseits kann dadurch Spielen und Spaß gleichzeitig als Stressbewältigungselement thematisiert werden. Die Sitzungen werden jeweils abgeschlossen durch eine kurze Rekapitulation der wichtigsten Sitzungsinhalte. Wichtig ist dabei vor allem, dass die Schüler selbst für sich überlegen, was sie aus der Trainingssitzung mitnehmen möchten.

Unabhängig von dem durchgeführten Ergänzungsmodul findet in der letzten Trainingssitzung eine Gesamtrückschau auf das Training mit dem „Wahrheit oder Pflicht"-Quiz statt. Es ist weiterhin vorgesehen, einen Fragebogen zur Rückmeldung an den Trainingsleiter auszufüllen. Es folgt eine kurze Diskussionsrunde zu den Trainingseffekten anhand der eingangs durch die Schüler formulierten Erwartungen und Befürchtungen.

4.1.3 Ergänzungsmodul Soziale Unterstützung

In diesem Modul (Kurzzusammenfassung in Tabelle 5) soll die Suche nach sozialer Unterstützung als Stressbewältigungsstrategie thematisiert werden. Hierzu gehört nicht nur die soziale Unterstützung durch die unmittelbaren Bezugsgruppen in Schule, Familie und Gleichaltrigengruppe, sondern auch die institutionelle soziale Unterstützung (beispielsweise durch Beratungseinrichtungen). Weiterhin sollen in diesem Modul die sozialen Kompetenzen der Schüler gefördert werden. Dadurch sollen sie einerseits stärker in die Lage versetzt werden, sich soziale Unterstützung zu suchen, und andererseits soll sich gleichzeitig ihr soziales Konfliktpotential reduzieren, so dass dadurch zu einer Verringerung des Stresserlebens beigetragen wird.

In der ersten Sitzung wird nach einer Einführung in die Thematik das soziale Netz der Schüler erarbeitet. Die Schüler tragen dazu für bestimmte Problemsituationen mögliche Ansprechpartner, an die sie sich wenden können, zusammen. Im Anschluss werden Broschüren verschiedener lokaler Beratungseinrichtungen analysiert, um auf institutionelle Unterstützungsmöglichkeiten hinzuweisen. Es folgt eine Erarbeitung von Wünschen und Befürchtungen beim Aufsuchen von Beratungseinrichtungen, um Hemmschwellen der Schüler zu reduzieren. Im letzten Teil werden die Schüler gebeten, in einer Nachmittagsübung Informationen über lokale Beratungseinrichtungen zu sammeln.

In der zweiten Sitzung werden die Informationen über lokale Beratungseinrichtungen, die die Schüler in der Nachmittagsübung gewonnen haben, zusammengetragen und das Thema soziale Unterstützung wird abgeschlossen. Es folgt eine Übung zur Perspektivenübernahme und zum Thema Konflikte. Weiterhin wird erarbeitet, welche Verhaltensweisen geeignet sind, Konfliktpotentiale zu reduzieren, indem die Unterschiede zwischen selbstsicherem, unsicherem und aggressivem Verhalten herausgearbeitet werden (anhand von beispielhaften Konfliktsituationen).

In der dritten Sitzung wird die genaue Beobachtung des Verhaltens eines Gegenübers spielerisch trainiert. In einer weiteren Übung geht es darum, eigene Gefühle zum Ausdruck zu bringen und Gefühle auch bei anderen zu verstehen. In anschließenden Rollenspielen wird geübt, Gefühle selbstsicher anderen mitzuteilen.

In der vierten Sitzung wird trainiert, Forderungen an andere selbstsicher durchzusetzen (anhand von Rollenspielen zu verschiedenen Konfliktsituationen). Im Anschluss folgen eine Wiederholung von Trainingsinhalten und eine abschließende Auswertung des Trainings durch Schüler und Trainingsleiter.

Tabelle 5: Kurzübersicht zu den Sitzungen des Ergänzungsmoduls zur sozialen Unterstützung

Ergänzungsmodul Soziale Unterstützung			
Sitzung	**Übung**	**Ziel**	**Methode**
Sitzung 1	Einführung der Strategie „Suche nach sozialer Unterstützung"	Kennenlernen des Konzepts: Suche nach sozialer Unterstützung	Brainstorming
	Soziales Netz	Vergegenwärtigung des eigenen sozialen Netzes	Bearbeitung des Arbeitsblatts zum sozialen Netz
	Bearbeitung von Broschüren verschiedener Beratungseinrichtungen	Informationsvermittlung und kritische Auseinandersetzung mit den Broschüren	Bearbeitung von Broschüren in Kleingruppen
	Wünsche und Befürchtungen beim Aufsuchen einer Beratungseinrichtung	Abbau unrealistischer Erwartungen und Befürchtungen	Kleingruppenarbeit
	Suche nach möglichen Beratungsangeboten	Die Schüler werden bei der Suche nach Beratungsangeboten selbst aktiv	Brainstorming und Nachmittagsübung
Sitzung 2	Erfahrungsaustausch über die Nachmittagsübung	Austausch über Beratungsangebote	Gruppengespräch
	Übung zur Perspektivübernahme	Sensibilisierung für die Perspektive anderer	Spiel
	Konfliktmatrix	Einführung in das Thema Konflikte	Einzelarbeit, Austausch im Plenum
	Sicheres Verhalten in sozialen Situationen: Differenzierung von selbstsicherem, unsicherem und aggressivem Verhalten	Kennenlernen verschiedener Verhaltenstypen in sozialen Situationen	Erraten von Verhaltenstypen
Sitzung 3	Übung Veränderungen beobachten	Schulung der genauen Beobachtung des Gegenübers	Spiel
	Sammeln von Gefühlen und pantomimische Darstellung	Schulung des offenen Ausdrucks von Gefühlen	Brainstorming und pantomimische Darstellung
	Sozial kompetentes Verhalten: Gefühle offen mitteilen	Übung des offenen Gefühlsausdrucks in der Interaktion mit anderen	Rollenspiel
Sitzung 4	Sozial kompetentes Verhalten: Forderungen selbstsicher durchsetzen	Training des selbstsicheren Durchsetzens von Forderungen	Rollenspiel

4.1.4 Ergänzungsmodul Entspannung und Zeitmanagement

In diesem Trainingsmodul (Kurzzusammenfassung in Tabelle 6) geht es um die Vermittlung von Ruhe und Entspannung als Stressbewältigungsstrategie. Dabei geht es einerseits um den Einsatz von möglichen Techniken zur Entspannung, aber auch um Techniken zur Verbesserung des Zeitmanagements, um dadurch mehr Zeitphasen für Ruhe zu erhalten.

Tabelle 6: Kurzübersicht zu den Sitzungen des Ergänzungsmoduls zu Entspannung und Zeitmanagement

Ergänzungsmodul Entspannung und Zeitmanagement			
Sitzung	Übung	Ziel	Methode
Sitzung 1	Experiment zur Körperwahrnehmung	Erster Zugang zum Thema Entspannung	Entspannungsübung
	Wie entspanne ich mich?	Einstieg in das Thema Entspannung	Brainstorming
	Einführung und erste Durchführung der Progressiven Muskelentspannung	Kennenlernen einer Kurzform der Progressiven Muskelentspannung	Gruppengespräch und Entspannungsinstruktion durch den Trainingsleiter
	Geschichte: Die Zeit läuft ...	Einführung in das Thema Zeitmanagement	Gruppengespräch
Sitzung 2	Zweite Durchführung der Progressiven Muskelentspannung in Kombination mit einer Phantasiereise	Kennenlernen der Phantasiereise als Möglichkeit zur Entspannung, Vertiefung der Entspannungsfähigkeit	Entspannungsinstruktion durch den Trainingsleiter
	Musik und Entspannung	Vorbereitung auf die nächste Sitzung	Gruppengespräch
	Tagesplan anfertigen: Was habe ich heute vor?	Kennenlernen von Zeitplanung als Methode der Stressbewältigung	Brainstorming, Tagesplanung
	Tipps zum Zeitmanagement in der Übersicht	Kennenlernen und Anwendung von Tipps zum Zeitmanagement	Brainstorming
Sitzung 3	Dritte Durchführung der Progressiven Muskelentspannung in Kombination mit einer Phantasiereise	Vertiefung der Entspannungsfähigkeit durch Übung	Entspannungsinstruktion durch den Trainingsleiter
	Entspannungsmusik	Kennenlernen von verschiedenen Musikstücken zur Entspannung, Auflockerung	Gemeinsames Anhören von Musikstücken
	Wochenplan	Übersicht über die eigene Zeiteinteilung, Sensibilisierung für die Bedeutung von Ruhepausen	Wochenplan erarbeiten
	Witze erzählen	Auflockerung	Erzählrunde
	Suche nach Aktivitäten zum Belastungsausgleich	Erkennen von Möglichkeiten, sich einen Belastungsausgleich zu verschaffen	Brainstorming und Fragebogenbearbeitung in Einzelarbeit
Sitzung 4	Vierte Durchführung der Progressiven Muskelentspannung	Vertiefung der Entspannungsfähigkeit durch Übung	Entspannungsinstruktion durch den Trainingsleiter
	Thema „Abreagieren"	Erprobung und Bewertung verschiedener Möglichkeiten zum „Abreagieren"	Brainstorming, Übungen zum Abreagieren

In der ersten Sitzung folgt nach einer Körperwahrnehmungsübung zunächst ein Brainstorming zu den Entspannungsmöglichkeiten, die die Schüler bereits kennen. Danach wird die Progressive Muskelentspannung in einer ersten Übungsphase eingeführt. Die Progressive Muskelentspannung wurde gewählt, weil sie nach Petermann (1999) besonders für Jugendliche geeignet ist und weil sich in empirischen Vergleichsstudien eine breite Einsetzbarkeit (relativ unabhängig vom Alter und von Persönlichkeitsmerkmalen wie Ängstlichkeit) gezeigt hat (Lohaus & Klein-Heßling, 2000). Anhand einer Geschichte, die das Problem einer unangemessenen Zeitplanung verdeutlicht, erfolgt abschließend eine Einführung in das Thema Zeitmanagement.

In der zweiten Sitzung folgt eine weitere Übung zur Progressiven Muskelrelaxation, wobei hier eine Kombination mit einer Phantasiereise vorgenommen wird. In einer weiteren Übung wird das Hören von Musik als Entspannungsmöglichkeit thematisiert und die Schüler werden aufgefordert, zur nächsten Sitzung Musik mitzubringen, die sie für entspannend halten. Im Anschluss wird auf die Verbesserung der Zeitplanung als Methode zur Stressreduktion eingegangen und den Schülern werden Tipps zur Verbesserung des Zeitmanagements gegeben.

In der dritten Sitzung folgt eine weitere Durchführung der Progressiven Muskelrelaxation in Kombination mit einer Phantasiereise. Danach werden Musikstücke, die die Schüler zur Entspannung mitgebracht haben, gehört. Die Musikstücke werden hinsichtlich ihrer Eignung zur Ruheinduktion analysiert. Es folgt eine Übung zur Wochenplanung sowie eine Sammlung von Möglichkeiten, sich einen Belastungsausgleich zu verschaffen.

In der vierten Sitzung wird die Progressive Muskelrelaxation noch einmal vertieft. Es folgt eine Übung zur Erprobung verschiedener Möglichkeiten sich „abzureagieren" und eine Differenzierung zwischen sozial verträglichen und sozial nicht verträglichen Alternativen. Im Anschluss werden die Trainingsinhalte wiederholt und es erfolgt eine abschließende Auswertung des Trainings.

4.2 Begleitmaßnahmen

4.2.1 Akzeptanz des Trainings

Zu den wichtigsten Begleitmaßnahmen einer Trainingsdurchführung gehören Maßnahmen zur Verbesserung der Trainingsakzeptanz durch Schule, Eltern und die Schüler selbst. Dies bedeutet beispielsweise, dass bei der Kontaktaufnahme mit einer Schule nicht nur die Schulleitung involviert sein sollte, sondern auch die beteiligten Lehrer betroffener Schulklassen. Es sollte in jedem Fall vermieden werden, dass Trainings an den beteiligten Lehrern vorbei initiiert werden, da dies die Kooperationsbereitschaft reduziert. Es kann darüber hinaus sinnvoll sein, interessierten Lehrern ausführlichere Informationen zu dem Training zur Verfügung zu stellen, da dann die Hoffnung besteht, dass auch die Lehrer dazu beitragen können, die Trainingsmaßnahmen aktiv zu unterstützen (indem sie beispielsweise das Vorgehen beim Problemlösen in anderen Kontexten wieder aufgreifen etc.).

Auch wenn es sich bei den Trainingsteilnehmern um Jugendliche handelt, ist es sinnvoll, die Eltern durch einen Elternbrief zu informieren und gegebenenfalls im Rahmen eines Elternabends weitere Informationen anzubieten. Die Eltern können (ebenso wie die Lehrer) ihrerseits zu einer Festigung und Nachhaltigkeit der Trainingswirkungen beitragen. Derartige Unterstützungsmöglichkeiten durch die Eltern sollten verdeutlicht werden.

Bezogen auf die Schüler gilt, dass es hier sinnvoll ist, das Training in den dafür vorgesehenen Klassen zunächst kurz vorzustellen und dann die Trainingsmotivation abzufragen. Wenn kein großes Interesse an einem Stressbewältigungstraining vorliegt, wird es sehr schwierig sein, anschließend eine Teilnahmemotivation bei den Schülern aufzubauen. Auch wenn die Lehrer bzw. die Eltern ein Interesse an einer Teilnahme der Schüler zeigen und auch wenn dies indiziert zu sein scheint, ist abzuwägen, ob ein Training gegen die Schülerinteressen sinnvoll ist. Wenn die Schüler dagegen bei einer kurzen Trainingsvorstellung Interesse signalisiert haben, ist davon auszugehen, dass die Eingangsstimmung und die Erwartungshaltung von vornherein positiv sind. Dies dürfte die Unterstützungsbereitschaft seitens der Schüler festigen und die Trainingsdurchführung erleichtern. Es sollte dabei jedoch deutlich sein, dass die Trainingsteilnahme grundsätzlich freiwillig ist. Selbst wenn der größere Teil einer Schulklasse Interesse hat, kann es also einzelne Schüler geben, die nicht an dem Training teilnehmen. Für diese Schüler müssen (zusammen mit der Schule) Ersatzbeschäftigungen gefunden werden, die jedoch nicht so gestaltet sein dürfen, dass ein Gewinn (Lern- oder Freizeitgewinn) gegenüber den Trainingsteilnehmern entsteht.

4.2.2 Arbeit in Kleingruppen

Es wird in der Regel sinnvoll sein, eine Schulklasse in zwei Trainingsgruppen aufzuteilen, da man mit kleineren Gruppen effektiver arbeiten kann und da auch das Störpotential in kleineren Gruppen geringer ist. Dennoch ist damit zu rechnen, dass sich Störungen im Schulkontext nicht vermeiden lassen, da einzelne Schüler die Freiräume, die ein Training bietet, auszunutzen versuchen. Als Maßnahme bietet es sich an, die Schüler einer Klasse bei der Zuteilung zu den Trainingsgruppen nicht auf der Basis der vorhandenen Cliquen zuzuordnen, sondern nach Zufall. Störende Schüler schließen sich nicht selten mit einem darauf abgestimmten Umfeld zusammen, so dass die Gefahr eines erhöhten Störpotentials in Trainingsgruppen gegeben ist, in denen ganze Cliquen mit ähnlicher Ausrichtung zusammentreffen. Wenn sich dennoch im Trainingsverlauf einzelne Schüler als problematisch erweisen, indem sie das Training massiv stören und die vereinbarten Regeln ignorieren, ist gegebenenfalls nach Alternativen zu einer weiteren Trainingsteilnahme zu suchen. Hier ist abzuwägen, ob der Erfolg des Trainings für die Gesamtgruppe in Frage gestellt werden kann für eine Weiterteilnahme einzelner Schüler, deren Profit von dem Training fraglich ist.

4.2.3 Eingliederung in den Schulalltag

Was die Organisation innerhalb der Schule betrifft, sind ebenfalls verschiedene Begleitmaßnahmen erforderlich. So hat es sich beispielsweise aus der Sicht der beteiligten Schulen bewährt, das Training nicht über acht Doppelstunden hinweg in das gleiche Unterrichtsfach zu legen, sondern Wechsel vorzusehen, so dass verschiedene Unterrichtsfächer gleichermaßen betroffen werden. Dies setzt jedoch eine gewisse Flexibilität seitens des Trainingsleiters voraus, da das Training dann möglicherweise an unterschiedlichen Wochentagen stattfinden muss. Es ist weiterhin empfehlenswert, die gesamte Trainingssequenz und möglichst auch die dazu zur Verfügung stehenden Räumlichkeiten zu Anfang des Trainings festzulegen, da dann sowohl für den Trainer als auch für die beteiligten Lehrer Planungssicherheit besteht.

Um einen Einsatz in der regulären Unterrichtszeit zu ermöglichen, kann es auch erforderlich sein, mit weniger als acht Trainingssitzungen auszukommen. In diesem Fall sollte der Trainingsleiter sinnvolle Kürzungen in einzelnen Trainingssitzungen vornehmen, um einen Trainingseinsatz zu ermöglichen. Es wird ohnehin erforderlich sein, an dem einen oder anderen Punkt Anpassungen vorzunehmen, da je nach Schülerniveau einzelne Trainingselemente eher leichter oder eher schwieriger zu bearbeiten sind. Dies kann beispielsweise bedeuten, dass einzelne Trainingselemente nur kurz oder gar nicht bearbeitet werden können. Solange die wesentlichen Trainingselemente enthalten sind, sollte dies jedoch für die Trainingswirkung unerheblich sein. Wichtiger ist es in jedem Fall, Über- oder Unterforderungen der Schüler zu vermeiden. Bei dieser Einschätzung spielen vor allem Trainingserfahrungen, die sich im Laufe der Zeit einstellen, eine Rolle.

Eine Alternative zu dem Einsatz im regulären Unterricht ist der Einsatz des Trainings in Projektwochen. Wenn dieses Unterrichtsmodell an einer Schule zur Verfügung steht, wird dies der Sonderstellung eines Trainings in der Schule sicherlich in besonderem Maße gerecht, da das Training dadurch weniger in Analogie zu regulärem Schulunterricht gesehen wird. Weiterhin kann das Training auf diese Weise intensiver durchgeführt werden und die zeitliche Verteilung ist häufig ebenfalls einfacher. Es stellt sich jedoch die Frage nach der Nachhaltigkeit der Trainingswirkungen, die bei einer Verteilung über einen längeren Zeitraum vielleicht eher gegeben ist. Möglicherweise könnten hier besondere Maßnahmen durch die Involvierung von

Lehrern getroffen werden, um eine nachhaltige Wirkung zu erzielen.

4.2.4 Internetnutzung

Als Begleitmaßnahme, die gerade für Jugendliche interessant sein kann, ist insbesondere auch der Einbezug moderner Medien hervorzuheben. Für die Evaluationsphase dieses Stressbewältigungstrainings stand eine Internetseite zur Verfügung. Auf der Seite finden sich Informationen über die im Training behandelten Inhalte: Die Entstehung von Stress, Stressreaktionen und verschiedenen Möglichkeiten, mit Stress umzugehen, werden erläutert. Außerdem kann ein Selbsttest zu Stresserleben und Stresssymptomatik durchgeführt werden. Dieser Teil der Internetseite ist frei zugänglich. Darüber hinaus bietet die Seite eine zugangsbeschränkte Möglichkeit zur Forennutzung.

Während der Evaluationsphase konnten sich die Schüler mit einem im Kurs vergebenen persönlichen Passwort einloggen und das Forenangebot nutzen. Das Forum ist eine Plattform, die zum Austausch über Fragen zum Thema Stress und persönliche Probleme gedacht ist. Auch kann sie von den Schülern genutzt werden, um Rückmeldungen zum Kurs zu geben und um Verbesserungsvorschläge zu machen. Es können Beiträge in das Forum gestellt werden, auf die dann die Kursteilnehmer und auch der Trainingsleiter antworten. Die Annahme des Forums durch die Schüler, die durch eine rege Nutzung und einen fruchtbaren Austausch charakterisiert ist, kann durch eine intensive Betreuung gefördert werden, indem Fragen, Informationen und Erinnerungsbeiträge zum Kurs vom Trainingsleiter in das Forum gestellt werden und auf Beiträge der Schüler prompt geantwortet wird.

Da eine Forennutzung bei der späteren Anwendung des Trainings vielleicht nicht immer möglich sein wird, besteht die Empfehlung darin, eine E-Mail-Adresse einzurichten, über die die Schüler den Trainingsleiter erreichen können. Dies gibt den Schülern die Möglichkeit, Probleme auch außerhalb des Klassenverbandes ansprechen zu können.

Für den aktuellen Trainingseinsatz steht allerdings weiterhin eine überarbeitete Internetseite zur Verfügung, die unter http://www.snake-training.de zu erreichen ist.

4.3 Beschreibung der Trainingssitzungen

Modul Wissen zu Stress und Problemlösen

Erster Baustein

Schwerpunkt des ersten Bausteins: Begrüßung, gegenseitiges Kennenlernen, Schaffung einer guten Gruppenatmosphäre, Vermittlung eines theoretischen Basiswissens zum Thema Stress. Die erste Sitzung wird in der Gesamtgruppe von beiden Trainingsleitern in einem der zur Verfügung stehenden Räume eröffnet. Die Klasse wird nach der Begrüßung in zwei Kleingruppen geteilt, die für die Dauer des Trainings bestehen bleiben. Jede Kleingruppe wird über den gesamten Zeitraum von jeweils einem Trainingsleiter betreut.

Für die Trainermaterialien, Folien und Teilnehmerunterlagen wird mit den unten aufgeführten Abkürzungen für die Modulbezeichnungen gearbeitet.

WP	Modul Wissen zu Stress und Problemlösen
G	Modul Gedanken und Stress
S	Modul Soziale Unterstützung
E	Modul Entspannung und Zeitmanagement

Begrüßung und Einstieg in das Thema

Ziel: Einstieg in das Thema

Dauer: 10 Minuten

Methode: Gruppengespräch

Material: Folie mit Stressbegriffen (Folie WP 1.1)

Ablauf

Die Schüler werden begrüßt und die Trainingsleiter stellen sich vor.

Zum Einstieg in das Thema des Kurses wird eine Folie mit typischen Stressbegriffen aufgelegt und ein Trainingsleiter stellt die Frage: „Wer hat diese Sätze in letzter Zeit gehört, gebraucht oder gedacht?"

Einleitung in das Thema des Kurses: „… Stress ist in der heutigen Zeit ein sehr bekanntes Phänomen, jeder hat diesen Begriff schon einmal gehört und hat eine Vorstellung davon, was Stress ist. Man liest darüber in der Zeitung und hört es im Fernsehen, die Politiker sind im Stress, die Schauspieler, die Lehrer und die Schüler. Jeder von euch war bestimmt schon mal richtig im Stress, jeder hat schon mal gesagt, endlich ist dieser Stress vorbei. Kurz gesagt, der Begriff Stress ist nichts Neues. Trotzdem lohnt es sich für uns, genauer herauszufinden, was sich hinter dem Begriff Stress verbirgt. Das wollen wir heute tun. Darüber hinaus lohnt es sich zu überlegen, was wir alles gegen Stress tun können. Das wollen wir in den nächsten Wochen, in denen wir uns hier treffen, gemeinsam tun."

Einer der Trainingsleiter gibt eine Übersicht zu den Inhalten der ersten vier Sitzungen. Dann werden zwei Kleingruppen gebildet und ein Trainingsleiter geht mit der Hälfte der Klasse in den anderen Raum.

Vorstellungsrunde „Steckbrief"

Ziel:	Gegenseitiges Kennenlernen, Erstellung von Erinnerungsstützen für Namen, Abklärung von Erwartungen und Befürchtungen
Dauer:	20 Minuten
Methode:	Erstellung von Steckbriefen
Material:	Polaroidkamera und Filme, Steckbriefe (siehe Teilnehmerunterlage WP 1.1), Klebestifte, Stifte, Namensschilder

Ablauf

Die Teilnehmer und der Trainingsleiter werden fotografiert. Jeder Schüler klebt sein Foto auf und vervollständigt auf seinem Steckbrief die folgenden Sätze:

1) Ich wünsche mir von dem Stresskurs ...
2) Ich möchte nicht, dass in dem Stresskurs folgendes passiert ...

Vorstellung der Erwartungen und Befürchtungen im Plenum. Jeder Schüler, der sich anhand seines Steckbriefes vorstellt, erhält ein Namensschild.

Falls keine Polaroidkamera zur Verfügung steht, ist es auch denkbar, nach Alternativen zu suchen (z.B. Malen von Selbstportraits).

Festlegung von Trainingsregeln

Ziel:	Gemeinsame Vereinbarung von Regeln, die von allen einzuhalten sind und auf die sich sowohl der Kursleiter als auch die Schüler während des Trainings berufen können
Dauer:	10 Minuten
Methode:	Gruppengespräch
Material:	Leeres Poster zum Beschriften, Stifte

Ablauf

Es werden „Spielregeln" über das Verhalten der Gruppenmitglieder in den Gruppensitzungen vereinbart.

Die Regeln werden auf einem großen Poster festgehalten und gut sichtbar im Klassenraum aufgehängt. Sie sollen jede Stunde mitgebracht werden, so dass sich Schüler und Trainingsleiter auf die Regeln berufen können. Sie können bei Bedarf während des Trainings ergänzt werden.

Einführung der Regeln

- Als Einstieg kann z.B. gefragt werden, welche Schüler im Turnverein sind. Das bietet eine gute Überleitung zu der Notwendigkeit von Regeln ...
- Fragen, welche Regeln den Schülern wichtig sind (die Regeln sollen gemeinsam aufgestellt werden)
- Betonen, dass die Regeln sowohl für die Schüler als auch für den Trainer verbindlich sind
- Möglichst positive Formulierung der Regeln

Beispiele für Spielregeln

- Die Teilnahme ist freiwillig, Engagement wird erwartet
- Alles bleibt in der Gruppe
- Ausreden lassen und zuhören
- Es gibt keine dummen Fragen
- Niemand wird ausgelacht
- Jeder hilft jedem

Hier folgt eine fünfminütige Pause.

Modul Wissen zu Stress und Problemlösen

Gemeinsam Wissen zum Thema Stress zusammentragen: Stress? Erkläre mal, was das ist!

Ziel: Erster Zugang zum Thema Stress und Wissensvermittlung

Dauer: 30 Minuten

Methode: Brainstorming, Wissensvermittlung durch den Trainingsleiter

Material: Überschrift (Stress? Erkläre mal was das ist!) und Stressbegriffe (Stressauslöser / Stressreaktionen / Bewertung / Stressbewältigung) aus Pappe, Metaplanwand, Metaplankarten, Stift, Teilnehmerunterlage WP 1.2, Folie WP 1.2

Das Wissen zum Thema Stress wird zusammengetragen und vom Trainingsleiter systematisch ergänzt. Je nach Gruppe kann die Wissensvermittlung ausgebaut werden. Wichtig ist aber, dass in allen Gruppen ein Grundwissen zu den unten aufgeführten Punkten 1 bis 4 vermittelt wird.

Ablauf

Eine Metaplanwand mit der Überschrift: „Stress? Erkläre mal, was das ist!" wird vorbereitet. Die Überschrift steht auf einer Pappkarte, die an die Metaplanwand geheftet wird.

Die Schüler nennen alles, was ihnen zu dem Wort „Stress" einfällt. Jeder darf sagen, woran er gerade denkt. Alle Wortmeldungen werden vom Trainingsleiter auf Metaplankarten notiert.

An den Antworten sieht man dann: Es gibt verschiedene Aspekte des Stressgeschehens, Stressauslöser, Reaktionen auf Stress, Bewältigung von Stress usw. Wenn die verschiedenen Aspekte nicht in den Antworten der Schüler enthalten sind, muss der Trainer gezielt Fragen stellen (In welchen Situationen hat man denn Stress? Woran merkt man, dass man Stress hat? Was kann man gegen Stress unternehmen?).

Im Anschluss an das Brainstorming werden die Metaplankarten thematisch geordnet an die Metaplanwand geheftet. Dazu erhält jeder Schüler zwei bis drei der vom Trainingsleiter beschrifteten Metaplankarten, die er dann zum richtigen Zeitpunkt anheften soll.

Zuerst die Karten zu den Stressauslösern („Wer hat eine Karte, auf der solche Sachen stehen, die Stress auslösen?"), dann die Karten zu den Stressreaktionen usw. So entsteht sukzessiv ein Bild des Stressgeschehens an der Metaplanwand. Die Überschriften zu den Themen sind auf Pappkarten vorbereitet und werden vom Trainingsleiter angepinnt.

Der Trainingsleiter vermittelt während des Prozesses Wissen zu den folgenden Punkten:

1. Trennung zwischen Stressauslösern und Stressreaktionen

> Stressauslöser
> ↓
> Stressreaktionen
> Körper, Gefühle, Gedanken, Verhalten

Stressauslöser sind alle Ereignisse, die bei uns zu Stress führen können. Stressauslöser müssen nicht immer von außen kommen, es kann sich auch um innere Anforderungen handeln (z.B. das Ziel, in Sport eine 1 zu haben).

Stressreaktionen sind alle Körperreaktionen, Gedanken, Gefühle und Verhaltensweisen, die auftreten, wenn man Stress hat. Es sind Warnsignale, die anzeigen, dass man gestresst ist. Es wird davon ausgegangen, dass die Stressreaktion in der frühen Menschheitsgeschichte für eine gute Anpassung an die Umwelt sorgte. Als Reaktion auf eine Gefahr stellte sich in kürzester Zeit eine Kampf- bzw. Fluchtbereitschaft ein.

Die Stressreaktion versetzte den Menschen also in einen Alarmzustand, in dem er schnell eine Auseinandersetzung durch „Kampf" entscheiden oder ihr durch „Flucht" aus dem Weg gehen konnte. Auf bedrohliche Situationen mit Stress zu reagieren ist demnach in erster Linie ein natürliches Verhalten. Kritisch wird es vor allem dann, wenn beständige Bedrohung wahrgenommen wird und man nahezu dauerhaft aktiviert ist. Es bietet sich an, eine Übersicht über die Stressreaktionen anhand der Folie WP 1.2 zu geben.

2. Stress ist individuell

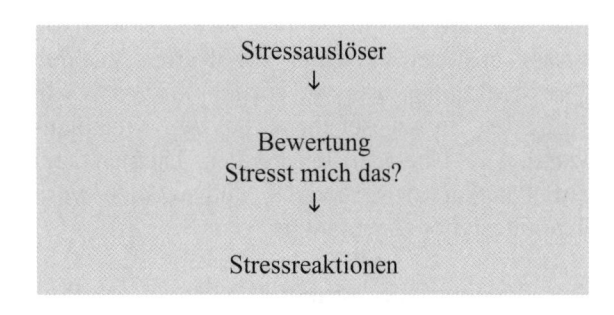

```
Stressauslöser
      ↓
  Bewertung
Stresst mich das?
      ↓
Stressreaktionen
```

Die eigene Bewertung der Situation entscheidet darüber, ob wir uns gestresst fühlen oder nicht. An einem Beispiel wird verdeutlicht, dass nicht nur die Stresssituation für das Auftreten von Stress verantwortlich ist. Verschiedene Menschen können ganz unterschiedlich auf die gleiche Situation reagieren.

3. Stressbewältigung

Unter *Stressbewältigung* verstehen wir all die Dinge, die wir machen können, um weniger gestresst zu sein.

Der Einfluss der Stressbewältigung auf die anderen Aspekte des Stressgeschehens wird besprochen und die Pfeile werden eingezeichnet.

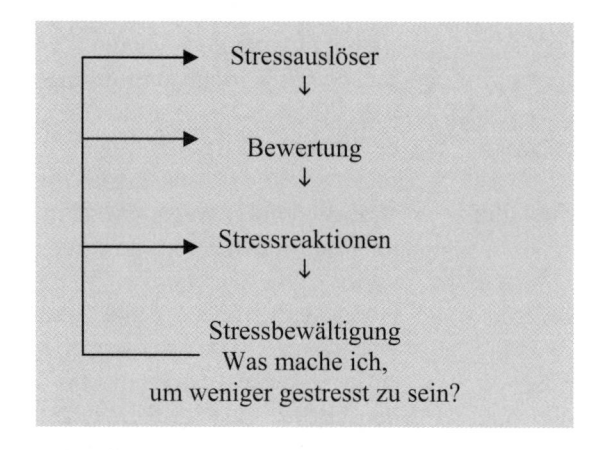

```
  → Stressauslöser
         ↓
  →   Bewertung
         ↓
  → Stressreaktionen
         ↓
    Stressbewältigung
     Was mache ich,
um weniger gestresst zu sein?
```

4. Stressdefinition

Wir wollen immer dann von *Stress* sprechen, wenn wir Stressauslösern ausgesetzt sind und uns dadurch unter Druck fühlen, aber nicht wissen, wie wir die Situation meistern sollen. Oder wenn wir etwas unternehmen, um weniger Stress zu haben, der Stress aber trotzdem nicht weggeht.

Kummerkasten

Ziel:	Stressauslöser der Schüler kennenlernen. Die Trainingsleiter sollen ein Gefühl dafür bekommen, welche Probleme in der Gruppe relevant sind. Außerdem stellt die Übung eine Vorbereitung auf die nächste Stunde dar.
Dauer:	10 Minuten
Methode:	Problemsammlung in einer Box
Material:	Briefkasten (Pappbox mit Aufschrift), Metaplankarten, Stifte

Ablauf

Jeder Schüler schreibt auf zwei Metaplankarten zwei Stressauslöser, d.h. zwei konkrete Problemsituationen, die bei ihm Stress auslösen und die er im Kurs besprechen könnte.

Vom Trainingsleiter soll der Hinweis gegeben werden, dass über den Kummerkasten die Möglichkeit gegeben wird, Probleme der Jugendlichen zu sammeln, die dann auch im Kurs behandelt werden können. Wichtig ist der Hinweis, dass die Probleme ganz konkret formuliert werden müssen.

Die Schüler werfen die Karten in den Kummerkasten (Briefkasten), der in der Mitte des Stuhlkreises aufgestellt wird.

Abschluss: Was nehme ich aus dieser Stunde mit?

Ziel: Rückblick auf die Stunde. Es soll verdeutlicht werden, welche Inhalte in der Stunde gelernt wurden. Außerdem sollen Rückmeldungen dazu eingeholt werden, wie den Schülern die Stunde gefallen hat.

Dauer: verbleibende Zeit

Methode: Blitzlicht

Material: keines

Ablauf

Die Schüler werden dazu angeregt, zusammenzufassen, was in der Stunde gelernt wurde und wie die vermittelten Inhalte auf ihren Alltag bzw. ihre persönlichen Stresssituationen übertragbar sind.

Außerdem werden Rückmeldungen darüber eingeholt, wie den Schülern die Stunde gefallen hat und welche Anregungen und Verbesserungsvorschläge sie haben.

Aufgabe für die nächste Stunde: Ideen für Spiele überlegen und mitbringen!

Modul Wissen zu Stress und Problemlösen

Zweiter Baustein

Im zweiten Baustein wird zum einen theoretisches Wissen zum Thema Stress vermittelt, zum anderen werden die ersten drei Schritte des Problemlöseprozesses behandelt.

Begrüßung

Dauer: 5 Minuten

Die folgende Ablaufschilderung gilt für alle kommenden Sitzungen:

Ablauf

Die Trainingsregeln, die in der ersten Sitzung angefertigt wurden, werden vom Trainingsleiter im Raum aufgehängt. Möglicherweise werden sie in den folgenden Stunden erweitert.

Der Trainingsleiter gibt eine kurze Übersicht über den Inhalt der Sitzung. Es werden Namensschilder angefertigt.

Spiel

Dauer: 10 Minuten

An dieser Stelle werden die Spielideen der Schüler gesammelt und eine der Ideen wird ausprobiert. Auch der Trainingsleiter sollte eine Spielidee vorbereitet haben.

Erkenntnisse aus der letzten Sitzung

Ziel: Die wichtigsten Inhalte der letzten Sitzung werden zusammengefasst und den Schülern ins Gedächtnis gerufen. Es soll erreicht werden, dass alle auf dem gleichen Wissensstand sind.

Dauer: 10 Minuten

Methode: Wettspiel

Material: Karteikarten mit Satzteilen

Ablauf

Es werden zwei Gruppen gebildet, die um die Wette Karten mit Satzteilen zu vollständigen Sätzen legen.

Die Satzteile werden aus den unten stehenden Sätzen gebildet und dann von den Schülern zusammengesetzt.

Sätze

- Es gibt einen Unterschied zwischen Stressauslösern und Stressreaktionen.
- Stressauslöser sind alle äußeren und inneren Anforderungen, die Stress auslösen, z.B. Klassenarbeiten, Zeitdruck, Streit, Lärm.
- Stressreaktionen sind alle Körperreaktionen, Gedanken, Gefühle und Verhaltensweisen, die auftreten, wenn man im Stress ist. Es sind Warnsignale, die Stress anzeigen.
- Beispiele für Stressreaktionen sind Herzklopfen, Kopfschmerzen, Angst, Konzentrationsschwierigkeiten, Hektik.
- Die eigene Bewertung der Situation entscheidet darüber, ob wir uns gestresst fühlen oder nicht. Nicht alle Menschen erleben also in der gleichen Situation Stress.
- Unter Stressbewältigung verstehen wir all die Dinge, die wir machen können, um weniger gestresst zu sein.
- Beispiele für Stressbewältigungsstrategien sind Entspannung, mit jemandem reden, Sport machen, positiv denken.
- Wir wollen immer dann von Stress sprechen, wenn wir Stressauslösern ausgesetzt sind und uns dadurch unter Druck fühlen, aber nicht wissen, wie wir die Situation meistern sollen.

Übersicht über verschiedene Bewältigungsstrategien

Ziel: Systematisierung von Bewältigungsstrategien und Überblick über die verschiedenen Möglichkeiten, Stress zu bewältigen

Dauer: 15 Minuten

Methode: Wissensvermittlung durch den Trainingsleiter, Gruppengespräch

Material: Schaubild zum Stressgeschehen aus dem ersten Baustein, Überschriften aus Pappe, Metaplanwand, Metaplankarten

Der Trainingsleiter gibt eine kurze Einführung dazu, dass es eine ganze Reihe verschiedener Stressbewältigungsstrategien gibt. Eine wichtige Voraussetzung für eine effektive Stressbewältigung ist es, ein breites Spektrum an Bewältigungsmaßnahmen zur Verfügung zu haben.

Es wird erläutert, dass sich die Bewältigungsstrategien ordnen lassen. Durch eine solche Ordnung erhält man einen guten Überblick über die Stressbewältigungsmethoden. Im Training sollen die Strategien hauptsächlich in die zwei Kategorien problemfokussiertes und emotionsfokussiertes Coping nach Lazarus und Folkman (1984) eingeteilt werden. Darüber hinaus wird die Bewältigung unter Nutzung sozialer Ressourcen angesprochen:

- Problemfokussiertes Coping ist mit der Kontrolle oder Veränderung Stress auslösender Situations- oder Personmerkmale verbunden (z.B. durch Ändern des Tagesablaufes).
- Emotionsfokussiertes Coping hat die Kontrolle und Veränderung der mit einem Stresserlebnis verbundenen negativen physischen und psychischen Effekte zum Ziel (z.B. durch Ablenkung, Entspannung oder Vermeidung).
- Bewältigung unter Nutzung sozialer Ressourcen kann in vielen Fällen den beiden Hauptkategorien zugeordnet werden. Wenn etwa eine Person aufgesucht wird, um sich trösten zu lassen, hat die Bewältigung emotionsregulierenden Charakter. Sucht man dagegen eine Person auf und bittet sie, das Problem zu lösen, hat die Bewältigung problemlösenden Charakter.

Ablauf

Die Vermittlung wird am Schaubild zum Stressgeschehen aus dem ersten Baustein vorgenommen, das zu diesem Zwecke erweitert wird. Das problemfokussierte Coping setzt am Stressauslöser an, das emotionsfokussierte Coping setzt an den Stressreaktionen an.

Den Schülern werden Metaplankarten ausgeteilt, auf denen unterschiedliche Stressbewältigungsstrategien stehen. Jeder Schüler erhält zwei bis drei Karten. Der Reihe nach werden die Schüler dazu aufgefordert, nach vorne zu kommen, die auf ihren Karten stehenden Strategien der richtigen Gruppe zuzuordnen und dann die Karten an die entsprechenden Stellen an der Metaplanwand zu heften. Dabei sollen sie ihre Entscheidungen begründen.

Ideen zur Beschriftung der Metaplankarten:

Problemlöseorientierte Stressbewältigungsstrategien (Ansatzpunkt Stressauslöser):

Über das Problem nachdenken
Einen Ratgeber lesen
Sich gut auf eine Klassenarbeit vorbereiten
Nachhilfe nehmen
Bei Straßenlärm das Fenster schließen

Emotionsregulierende Stressbewältigungsstrategien (Ansatzpunkt Stressreaktion):

Einmal um den Block rennen
Sport machen
Bummeln gehen
Fernsehen
Eine Pause machen
Yoga
Spaß haben
Ruhig bleiben

Bewältigung unter Nutzung sozialer Ressourcen:

Unterstützung durch andere suchen

Eine Beratungsstelle aufsuchen
Zu einem Psychologen gehen
Einen Lehrer um Hilfe bitten
Mit einer Freundin/einem Freund reden

Hier folgt eine fünfminütige Pause.

Vorstellung des Problemlösetrainings

Ziel:	Einstieg in das Thema, Motivationssteigerung
Dauer:	2 Minuten
Methode:	Kurze Einführung des Trainingsleiters
Material:	Problemlöseschlange auf Folie (Teilnehmerunterlage WP 2.2 als Vorlage), Metaplanwand

Die fünf Problemlöseschritte werden sequenziell behandelt. Der gesamte Prozess wird durch eine „Problemlöseschlange" symbolisiert. Sie soll das Training als Logo begleiten.

Jede Problemlösephase ist einem Schlangenabschnitt zugeordnet. Die Phase, die gerade bearbeitet wird, wird in der Problemlöseschlange markiert und vergrößert. Darüber hinaus werden jedem Abschnitt Symbole zugeordnet: Der Problemdefinition eine Brille (Schlange hat Brille auf), der Lösungssuche Pfeile, die in verschiedene Richtungen zeigen, der Entscheidung eine Glühbirne (Glühbirne über dem Kopf der Schlange, nach dem Motto „Aha, so wird's gemacht"), der Aktionsphase die Schlange in Aktion und der Bewertung eine Lupe.

Wird nach Abschluss der letzten Phase, der Bewertung, festgestellt, dass das Problem noch nicht befriedigend gelöst ist bzw. die Belastung noch weiter besteht, kann der Problemlöseprozess erneut durchlaufen werden, um beispielsweise die Problemlage von einem anderen Blickwinkel aus zu betrachten oder wirkungsvollere Stressbewältigungsstrategien zu generieren. Dazu findet eine Rückkoppelung von der letzten zur ersten Phase statt.

Ablauf

Die Schlange und die einzelnen Phasen werden kurz vorgestellt. Es wird vermittelt, was ein Problemlösetraining ist und wozu es dient.

Formulierung des Trainingsleiters

„Wir wollen jetzt die Schlange ‚SNAKE' kennenlernen. Die Schlange ‚SNAKE' ist eine Problemlöseschlange. Das Problem sieht man ja hier (zeigen). Es geht hier um solche Probleme, die Stress auslösen. Der Körper der Schlage ist in fünf Felder eingeteilt. Die fünf Felder zeigen die fünf Schritte, die man durchläuft, wenn man ein Problem fachmännisch löst. Diese Schritte wollen wir uns in den nächsten Sitzungen genauer anschauen. Wir wollen lernen, wie man ein Problem fachmännisch löst, wir wollen also mit Hilfe der Schlange Experten im Lösen von Problemen werden. Es ist nämlich so: Wenn man ein Problem hat und deswegen gestresst ist, ist es sinnvoll, die Lösung des Problems Schritt für Schritt anzugehen. Das hilft dabei, für die Problemlösung die beste Strategie auszuwählen. Das Wissen darum, wie man ein Problem löst, ist ein ganz wichtiges Know-how beim Stressmanagement, auch Manager, Lehrer usw. lernen diese Strategie. Eigentlich ist die Strategie ganz einfach. Ich werde euch einmal kurz die einzelnen Schritte vorstellen..." (kurze Vorstellung der einzelnen Phasen).

Phase (1) im Problemlöseprozess: Beschreibung der Ausgangslage: Was ist das Problem?

Ziel:	Kennenlernen des ersten Problemlöseschrittes
Dauer:	10 Minuten
Methode:	Fallbeispiel erarbeiten
Material:	„Stopp – Was ist das Problem?"-Schema auf Folie (Teilnehmerunterlage WP 2.2 als Vorlage), Fallbeispiele als Teilnehmerunterlagen (Teilnehmerunterlage WP 2.1), Metaplanwand, Stift

Im Problemlöseprozess wird an erster Stelle die Problemsituation genau beschrieben, um später eine konkrete und angemessene Lösung zu finden. Wichtig ist es, erst einmal innezuhalten und sich in Ruhe darüber klar zu werden, was überhaupt das Problem ist.

Zur Problembeschreibung gehören die folgenden Aspekte:

- Beschreibung der Gegebenheiten (Was ist das Problem?)
- Stresslevel der Person, die das Problem hat (damit ist auch die Änderungsbereitschaft verbunden)
- Formulierung des Zielzustandes (positiv, realistisch, konkret)

Ablauf

Der erste Schritt im Problemlöseprozess wird anhand eines Schülerproblems aus der Gruppe oder anhand eines Fallbeispiels geübt. Wird ein Beispiel aus der Gruppe besprochen, sind erfahrungsgemäß das Interesse und die Motivation der Schüler höher.

Formulierungen des Trainingsleiters

„Der erste Schritt beim Problemlösen heißt: ‚Stopp – Was ist das Problem?' Wenn man ein Problem hat und dieses lösen will, muss man zuerst das Problem genau beschreiben, um später auch eine gute Lösung zu finden. Man muss also zuerst innehalten, ‚Stopp' sagen und sich in Ruhe darüber klar werden, was überhaupt das Problem ist. Und man muss sich überlegen, was bei der Lösung des Problems das Ziel ist. Dafür haben wir hier ein Schema vorbereitet: Zuerst werden die Situation und das Problem beschrieben, dann wird mit dem Stressbarometer das Stressniveau eingeschätzt. Außerdem muss man sich, wie erwähnt, über das Ziel klar werden. Wir wollen das mal an einem Beispiel ausprobieren …"

Der Trainingsleiter oder ein Schüler füllt das Schema aus (vgl. S. 46 und WP 2.2).

Fallbeispiele aus den Teilnehmerunterlagen

Anna interessiert sich schon länger für Marco. Marco sieht gut aus, er ist nett und beliebt, einfach toll eben. Und er ist sehr sportlich. In der Pause kommt Marco auf Anna zu und schlägt vor, dass sie doch in der nächsten Woche mal zusammen Inliner fahren könnten. Anna hat große Lust, aber sie ist eine ziemliche Niete in Sport, wie sie findet. Und sie ist noch nie Inliner gefahren. Das wird eine Blamage! Dabei will sie Marco doch beeindrucken! Sie will auf keinen Fall, dass es peinlich wird. Und sie will unbedingt etwas mit Marco unternehmen.

Marco versteht im Mathematikunterricht (Bio, Englisch …) häufig die Hausaufgabenstellung nicht. Er versteht einfach nicht, was der Lehrer von ihm will. Er fühlt sich dann schlecht und hilflos und ihm wird manchmal sogar ganz schlecht. Sobald es klingelt, verdrückt er sich mit den anderen in die Pause und lässt sich nichts anmerken.

Was alles noch schlimmer macht: Der Mathelehrer ist einer von der Sorte, der sie immer vor der ganzen Klasse kontrolliert. Wenn Marco es sich recht überlegt, dann würde er die Hausaufgabenstellung gerne verstehen, um die Hausaufgaben machen zu können.

(1) Stopp – Was ist das Problem?

Situation: Was ist das Problem?	
Wie geht es mir damit?	Stressbarometer 0%_____100% gar kein Stress sehr viel Stress
Ziel: Was wünsche ich mir?	

Phase (2) im Problemlöseprozess: Lösungssuche – Welche Lösungen gibt es?

Ziel: Kennenlernen des zweiten Problemlöseschrittes

Dauer: 10 Minuten

Methode: Brainstorming

Material: Lösungsschema auf Folie (Teilnehmerunterlage WP 2.2 als Vorlage), Metaplanwand, Stift

Im zweiten Schritt des Problemlöseprozesses geht es darum, für die geschilderte Problemlage Lösungsvorschläge zu sammeln.

Es sollen die Fähigkeit und die Bereitschaft trainiert werden, für Problemsituationen Lösungsalternativen zu generieren. Die Schüler sollen dadurch weiterhin eine Bandbreite an Lösungsstrategien kennenlernen.

Ablauf

Für das Schülerproblem bzw. das Fallbeispiel werden Lösungsideen gesammelt. Es kann erst einmal gefragt werden, was die Schüler in einer solchen Problemlage bisher gemacht haben. Es ist wichtig, günstige und ungünstige Lösungen zu sammeln.

Der Trainingsleiter oder ein freiwilliger Schüler schreibt alle Lösungsvorschläge mit (auf dem Lösungsschema in Großformat).

(2) Welche Lösungen gibt es?

Meine Lösungsvorschläge sind ...

Phase (3) im Problemlöseprozess: Entscheidung – Was ist die beste Lösung?

Ziel: Kennenlernen des dritten Problemlöseschrittes

Dauer: 10 Minuten

Methode: Entscheidungsfindung im Gruppengespräch

Material: Entscheidungsplan auf Folie (Teilnehmerunterlage WP 2.2 als Vorlage), Metaplanwand, Stift

In der dritten Problemlösephase erfolgt die Bewertung der im Brainstorming gesammelten Lösungsvorschläge. Die Vor- und Nachteile der Lösungen werden diskutiert und es wird abgewogen, welche Konsequenzen sich aus den einzelnen Lösungen für das Belastungsempfinden ergeben. Es sollen die Lösungsmöglichkeiten ausgewählt werden, die den größten „Gewinn" bringen, das heißt solche, die das Problem lösen und dabei die Wahrscheinlichkeit positiver Konsequenzen maximieren und die Wahrscheinlichkeit negativer Konsequenzen minimieren.

Wichtig dabei ist, dass die Konsequenzen für die eigene Person und auch für andere Personen berücksichtigt werden. Die Lösung darf keinen benachteiligen, sie muss fair und sicher sein.

Ablauf

Zuerst werden alle Lösungen in Stichworten in den Entscheidungsplan eingetragen (vom Trainingsleiter oder einem freiwilligen Schüler). Anschließend werden für jede Lösung die Vor- und Nachteile gesammelt und ebenfalls in den Entscheidungsplan eingetragen.

Wird ein Schülerbeispiel aus der Gruppe behandelt, soll der Schüler, dessen Problem durchgesprochen wird, auf Grundlage der gesammelten Vor- und Nachteile die für ihn beste Lösung auswählen. Wird ein Fallbeispiel behandelt, wird zum Schluss abgestimmt, welche Lösung die meisten Schüler am besten finden. Es wird die Lösung ausgewählt, die die meisten Stimmen bekommt.

Wenn mehrere Lösungen sinnvoll erscheinen bzw. mehrere Lösungen gleich viele Stimmen bekommen, können sie auch nacheinander realisiert werden. Auch eine Kombination von Lösungen kann ausgewählt werden.

(3) Was ist die beste Lösung?

Lösungen	Vorteile	Nachteile	Entscheidung

Üben der ersten drei Problemlöseschritte an einem eigenen Beispiel

Ziel:	Vertiefung der ersten drei Problemlöseschritte
Dauer:	10 Minuten
Methode:	Einzelarbeit
Material:	Teilnehmerunterlagen für die ersten drei Problemlöseschritte (Teilnehmerunterlage WP 2.2)

Ablauf

Die Schüler bekommen die Möglichkeit, die ersten drei Schritte des Problemlösens an einem eigenen Problem zu üben.

Ein bis zwei Schüler stellen ihr Ergebnis im Plenum vor (mit anschließender Diskussion).

Falls keine Zeit mehr ist, kann diese Übung auch als Hausaufgabe aufgegeben werden. In diesem Fall muss in der folgenden Sitzung Zeit dafür eingeräumt werden, die Hausaufgabe auch zu besprechen.

Abschluss: Was nehme ich aus dieser Stunde mit?

Ziel:	Rückblick auf die Stunde. Es soll verdeutlicht werden, welche Inhalte in der Stunde gelernt wurden. Außerdem sollen Rückmeldungen dazu eingeholt werden, wie den Schülern die Stunde gefallen hat.
Dauer:	verbleibende Zeit
Methode:	Blitzlicht
Material:	keines

Modul Wissen zu Stress und Problemlösen

Dritter Baustein

Im dritten Baustein werden schwerpunktmäßig der vierte und fünfte Schritt des Problemlöseprozesses behandelt.

Begrüßung und Spiel

Dauer: 15 Minuten

Erkenntnisse aus der letzten Sitzung

Ziel: Die wichtigsten Inhalte der letzten Sitzung werden zusammengefasst und den Schülern ins Gedächtnis gerufen. Es soll erreicht werden, dass alle auf dem gleichen Wissensstand sind.

Dauer: 10 Minuten

Methode: Quiz

Material: Quiz auf Karteikarten

Ablauf

Es werden zwei Kleingruppen gebildet. Jede Kleingruppe stellt einen Mitspieler, der nach vorne kommt. Die beiden Mitspieler erhalten nacheinander Karteikarten mit Fragen zum Thema, die sie vorlesen und dann beantworten.

Wenn eine Frage nicht beantwortet werden kann, bekommt die gegnerische Mannschaft einen Punkt. Die Punkte werden von einem freiwilligen Schüler an der Tafel notiert. Die folgenden Fragen können je nach Gruppe gekürzt oder erweitert werden.

1. Was versteht man unter Stressbewältigung? Gib eine Definition!

   a) all die Sachen, die man macht, um den Stress richtig zu genießen
   b) Sachen wie schlafen, Musik hören etc.
   c) Ereignisse, die Stress verursachen
   d) all die Sachen, die man gegen Stress unternehmen kann

2. Es gibt eine ganze Reihe verschiedener Stressbewältigungsstrategien. In welche Gruppen kann man diese Strategien aufteilen?

3. Wenn man ein Problem hat und deshalb gestresst ist, ist es sinnvoll, die Lösung des Problems Schritt für Schritt anzugehen. Das hilft, um für ein Problem die beste Bewältigungsstrategie zu finden. Wie nennt man diese Strategie?

   a) Problemfindung
   b) Problemlösung
   c) Lösungssuche
   d) Lösungsfindung

4. Wie heißt das Tier, das das Problemlösen symbolisiert?

   a) Snickers
   b) Snake
   c) Schlange
   d) Boa

5. Wie heißt der erste Schritt beim Problemlösen?

   a) Stopp – was war das Problem?
   b) Stopp – was ist das Problem?
   c) Halt – war da was?
   d) Halt – stehen bleiben!

6. Was passiert im zweiten Schritt?

   a) Man sammelt alle Lösungen, die einem einfallen
   b) Man sammelt alle günstigen Lösungsideen
   c) Man überlegt, wie man dem Problem am besten aus dem Weg gehen kann
   d) Man überlegt, wie man das Problem am besten verhindern kann

7. Was macht man im dritten Schritt?

   a) Man wählt die Lösung, die andere einem vorgeschlagen haben
   b) Man wählt die Lösung, die einem zuerst eingefallen ist
   c) Man entscheidet sich für die beste Lösung
   d) Man entscheidet sich für die einfachste Lösung

Was ist die beste Lösung?
Übung zur situationalen Angemessenheit der Bewältigung

Ziel:	Die Schüler lernen die Bedeutung der situationalen Angemessenheit von Bewältigung kennen
Dauer:	20 Minuten
Methode:	Fragebogenbearbeitung und Diskussion
Material:	Fragebogen als Teilnehmerunterlage (Teilnehmerunterlage WP 3.1) und auf Folie (Teilnehmerunterlage WP 3.1 als Vorlage), Folienstift

Mit dieser Übung soll verdeutlicht werden, dass aus der Vielfalt vorhandener Möglichkeiten, auf Stress zu reagieren, immer die für die aktuelle Problemsituation passende Strategie ausgewählt werden muss, um den Stress zu reduzieren. Der dritte Schritt im Problemlöseprozess wird an dieser Stelle vertieft.

Es werden verschiedene Situationen in einem Fragebogen vorgegeben, denen angemessenes Bewältigungsverhalten zugeordnet werden soll. Die Situationen unterscheiden sich bezüglich folgender Merkmale: Kontrollierbarkeit der Situation und Verfügbarkeit sozialer Unterstützung in der Situation. In den verschiedenen Situationen sind jeweils unterschiedliche Bewältigungsformen angemessen. Welche Bewältigungsform angemessen ist, soll mit den Schülern gemeinsam erarbeitet werden.

Ablauf

Einführung des Fragebogens durch den Trainingsleiter

„Die Problemlösung funktioniert nur, wenn auch eine passende Lösung ausgewählt wird. Bei der Auswahl der Lösung geht es vor allem darum, dass die Lösung für die Situation, in der das Problem auftritt, angemessen ist. Wir haben die Auswahl der besten Lösung ja schon geübt (Stichwort Vor- und Nachteile überlegen). Mit einem kleinen Quiz könnt ihr jetzt testen, wie gut ihr schon darin seid, für Stresssituationen die beste Lösung auszuwählen. Wir wollen das Ergebnis dann im Plenum besprechen. Bei dem Quiz sind drei Problemsituationen vorgegeben, in die ihr euch hineinversetzen sollt. Es stehen dann immer verschiedene Verhaltensweisen zur Auswahl und ihr sollt ankreuzen, welche der Verhaltensweisen dabei hilft, das Problem in der Situation zu lösen …"

Den verschiedenen Situationen werden von den Schülern im Fragebogen die passenden Bewältigungsstrategien zugeordnet. Einzelne Schüler stellen ihr Ergebnis vor. Dazu kommen sie nach vorne und markieren auf der Folie, welche Strategie sie in welcher Situation als hilfreich erachten.

Diskussion der Ergebnisse im Plenum. Hier soll diskutiert werden, warum bestimmte Strategien in bestimmten Situationen angemessen bzw. unangemessen sind und welche Konsequenzen sich aus der Auswahl bestimmter Strategien ergeben können (Stressvermehrung und Stressreduktion).

Fragen an das Plenum

- Warum sind bestimmte Strategien in dieser Situation hilfreich?
- Warum helfen andere Strategien in dieser Situation nicht?
- Was ist typisch für die Situation?
- Finde andere Beispielsituationen mit den gleichen Charakteristika.

Hier folgt eine fünfminütige Pause.

Phase (4) im Problemlöseprozess: Aktionsplanung und Aktion – Jetzt geht es los!

Ziel:	Kennenlernen des vierten Problemlöseschrittes
Dauer:	30 Minuten
Methode:	Aktionsplanung und Rollenspiele in Kleingruppen
Material:	Aktionsplan auf Folie (Teilnehmerunterlage WP 3.2 als Vorlage), Teilnehmerunterlage WP 3.2, Feedbackregeln auf Folie (Folie WP 3), Metaplanwand, Stifte

Nachdem die beste Lösung ausgewählt wurde, geht es in der vierten Phase darum, konkrete Maßnahmen zur Umsetzung der Lösung zu finden.

Es gilt, zu überlegen, was genau gemacht werden soll (Inhalt), wo die Handlung stattfinden soll (Ort), wann sie durchgeführt werden soll (Zeitpunkt) und auch wie oft (Häufigkeit).

Auch soll berücksichtigt werden, welche Hindernisse bei der Umsetzung auftreten können und wie diese umgangen oder überwunden werden können. Ziel ist es, einen konkreten schriftlichen Aktionsplan zu entwerfen und die Handlung zu erproben. Wichtig ist außerdem, sich vorzunehmen, die Handlung auch tatsächlich durchzuführen.

Ablauf

Die vierte Phase wird in zwei Kleingruppen erarbeitet. In den zwei Kleingruppen wird im ersten Schritt der *Aktionsplan* für das Problem eines Schülers oder für das Fallbeispiel ausgefüllt. Der Aktionsplan richtet sich nach der Lösung für das Schülerbeispiel oder der Lösung für das Fallbeispiel (siehe dazu zweiter Baustein). Die Kleingruppe stellt das Ergebnis im Plenum vor.

Im zweiten Schritt findet ein *Rollenspiel* statt, in dem die Handlung erprobt wird. Jede Kleingruppe übt ein Rollenspiel für sich und spielt es dann im Plenum vor (Rollenspielzeit: 2 bis 5 Minuten). Im Rollenspiel wird der Inhalt des Aktionsplans von den Schülern eigenständig umgesetzt. Beim Feedback zum Rollenspiel durch die Gesamtgruppe sollen Feedbackregeln eingehalten werden, die vom Trainingsleiter erläutert werden.

Feedbackregeln

- Die Rollenspieler sagen zuerst, was sie gut und was sie weniger gut gemacht haben.
- Dann geben die Zuschauer Rückmeldung.
- Immer erst sagen, was einem gefallen hat, dann, was man besser machen kann.

(4) Jetzt geht es los!

Lösungsnummer ...	
Was ist zu tun?	
Welche Hindernisse können sich mir in den Weg stellen?	
Wie kann ich mögliche Hindernisse überwinden?	

Phase (5) im Problemlöseprozess: Bewertung – Hat es funktioniert?

Ziel: Kennenlernen des fünften Problemlöseschrittes

Dauer: 10 Minuten

Methode: Gruppengespräch

Material: Bewertungsschema und Rückkopplungsprozess auf Folie (Teilnehmerunterlage WP 3.2 als Vorlage), Teilnehmerunterlage WP 3.2, Metaplanwand, Stifte

Im Problemlöseprozess sollen abschließend die Handlungsergebnisse bewertet werden. Es soll überlegt werden, wie zufrieden man mit dem Ergebnis ist (Habe ich das Problem gelöst? Bin ich auf dem richtigen Weg? Oder hat sich nichts geändert, ist alles genauso wie vorher? Würde ich das Problem beim nächsten Mal genauso lösen?).

Unter Umständen Rückkopplung zu Phase 1.

Ablauf

Die Bewertung erfolgt gemeinsam. Es wird besprochen, was gut funktioniert hat und welche Schwierigkeiten sich ergeben haben. Wichtig ist der Abgleich mit dem in Phase (1) formulierten Ziel. Aus jeder Kleingruppe kommt ein Schüler nach vorne und füllt das Schema im Großformat aus.

Wenn das Ziel nicht erreicht wurde, werden in der Großgruppe und unter Anleitung des Trainingsleiters der Rückkopplungsprozess und das wiederholte Durchlaufen der fünf Problemlöseschritte durchgesprochen. Je nach Gruppe kann die Erprobung der Handlung im Rollenspiel und die abschließende Bewertung (Phase 5) auch für jede Kleingruppe in einem Schritt durchgeführt werden. Nachdem eine Kleingruppe ihr Rollenspiel vorgeführt hat, wird für diese Gruppe also die abschließende Bewertung vorgenommen. Dann spielt die nächste Gruppe vor und es wird für diese die Bewertung vorgenommen.

(5) Bewertung: Hat es funktioniert?

Was war das Problem?	
Was wünschtest du dir?	
Wie geht es dir jetzt?	Stressbarometer 0_____100% gar kein Stress sehr viel Stress
Hast du dein Ziel erreicht?	☐ Ich habe mein Ziel erreicht. Das Problem ist gelöst. ☐ Ich habe mein Ziel noch nicht erreicht. Das Problem ist noch nicht gelöst. Ich frage also erneut „Stopp – Was ist das Problem?"

Abschluss: Was nehme ich aus dieser Stunde mit?

Ziel: Rückblick auf die Stunde. Es soll verdeutlicht werden, welche Inhalte in der Stunde gelernt wurden. Außerdem sollen Rückmeldungen dazu eingeholt werden, wie den Schülern die Stunde gefallen hat.

Dauer: verbleibende Zeit

Methode: Blitzlicht

Material: keines

Modul Wissen zu Stress und Problemlösen

Vierter Baustein

Im vierten Baustein wird das Problemlösetraining abgeschlossen.

Begrüßung und Spiel

Dauer: 15 Minuten

Erkenntnisse aus der letzten Sitzung

Ziel:	Die wichtigsten Inhalte der letzten Sitzung werden zusammengefasst und den Schülern ins Gedächtnis gerufen. Es soll erreicht werden, dass alle auf dem gleichen Wissensstand sind.
Dauer:	5 Minuten
Methode:	Zusammenfassung des Problemlösetrainings durch den Trainingsleiter
Material:	Folie vom Gesamtprozess (Teilnehmerunterlage WP2.2 als Vorlage) Metaplanwand

Ablauf

Zum Abschluss des Problemlösetrainings fasst der Trainingsleiter noch einmal den ganzen Problemlöseprozess zusammen.

Zusammenfassung

- Das Problemlösen, so wie wir es mit der Schlange gelernt haben, ist eine Stressbewältigungsstrategie.

- Wenn man ein Problem hat, das einem Stress bereitet, kann man versuchen, es in fünf Schritten in den Griff zu bekommen.

- Schritt 1: Stopp – Was ist das Problem?
  Um das Problem lösen zu können, klärt man zunächst, was genau das Problem ist. Wichtig ist auch, sich zu überlegen, was das Ziel bei der Problemlösung ist.

- Schritt 2: Welche Lösungen gibt es?
  Bevor man sich vorschnell für eine Lösung des Problems entscheidet, sammelt man alle Lösungsmöglichkeiten. Dazu macht man ein Brainstorming. Man bewertet die Lösungen zunächst nicht, sondern zieht auch verrückte Ideen in Betracht.

- Schritt 3: Was ist die beste Lösung?
  Dann geht man die einzelnen Lösungsmöglichkeiten durch und überlegt, welche Vor- und welche Nachteile sie haben. Die beste Lösung wird ausgewählt.

- Schritt 4: Jetzt geht es los!
  Nun wird die beste Lösung in die Tat umgesetzt. Das plant man vorher, um nicht zu scheitern.

- Schritt 5: Hat es funktioniert?
  Zum Abschluss der Problemlösung fragt man, ob das ursprüngliche Ziel auch erreicht wurde. Man überlegt, ob die Problemlösung funktioniert hat.

- Wenn es nicht gelungen ist, das Problem zu lösen, kann man erneut beginnen, das Problem zu analysieren. Vielleicht klappt es ja beim zweiten Durchgang besser.

Herzblatt (Alternativ in einer reinen Mädchen- bzw. Jungengruppe: Freundschaftsroulette – Deutschland sucht den Lösungsstar ...)

Ziel:	Übung des Problemlöseprozesses
Dauer:	20 Minuten
Methode:	Spiel
Material:	Karteikarten mit Problemen (siehe Trainermaterial WP 4)

Die Anwendung des Problemlösens soll geübt werden. Es soll deutlich werden, dass es sinnvoll ist, bei der Problemlösung verschiedene Ideen zu generieren und nicht die erstbeste zu nehmen. Vor allem soll deutlich werden, dass das Problemlösen eine Strategie ist, die einfach in der Anwendung ist und die auch tatsächlich umsetzbar ist, wenn man ein Problem hat. Man muss es nur üben und verinnerlichen.

Ablauf

Ein freiwilliger Schüler („Single") spielt denjenigen, der sich ein Herzblatt (bzw. den besten Freund oder den Lösungsstar) auswählt. Zuerst muss dieser freiwillige Schüler den Raum verlassen, bis die Kandidaten aufgestellt sind.

Drei weitere freiwillige Schüler sind die Kandidaten (in einer gemischten Gruppe gegengeschlechtlich zum ersten Schüler). Sie nehmen vorne Platz, die Metaplanwand wird als Sichtschutz aufgestellt. Der Schüler, der sich ein Herzblatt auswählt, wird hereingerufen und setzt sich so, dass er die drei Kandidaten nicht sehen kann. Er bekommt eine Karte, auf der ein Problem vorgegeben ist (Variation: Problem selbst ausdenken). Außerdem befinden sich auf der Karte bestimmte Formulierungen, die eingehalten werden müssen:

- Ich bin gestresst, weil ...
- Mein Ziel ist ...
- Was rätst du mir, Kandidat 1?
- Was rätst du mir, Kandidat 2?
- Was rätst du mir, Kandidat 3?
- Ich wähle Kandidat ..., weil ... (Bewertung)

Der Kandidat mit der besten Lösung wird vom Publikum mit Applaus bedacht.

Im Anschluss daran werden vom Trainingsleiter folgende Fragen gestellt:

- Der Schüler, der sich ein Herzblatt ausgewählt hat, wird gefragt, wie er die Bewertung vorgenommen hat.
- Frage an das Plenum, ob sie die gleiche Lösung ausgewählt hätten.
- Nach jeder Lösungsauswahl soll gefragt werden, welche Schritte im Problemlöseprozess folgen, um noch einmal den Prozesscharakter des Ganzen zu verdeutlichen (Aktion und Bewertung).

Hier folgt eine fünfminütige Pause.

Einführung der „Was ich bei Stress alles tun kann"-Liste (in Anlehnung an „Stresspräventionstraining für Kinder im Grundschulalter", Klein-Heßling & Lohaus, 2000)

Ziel:	Die Schüler werden sich darüber klar, welches Bewältigungspotential sie haben
Dauer:	15 Minuten
Methode:	Bearbeiten der Liste, Diskussion
Material:	Liste als Teilnehmerunterlage (Teilnehmerunterlage WP 4), leeres Poster zum Beschriften, Stifte

Ablauf

Die Schüler werden dazu angeregt, alle Stressbewältigungsstrategien, die sie in den ersten Sitzungen kennen gelernt haben, einzutragen.

Einzelne Schüler stellen das Ergebnis vor.

Dann wird eine große Liste angefertigt, auf die gemeinsam auch die Problemlöseschritte eingetragen werden.

Internetnutzung

Ziel:	Kennenlernen des Internets als Hilfe bei der Unterstützungssuche
Dauer:	25 Minuten
Methode:	Einführung durch den Trainingsleiter
Material:	keines

Mit den Schülern werden Möglichkeiten erarbeitet, das Internet bei der Lösung eigener Probleme zu nutzen. Falls ein Computerraum zur Verfügung steht, bietet es sich an, diese Übung direkt am Computer durchzuführen.

Abschluss: Was nehme ich aus dieser Stunde mit?

Ziel:	Rückblick auf die Stunde. Es soll verdeutlicht werden, welche Inhalte in der Stunde gelernt wurden. Außerdem sollen Rückmeldungen dazu eingeholt werden, wie den Schülern die Stunde gefallen hat.
Dauer:	verbleibende Zeit
Methode:	Blitzlicht
Material:	keines

Modul Gedanken und Stress

Erster Baustein

In diesem Baustein wird der Einfluss von Kognitionen auf das Erleben und Verhalten eingeführt.

Begrüßung und Spiel

Dauer: 15 Minuten

Wie man sich durch Gedanken Stress machen kann: Einstieg

Ziel: Einstieg in das Thema

Dauer: 5 Minuten

Methode: Vorstellungsübung (nach Kaluza, 1996)

Material: keines

Die Übung veranschaulicht, wie durch kognitive Prozesse körperliche Reaktionen beeinflusst werden.

Ablauf

Die Schüler werden gebeten, es sich bequem zu machen und die Augen zu schließen. Sie sollen versuchen, ihre Aufmerksamkeit nach innen zu richten. Um diese Übung in Ruhe durchführen zu können, sollten sich alle Schüler im Stuhlkreis mit dem Gesicht nach außen wenden.

Der Trainingsleiter ruft durch seine Instruktion das Vorstellungsbild einer Zitrone hervor:

Einführung durch den Trainingsleiter

„Wir wollen jetzt ein kleines Experiment machen ... Stellt euch eine Zitrone vor, eine schöne, gelbe Zitrone. Sie liegt vor euch auf dem Tisch. Stellt euch vor, wie ihr die Zitrone in die Hand nehmt und dann mit einem Messer langsam in der Mitte durchschneidet ... wie der Zitronensaft an der Schnittfläche herunterläuft ... und wie die Zitrone jetzt in zwei Hälften vor euch auf dem Tisch liegt ... nehmt eine Zitronenhälfte und führt sie langsam zum Mund ... leckt an der Zitrone, ganz leicht, und spürt den Geschmack der Zitrone auf der Zunge."

Auswertung: Was ist passiert?

Einige Schüler werden berichten, wie sich ihr Mund zusammengezogen hat, von vermehrtem Speichelfluss oder wie sie schlucken mussten. Der Trainingsleiter verdeutlicht noch einmal, dass diese körperliche Reaktion nur durch die Vorstellung hervorgerufen wurde, da ja real keine Zitrone vorhanden war.

Überleitung durch den Trainingsleiter

„Was denkt ihr, womit wir uns in den nächsten Stunden beschäftigen wollen? Wir werden uns mit Gedanken beschäftigen. Jetzt stellt sich natürlich die Frage, was Gedanken mit Stress zu tun haben. Ich werde im Folgenden von einer Alltagssituation berichten, die verdeutlicht, was Gedanken mit Stress zu tun haben ..."

Wie man sich durch Gedanken Stress machen kann: Einstieg in das Thema und Hintergrund

Ziel: Vertiefung des Themeneinstiegs und Vermittlung von Hintergrundwissen

Dauer: 15 Minuten

Methode: Bearbeitung von Geschichten

Material: Folie zum Hergang der Geschichte (Folie G 1.1), Folienstift

Im transaktionalen Stressmodell von Lazarus spielen die Bewertungen einer Situation und ihr Einfluss auf das Erleben und Verhalten einer Person eine wichtige Rolle. Es kommt zum Stresserleben, wenn eine potentielle Stresssituation stressbezogen bewertet wird. Der Einfluss von Kognitionen soll in diesem Abschnitt behandelt werden.

Ablauf

Der Trainingsleiter erzählt Geschichten mit verschiedenen möglichen Ausgängen. Auf der Folie wird der Hergang der Geschichten aufgezeichnet.

Geschichte „Geräusch"
(in Anlehnung an Beck, 1981)

„Herr U. ist mutterseelenallein zu Hause. Seine Frau ist nach Ibiza geflogen und seine Tochter schläft bei ihrer Freundin. Das Haus von Familie U. steht am Waldrand und es ist nachts sehr still dort. Herr U. hat sich noch in aller Ruhe die Tagesthemen angesehen und ist dann ins Bett gegangen. Seit gut zwei Stunden schläft er ganz tief und schnarcht wie jede Nacht. Plötzlich wird er von einem lauten Klirren aus seinen Träumen gerissen – huuuuch ... was war denn das? Was war das für ein Geräusch im Nebenzimmer?"

Erste Version: „Ihm schießt durch den Kopf: Da ist jemand im Haus, ein Einbrecher! In der letzten Zeit wird hier in der Gegend öfter eingebrochen, irgendwann musste es uns ja treffen ..."

Zweite Version: „Er denkt sich: Da habe ich wahrscheinlich vergessen, das Fenster in der Küche zu schließen. Jetzt ist es zugeschlagen. Wie konnte ich nur so schusselig sein?"

Fragen: „Wie fühlt er sich wohl in der Situation, wenn er annimmt, es sei ein Dieb im Haus? Wie reagiert sein Körper? Was macht er?" (Er hat Angst und sieht nach, ob jemand im Haus ist oder er ruft die Polizei. Er hat Herzklopfen etc.)

„Wie fühlt er sich wohl, wenn er annimmt, das Fenster sei zugeschlagen? Wie reagiert sein Körper? Was macht er?" (Er schließt das Fenster oder er dreht sich um und schläft weiter.)

Geschichte „Anruf"

„Ulli hat Langeweile und möchte sich gerne verabreden. Er überlegt, wen er wohl anrufen könnte. Er hätte Lust, sich mit einem Bekannten aus der Nachbarschaft zu verabreden."

Erste Version: „Als er zum Telefonhörer greift und die Nummer des Bekannten wählt, denkt er sich, ach, der hat sowieso keine Lust, MICH zu sehen, der hat bestimmt schon etwas anderes vor und dann stehe ich doof da."

Zweite Version: „Als er zum Telefonhörer greift und die Nummer des Bekannten wählt, denkt er sich, mal sehen, ob er da ist und Lust hat, etwas mit mir zu unternehmen."

Fragen: „Wie fühlt er sich wohl in der Situation, wenn er denkt, der Bekannte hat sowieso keine Lust, ihn zu sehen? Wie reagiert sein Körper? Was macht er?" (Er ruft nicht an und fühlt sich einsam und hilflos ...)

„Wie fühlt er sich bei der zweiten Version? Wie reagiert sein Körper? Was macht er?" (Er ruft an und ist hoffnungsvoll und gespannt ...)

Auswertung

Was wird anhand der Geschichten deutlich?
- Situationsbewertungen sind interindividuell unterschiedlich
- Gedanken/Situationsbewertungen bestimmen die erlebte Stimmung/Gefühle mit und beeinflussen das Verhalten

Gedanken und Stress

Ziel: Kennenlernen von stressbezogenen Gedanken (Gedanken nach Ellis, 1983)

Dauer: 30 Minuten (die Übung wird durch die Pause unterbrochen)

Methode: Erstellung von Collagen in Kleingruppen

Material: Folie mit Stressgedanken (Folie G 1.2), Zeitschriften, Pappe, Scheren, Klebestifte, ausgefüllte und leere Gedankenblasen zum Aufkleben (Trainermaterial G 1), Stifte

Ablauf

Bevor mit der Arbeit an den Collagen begonnen wird, werden die „Stressgedanken" eingeführt.

Mögliche Einführungsfragen

- Was sind das überhaupt für Gedanken, die Stress produzieren?
- Welche typischen Stressgedanken kennt ihr von euren Freunden, von euren Eltern oder von euch selbst?

Vom Trainingsleiter wird vermittelt, dass es wichtig ist, Stressgedanken kennen zu lernen, da dies die Voraussetzung dafür ist, auch etwas gegen sie unternehmen zu können. Die Stressgedanken werden anhand der Folie vorgestellt.

Stress produzierende Gedanken

- Alle sollen mich für immer lieben.
- Es ist wichtig, dass mich alle akzeptieren.
- Es gibt immer jemanden, der besser ist als ich.
- Ich habe heute verloren und werde auch in Zukunft immer verlieren.
- So etwas passiert immer nur mir. Ich bin eine totale Versagerin.
- Es gibt nichts Schlimmeres, als einen Fehler zu machen.
- Ich werde nur anerkannt, wenn ich die Schönste bin.
- Ich muss perfekt sein.
- Das ist das Peinlichste, was mir passieren konnte.
- Das ist so schrecklich, da komme ich nie wieder heraus …
- Ich werde es nie schaffen, mich zu ändern.
- Sich helfen zu lassen, ist immer ein Zeichen von Schwäche.

Es werden Kleingruppen gebildet und die Schüler erhalten die Gedankenblasen, Zeitschriften und Bastelutensilien mit der Aufgabe, zu den Gedankenblasen passende Bilder in den Zeitschriften zu finden und eine Collage unter der Überschrift „Stressgedanken", „Die Macht der Gedanken" o. Ä. zu erstellen.

Darüber hinaus sollen in jeder Kleingruppe 1 bis 2 Gedankenblasen mit eigenen Stressgedanken in die Collage integriert werden.

Die fertigen Collagen werden aufgehängt und durch jeweils einen Schüler jeder Kleingruppe vorgestellt. Dabei sollen die Collagen erklärt werden und das Ergebnis soll diskutiert werden.

Diskussionspunkte

- Warum wurden die Gedanken den einzelnen Bildern zugeordnet?
- Warum handelt es sich bei den selbst erdachten Gedanken um Stressgedanken?

Nachdem alle Collagen besprochen wurden, werden gemeinsam die typischen Merkmale Stress produzierender Gedanken erarbeitet.

Merkmale

Verallgemeinerungen negativer Erfahrungen, zum Beispiel:

- Ich habe heute verloren, ich werde auch in Zukunft immer verlieren.
- Es gibt immer jemanden, der besser ist als ich.

Unrealistische Erwartungen und Einstellungen, zum Beispiel:

- Alle sollen mich für immer lieben.

- Es ist wichtig, dass mich alle akzeptieren.
- Sich helfen zu lassen, ist immer ein Zeichen für Schwäche.
- Ich werde es nie schaffen, mich zu ändern.
- Ich werde nur anerkannt, wenn ich die Schönste bin.
- Ich muss perfekt sein.

Katastrophendenken, zum Beispiel:

- Das ist das Peinlichste, was mir passieren konnte.
- Das ist so schrecklich, da komme ich nie wieder raus.

Ausschließlichkeitsbehauptungen, zum Beispiel:

- Immer statt oft
- Nie statt selten
- Alle statt viele

Hier folgt eine fünfminütige Pause.

Experiment „Was geht mir durch den Kopf?"

Ziel:	Identifikation von Gedanken in konkreten Stresssituationen
Dauer:	15 Minuten
Methode:	Gedankenexperiment, Gruppengespräch
Material:	Überschriften aus Pappe (Stressgedanken und Anti-Stressgedanken, Neutrale Gedanken), Metaplanwand und Metaplankarten

Ablauf

Einführung durch den Trainingsleiter:

„Bisher haben wir vor allem darüber geredet, was *man denken kann,* jetzt soll es darum gehen, was *ihr denkt!* Wir wollen jetzt ein ungewöhnliches Experiment machen. Das Experiment ‚Was geht mir durch den Kopf'. Es ist wieder eine Vorstellungsübung."

Der Trainingsleiter beschreibt anschaulich eine potentielle Stresssituation. Die Schüler werden gebeten, sich die Situation so realistisch wie nur möglich vorzustellen und so zu tun, als wäre die Situation gerade präsent. Sie werden darauf vorbereitet, dass sie im Anschluss daran alle Gedanken, die ihnen während der Vorstellung durch den Kopf gegangen sind, auf Metaplankarten schreiben sollen.

Wichtig: Jeder Schüler erhält nur 2 bis 3 Metaplankarten, da das Sammeln an der Metaplanwand sonst zu lange dauert.

Beschreibung der Stresssituation durch den Trainingsleiter:

„Lehne dich bequem in deinem Stuhl zurück, schließe die Augen und stelle dir folgende Situation vor: Es ist ein ganz normaler Schultag. Halt, so normal ist er ja für dich gar nicht, denn heute wird Mathe (Französisch, Englisch, Bio etc.) geschrieben, dritte und vierte Stunde. Die letzte Klausur in dem Fach hast du mächtig in den Sand gesetzt und du musst heute eine wirklich gute Leistung bringen. Die große Pause ist vorbei und du gehst gerade die Treppe zum Klassenraum hoch. Du gehst allein. Es ist laut, man hört das Stimmengewirr der anderen und die Fußtritte auf der Treppe. In zwei Minuten geht es los … Stell dir die Situation ganz genau vor. Lass sie wie in einem Film in Zeitlupe vor deinem inneren Auge ablaufen. Stell dir den Schulflur vor … Hörst du das Stimmengewirr? Gleich bist du im Klassenraum … Was geht dir in der Situation durch den Kopf? Schreibe nun alles auf, was dir in der Situation durch den Kopf geht!"

Als Stresssituation kann auch eine beliebige andere Situation vom Trainingsleiter erdacht und vorgegeben werden. Mögliche andere Situationen: eine schlechte Note bekommen, einen Aufsatz vorlesen müssen, seinen neuen Schwarm anrufen.

Die von den Schülern aufgelisteten Gedanken werden im Plenum zusammengetragen.

In der Gruppe sollen die Gedanken dann den Kategorien „Stressgedanken", „Anti-Stressgedanken" und „Neutrale Gedanken" zugeordnet werden (Zuordnung der Metaplankarten auf der Metaplanwand).

Beispiele für Gedanken, die bei dieser Übung von Schülern geäußert wurden:

Stressgedanken

- Panik, ich darf jetzt bloß nichts mehr vergessen!
- Ich hab zu wenig gelernt! Jetzt bin ich tot.
- Ich falle (wie immer) durch.
- Was werden meine Eltern sagen, wenn ich diese Arbeit auch noch verhaue?
- Wenn diese Arbeit schlecht wird, habe ich verloren.
- Ich werde meinen Realschulabschluss nicht schaffen.

Anti-Stressgedanken

- Ruhig bleiben, ich schaffe das schon irgendwie.
- Immer positiv denken.
- Wird schon klappen, ich habe ja gelernt.
- Ich werde mein Bestes geben.
- Keine Aufregung!
- Konzentration, Entspannung!

Anti-Stressgedanken

Ziel:	Es soll gelernt werden, Anti-Stressgedanken zu entwickeln
Dauer:	10 Minuten
Methode:	Gruppengespräch
Material:	Leeres Poster zum Beschriften, Stifte

Die Schüler werden dazu angeregt, die eigenen Stressgedanken kritisch zu bewerten und neue Gedanken in einer Stresssituation zu produzieren.

Ablauf

Die Anzahl und die Art der vermittelten Strategien muss an die Gruppe angepasst werden.

Die Strategien werden auf einem Poster festgehalten.

Strategien (Beispiele)

- Was würdest du einem guten Freund raten, der in der gleichen Situation ist?
- Was denkt jemand aus deinem Freundeskreis, der in der gleichen Situation völlig gelassen ist?

Abschluss: Was nehme ich aus dieser Stunde mit?

Ziel:	Rückblick auf die Stunde. Es soll verdeutlicht werden, welche Inhalte in der Stunde gelernt wurden. Außerdem sollen Rückmeldungen dazu eingeholt werden, wie den Schülern die Stunde gefallen hat.
Dauer:	verbleibende Zeit
Methode:	Blitzlicht
Material:	keines

Modul Gedanken und Stress

Zweiter Baustein

In diesem Baustein erfolgt eine Fortsetzung der Arbeit an Kognitionen.

Begrüßung und Spiel

Dauer: 15 Minuten

Erkenntnisse aus der letzten Sitzung

Ziel:	Die wichtigsten Inhalte der letzten Sitzung werden zusammengefasst und den Schülern ins Gedächtnis gerufen. Es soll erreicht werden, dass alle auf dem gleichen Wissensstand sind.
Dauer:	10 Minuten
Methode:	Flaschendrehen
Material:	Flasche

Ablauf

Zur Abfrage wird Flaschendrehen gespielt. Derjenige, auf den die Flasche zeigt, bekommt vom Trainingsleiter eine Frage gestellt.

Fragen

- Was machen Stressgedanken mit unserem Stresslevel?
- Was machen Anti-Stressgedanken mit unserem Stresslevel?
- Welche typischen Stressgedanken fallen dir ein? (mindestens fünf Gedanken sollen nacheinander von verschiedenen Personen genannt werden)
- Welche typischen Anti-Stressgedanken fallen dir ein? (mindestens fünf Gedanken sollen nacheinander von verschiedenen Personen genannt werden)
- Nenne eine Strategie, mit der man auf Anti-Stressgedanken kommen kann.

Was passt zu mir? A, B oder C?

Ziel:	Es soll verdeutlicht werden, dass es vielen Menschen leichter fällt, negative Äußerungen über sich selbst zu generieren und zu akzeptieren als positive Äußerungen
Dauer:	20 Minuten
Methode:	Selbstbeschreibungen mit vorgegebenen positiven, negativen oder neutralen Gedanken
Material:	Zettel mit Selbstbeschreibungen (siehe Trainermaterial G 2), Tafel

Ablauf

Jeder Schüler erhält einen kleinen Zettel, auf dem jeweils drei Selbstbeschreibungen stehen, eine positive, eine neutrale und eine negative. Er soll ankreuzen, welche der drei Selbstbeschreibungen am besten auf ihn zutrifft.

Beispiel

A) Ich bin clever.
B) Ich bin durchschnittlich intelligent.
C) Manchmal stehe ich ganz schön auf dem Schlauch.

A) Ich finde, dass ich eine gute Figur habe.
B) Ich beurteile meine Figur als durchschnittlich.
C) Meine Figur ist nicht besonders toll.

Der Trainingsleiter erkundigt sich bei jedem Schüler nach der Antwort.

An der Tafel wird eine Strichliste über die Ergebnisse geführt. Falls von den meisten Schülern Antwort B) oder C) gewählt wurde, zeigt das, dass es den meisten Schülern in dieser Runde leichter fällt, sich selbst eine neutrale oder negative Eigenschaft zuzusprechen als eine positive Eigenschaft. Dies kann darauf übertragen werden, dass es vielen Menschen leichter fällt, sich selbst zu kritisieren als zu loben. Falls die meisten in der Klasse Antwort A) als zutreffend angeben, sollte die Klasse gelobt werden. Bei Interesse können mehrere Durchgänge gespielt werden.

Hier folgt eine fünfminütige Pause.

Komplimenterunde: „Das ist klasse an dir" (in Anlehnung an Krowatschek, 1999)

Ziel:	Auslösung positiver Emotionen und Steigerung des Selbstwertgefühls. Es wird gelernt, Komplimente zu geben und zu erhalten.
Dauer:	10 Minuten
Methode:	Zeichnungen mit Komplimenten, Diskussion
Material:	Zettel und Stifte

Komplimente – wofür?

Ziel:	Kritische Beleuchtung des Themas Komplimente
Dauer:	20 Minuten
Methode:	Erstellung von Wandplakaten und anschließende Podiumsdiskussion
Material:	Plakate mit Überschriften, Stifte

Ablauf

Kleingruppenarbeit

Es werden „Plakate" zu den folgenden Fragen bearbeitet. Jede Kleingruppe bearbeitet ein Thema.

Ablauf

Jeder Schüler erhält ein weißes Blatt, auf das er eine Umrisszeichnung seiner Hand anfertigt. Das Blatt wird mit Namen versehen. Die Blätter bleiben liegen und die Schüler gehen durch den Raum, um die „Hände" der anderen mit Komplimenten zu füllen. Ziel ist es, dass jede Hand zum Schluss gefüllt ist. Vorteil ist, dass nicht jeder jedem ein Kompliment geben muss.

Fragen in die Runde

- Wie fühlt man sich, wenn man ein Kompliment gibt?
- Wie fühlt man sich, wenn man ein Kompliment erhält?
- Welche Gründe gibt es, ein Kompliment zu machen?
- Was spricht dagegen, ein Kompliment zu machen?

Podiumsdiskussion

Im Anschluss daran bestimmt jede Kleingruppe einen Diskussionspartner, der in einer Podiumsdiskussion (drei Stühle vor dem Plenum aufbauen) die Argumente, die auf den Wandplakaten gesammelt wurden, vertritt. Die Schüler sollen in ein Gespräch über die Vor- und Nachteile von Komplimenten kommen. Die Wandplakate werden aufgehängt und dienen somit gleichzeitig als Notizzettel für die Diskutanten.

Nachmittagsübung: Ein Kompliment machen

Ziel:	Üben der Fähigkeit, Komplimente zu machen
Dauer:	10 Minuten
Methode:	Hausaufgabe
Material:	keines

Ablauf

Die Schüler bekommen den Auftrag, bis zur nächsten Woche einer anderen Person ein Kompliment zu machen.

Anfertigen einer Liste von Situationen (z.B. an der Tafel), in denen die Schüler ein Kompliment machen wollen.

Abschluss: Was nehme ich aus dieser Stunde mit?

Ziel:	Rückblick auf die Stunde. Es soll verdeutlicht werden, welche Inhalte in der Stunde gelernt wurden. Außerdem sollen Rückmeldungen dazu eingeholt werden, wie den Schülern die Stunde gefallen hat.
Dauer:	verbleibende Zeit
Methode:	Blitzlicht
Material:	keines

Modul Gedanken und Stress

Dritter Baustein

In diesem Baustein erfolgt eine Fortsetzung der Arbeit an Kognitionen.

Begrüßung und Spiel

Dauer: 15 Minuten

Erkenntnisse aus der letzten Sitzung

Ziel: Die wichtigsten Inhalte der letzten Sitzung werden zusammengefasst und den Schülern ins Gedächtnis gerufen. Es soll erreicht werden, dass alle auf dem gleichen Wissensstand sind.

Dauer: 5 Minuten

Methode: Stressinduktion

Material: keines

Bei dieser Übung wird durch eine Ankündigung Stress ausgelöst. Danach werden die erlebten Reaktionen besprochen. Wenn bei einigen kein Stress erlebt wird, d.h. wenn die Ankündigung nicht zum Stresserleben führen, werden die angewendeten Bewältigungsstrategien besprochen. Es soll an dieser Stelle besonders Wert auf die Gedanken gelegt werden, die sich die Schüler in der Situation gemacht haben.

Ablauf

Die Schüler sitzen im Kreis und werden gebeten, die Augen zu schließen. Der Trainingsleiter kündigt an, dass er einen Schüler auswählen möchte, der gleich die Inhalte der letzten Sitzung zusammenfasst (z.B. zur Leistungskontrolle in Absprache mit dem Rektor). Dem ausgewählten Schüler wird er auf die Schulter tippen. Dann geht der Trainingsleiter zwei Runden um die Schüler herum, ohne aber jemandem auf die Schultern zu tippen und bricht dann ab. Es kann auch eine andere Aufgabe gestellt werden, z.B. die Aufforderung von einem ganz persönlichen Problem zu erzählen, die Aufforderung etwas vorzusingen, etwas vorzutanzen etc.

Auswertung: Was haben die Schüler gedacht und erlebt? Der Trainingsleiter knüpft an die Inhalte der letzten Sitzung an und schlägt einen Bogen zum Einfluss der Gedanken auf Erleben und Verhalten.

Besprechen der Nachmittagsübung

Ziel: Erfahrungsaustausch beim Komplimentemachen

Dauer: 5 Minuten

Methode: Gruppengespräch

Material: keines

Ablauf

Der Trainingsleiter erkundigt sich danach, ob und welche Komplimente gemacht wurden und auch danach, wie die Reaktionen darauf waren.

Entwerfen von neuen Gedanken anhand von Beispielen

Ziel:	Das Entwickeln von Anti-Stressgedanken soll geübt werden.
Dauer:	20 Minuten
Methode:	Bearbeitung von Comics
Material:	Comics mit Sprechblasen (siehe Teilnehmerunterlage G 3), Stifte

Ablauf

Es werden mehrere Situationen in Form von Comics vorgegeben, in denen die Protagonisten ihre Lage negativ bewerten bzw. Stressgedanken haben.

Die Comics werden alleine oder in Kleingruppen bearbeitet. Es sollen neue Situationsbewertungen bzw. Anti-Stressgedanken entwickelt werden.

Die Ergebnisse werden im Plenum vorgestellt.

Hier folgt eine fünfminütige Pause.

Eine lustige Begebenheit

Ziel:	Auflockerung
Dauer:	10 Minuten
Methode:	Erzählrunde
Material:	keines

Ablauf

Zur Auflockerung erzählt jeder, der möchte, von einer lustigen Begebenheit oder einem Missgeschick, über das man lachen kann. Günstig ist, wenn der Trainingsleiter eine Gegebenheit vorbereitet hat, um den Einstieg zu erleichtern. Auch hier soll wieder deutlich werden, dass Einstellungen und Bewertungen einen großen Einfluss auf unser Erleben haben.

Selbstinstruktionen in verschiedenen Phasen des Stressgeschehens (in Anlehnung an Meichenbaum, 1991)

Ziel:	Üben positiver Selbstgespräche
Dauer:	30 Minuten
Methode:	(A) Einführung (B) Rollenspiele
Material:	Rollenspielanweisungen (siehe Trainermaterial G 3)

Nach Meichenbaum (1991) haben an sich selbst gerichtete Instruktionen eine verhaltenssteuernde Wirkung. „Angemessene" Selbstinstruktionen begünstigen „angemessene" Gefühle und Bewältigungskompetenzen in belastenden Situationen.

„Unangemessene" Selbstinstruktionen dagegen begünstigen negative Gefühle und entweder Schwierigkeiten bei der Bewältigung oder ein Vermeiden der Situation.

Meichenbaum unterscheidet verschiedene Phasen des Stressgeschehens, in denen unterschiedliche Selbstinstruktionen angewendet werden.

Es soll geübt werden, günstige Selbstinstruktionen in verschiedenen Phasen des Stressgeschehens zu entwickeln.

Ablauf

(A) Einführung

Selbstinstruktionen könnten im Training mit „Selbstanleitung" übersetzt werden. Der Begriff kann auch mit „Gebrauchsanweisung" erklärt werden (Gebrauchsanweisung für stressfreies Denken in Stresssituationen …). Es wird erklärt, dass man das Stressgeschehen in mehrere Phasen einteilen kann.

Im Training werden die folgenden *drei Phasen* unterschieden:

1. *Vorbereitung* auf eine stressige Situation

2. *Klarkommen* in der stressigen Situation

3. *Bewertung*, wenn die stressige Situation überstanden ist

Zur Verdeutlichung werden zuerst Situationsbeispiele zu den drei Phasen gegeben:

1. *Vorbereitung* auf eine stressige Situation:
   „Der Lehrer kündigt an, dass morgen eine wichtige Klassenarbeit geschrieben wird …"
   „Du erfährst, dass deine Erzfeindin in der Stadt ist …"

2. *Klarkommen* in der stressigen Situation:
   „Du schreibst gerade eine wichtige Klassenarbeit …"
   „Du triffst deine Erzfeindin im Supermarkt..."

3. *Bewertung*, wenn die stressige Situation überstanden ist:
   „Die Klassenarbeit ist vorbei …"
   „Du hast gerade deine Erzfeindin getroffen…"

Dann werden die drei Phasen vom Trainingsleiter genauer vorgestellt. Gemeinsam sollen günstige Selbstanleitungen gesammelt werden.

1. *Vorbereitung* auf eine stressige Situation

Ziele, um die Situation gut zu meistern:
- Sich auf die bevorstehende Aufgabe konzentrieren
- Die bevorstehende Aufgabe planen
- Stressgedanken bekämpfen

Selbstanleitungen (sammeln!):
- Was ist als Nächstes zu tun?
- Ich kann für die Situationsbewältigung einen Plan entwickeln.
- Ich höre auf, mich unter Stress zu setzen, das bringt überhaupt nichts.
- Ich bin nervös, das ist normal.

2. *Klarkommen* in der stressigen Situation

Ziele, um die Situation gut zu meistern:
- Die eigenen Stressreaktionen unter Kontrolle bekommen
- Sich klar machen, dass man die Stresssituation bewältigen kann
- Konzentration auf die Situation (damit man sie auch bewältigen kann)

Selbstanleitungen (sammeln!):
- Immer locker bleiben.
- Ich entspanne mich.
- Eins nach dem anderen.
- Ich habe die Situation im Griff.

3. *Bewertung*, wenn die stressige Situation überstanden ist

Ziele, um die Situation gut zu meistern:
- Loben eigener Fortschritte
- Verbesserung des Durchhaltevermögens

Selbstanleitungen (sammeln!):
- Ich habe durchgehalten, es hat geklappt.
- Es war gar nicht so schlecht, wie ich erwartet habe.
- Ich habe das gut hingekriegt.
- Ich bin mit mir zufrieden.

(B) Rollenspiele

Vorgabe von bestimmten Situationen aus den drei Phasen, in denen Stress erlebt wird: Der erste Schüler erhält z.B. eine Karte mit folgender Anweisung: „Spiele einen Lehrer, der einen Test ankündigt. Dein Rollenspielpartner ist ein Schüler, dem der Test angekündigt wird." Der zweite Schüler erhält die Anweisung: „Spiele einen Schüler. Du sitzt in der Klasse. Der Lehrer kündigt einen Test an. Sage laut, was du denkst – schieß los!" Er wird aufgefordert, einfach laut zu denken, egal ob günstig oder nicht.

Ein dritter Schüler übernimmt die Rolle eines „Richters". Der „Richter" beurteilt die Gedanken, die der zweite Schüler äußert. Falls sie ungünstig sind, muss der „Richter" neue Gedanken entwickeln.

Die Schüler können sich auch eigene Situationen ausdenken (z.B. drei Kleingruppen bilden, jede Kleingruppe entwickelt in einer vorgegebenen Zeit 2 bis 3 Stresssituationen als Rollenspiel mit Anweisungen. Die ausgedachten Rollenspiele werden dann jeweils den anderen Gruppen gegeben).

Abschluss: Was nehme ich aus dieser Stunde mit?

Ziel: Rückblick auf die Stunde. Es soll verdeutlicht werden, welche Inhalte in der Stunde gelernt wurden. Außerdem sollen Rückmeldungen dazu eingeholt werden, wie den Schülern die Stunde gefallen hat.

Dauer: verbleibende Zeit

Methode: Blitzlicht

Material: keines

Modul Gedanken und Stress

Vierter Baustein

In diesem Baustein wird das Training beendet.

Begrüßung und Spiel

Dauer: 15 Minuten

Das ist mein bester Freund

Ziel: Auslösung positiver Emotionen und Steigerung des Selbstwertgefühls

Dauer: 15 Minuten

Methode: Spiel

Material: Arbeitsblatt (Teilnehmerunterlage G 4), Stifte

Ablauf

Bei der Bearbeitung des Arbeitsblatts stellen sich die Schüler vor, sie seien ihr eigener bester Freund / die eigene beste Freundin. Dabei können sie sich ausmalen, was ein guter Freund bzw. eine gute Freundin an Positivem über sie sagen würde. Durch die Distanz zu sich selbst und den Rollentausch wird es erleichtert, sich der Gruppe mit positiven Eigenschaften vorzustellen.

Vorstellungsrunde im Stuhlkreis: Die Schüler stellen sich der Reihe nach vor: Dabei beziehen sie hinter dem Stuhl Position und übernehmen die Rolle des „besten Freundes". Bei der Vorstellung tun sie so, als würden sie selbst noch auf dem Stuhl sitzen.

Auswertung

- Wie ist es den Teilnehmern gelungen, sich in eine andere Person hineinzuversetzen?
- Ist es leicht gefallen, gute Eigenschaften zu nennen?
- Wäre es leichter gefallen, Schwächen preiszugeben?

Das Glas ist halb voll ...

Ziel: Festigung der Erkenntnisse zum Zusammenhang zwischen Gedanken, Gefühlen und Verhalten

Dauer: 15 Minuten

Methode: Gruppengespräch

Material: Folie mit Übersicht (Folie G 4)

Ablauf

Anhand der Folie wird der Zusammenhang zwischen Gedanken, Gefühlen und Verhaltensweisen wiederholt.

Entweder wird dann eine Stresssituation vorgegeben (siehe unten) oder die Schüler denken sich selbst Stresssituationen aus.

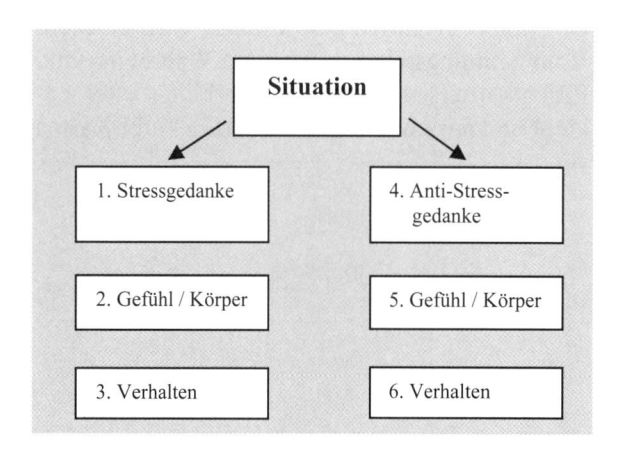

```
                    Situation
                   ↙        ↘
         1. Stressgedanke    4. Anti-Stress-
                             gedanke

         2. Gefühl / Körper  5. Gefühl / Körper

         3. Verhalten        6. Verhalten
```

Auf Grundlage der Stresssituationen werden nacheinander die Punkte 1 bis 6 bearbeitet. Die Schüler, die zur Übung im Kreis sitzen sollten, äußern sich immer der Reihe nach zu einem Punkt:

1) Nenne einen Stressgedanken für diese Situation!

2) Gefühle / Körperreaktionen, wenn die Situation so bewertet wird?

3) Verhalten?

4) Nenne einen Anti-Stressgedanken für diese Situation!

5) Gefühle / Körperreaktionen, wenn die Situation so bewertet wird?

6) Verhalten?

Mögliche Situationen (die Situationen sollen vom Trainingsleiter ausgeschmückt werden):

- Stellt euch vor, ihr seid im Fahrstuhl stecken geblieben. Ihr seid ganz allein.

- Stellt euch vor, ihr seid im Flugzeug, Strecke Frankfurt – Hawaii. Plötzlich blinkt eine Lampe im Passagierraum …

- Stellt euch vor, ihr kommt nachts allein von einer Party nach Hause. Es ist 3.00 Uhr. Vor der Haustür angelangt, müsst ihr feststellen, dass ihr keinen Schlüssel dabei habt. Es brennt kein Licht mehr, da alle schlafen.

- Stellt euch vor, ihr kommt morgens in die Schule und seht auf dem Schulhof euren Schwarm mit einer anderen / einem anderen herumknutschen.

Hier folgt eine fünfminütige Pause.

Wahrheit oder Pflicht

Ziel:	Die Trainingsinhalte werden wiederholt.
Dauer:	20 Minuten
Methode:	Quiz
Material:	Fragekarten (Trainermaterial Wahrheit oder Pflicht)

Das Spiel „Wahrheit oder Pflicht" wird gespielt. Vom Trainingsleiter werden die Wahrheits- und Pflichtkarten auf verschiedenfarbige Zettel geklebt und auf zwei Stapel sortiert. Es gibt Karten zum ersten Teil des Kurses (Modul Wissen und Problemlösen) und zum entsprechenden Zusatzmodul.

Ablauf

- Es werden zwei Gruppen gebildet, die einen Wettkampf austragen.
- Nacheinander zieht aus jeder Gruppe abwechselnd ein Schüler eine Karte und beantwortet die Frage bzw. erledigt die Aufgabe.
- Wenn das Ergebnis „richtig" ist bzw. die Aufgabe erledigt wurde, bekommt die entsprechende Gruppe einen Punkt.

Fragebogen zur Beurteilung des Trainings

Ziel: Trainingsevaluation

Dauer: 10 Minuten

Methode: Fragebogenbearbeitung in Einzelarbeit

Material: Fragebogen (siehe Trainermaterial Abschlussfragebogen), Stifte

Der Fragebogen wird in Einzelarbeit ausgefüllt.

Wie war das Training?

Ziel: Rückblick auf das Training

Dauer: 10 Minuten

Methode: Gruppengespräch anhand der Steckbriefe aus der ersten Stunde

Material: Steckbriefe aus der ersten Stunde

Ablauf

Rückblick auf das Training anhand der Steckbriefe. Jeder Schüler betrachtet die von ihm in der ersten Stunde formulierten Erwartungen und Befürchtungen und kann dann überlegen, was sich erfüllt hat und was nicht.

In einer Blitzlichtrunde wird jeder Schüler gebeten, sich zu den erfüllten bzw. nicht erfüllten Erwartungen und Befürchtungen zu äußern.

Modul Soziale Unterstützung

Erster Baustein

Im ersten Baustein soll eine neue Strategie thematisiert und erprobt werden, die Suche nach sozialer Unterstützung.

Begrüßung

Dauer: 5 Minuten

Einführung der Strategie „Suche nach sozialer Unterstützung"

Ziel:	Kennenlernen der Strategie „Suche nach sozialer Unterstützung"
Dauer:	10 Minuten
Methode:	Brainstorming
Material:	Tafel

In der Gruppe sollen Problemsituationen zusammengetragen werden, bei denen die Suche nach sozialer Unterstützung sinnvoll erscheint. Die Ideen werden an der Tafel gesammelt.

Ablauf

Einführung durch den Trainingsleiter

„Es gibt eine Reihe von Problemen, bei denen man sich selbst helfen kann. Manchmal gibt es aber auch Probleme, bei denen es günstig ist, andere um Unterstützung zu bitten: Um sich trösten zu lassen, um sich auszusprechen, um sich einen Rat zu holen, um einen Konflikt gemeinsam zu lösen oder auch um das Problem von einer anderen Person lösen zu lassen."

Soziales Netz

Ziel:	Die Schüler vergegenwärtigen sich ihr eigenes soziales Netz.
Dauer:	10 Minuten
Methode:	Bearbeitung des Arbeitsblattes zum sozialen Netz
Material:	Arbeitsblatt „Soziales Netz" (Teilnehmerunterlage S 1.1, nach Lohaus & Klein-Heßling, 1999), Stifte, Tafel

Ablauf

Auf dem Arbeitsblatt „Soziales Netz" sollen bestimmten Problemsituationen mögliche Ansprechpartner zugeordnet werden. Ansprechpartner sind hier Personen, von denen man sich in einer Problemsituation helfen lassen könnte bzw. gerne helfen lassen würde. Einige Felder auf dem Arbeitsblatt im „Sozialen Netz" sind freigelassen, so dass die Schüler noch weitere Problemsituationen aus dem Brainstorming ergänzen können.

Einführung durch den Trainingsleiter

„Wir haben gerade eine ganze Reihe verschiedener Probleme gesammelt, bei denen es sinnvoll ist, andere um Unterstützung zu bitten. Jetzt frage ich mich, wen ihr bei euren Problemen ansprecht. Dazu sollt ihr jetzt das Arbeitsblatt ‚Soziales Netz' bearbeiten."

Austausch über das Ergebnis im Plenum

Dabei sollen alle Personen, die von den Schülern notiert wurden, vom Trainingsleiter an der Tafel gesammelt werden. Es kann dabei auch eine Strichliste angefertigt werden (nach dem Motto „Welche Personen werden häufig genannt, welche ganz selten oder nie?"). Falls das Aufsuchen einer Beratungseinrichtung bei den potentiellen Helfern fehlt, sollte diese Möglichkeit vom Trainingsleiter ergänzt werden. Das ist gleichzeitig die Überleitung zu der nächsten Übung.

Bearbeitung von Broschüren verschiedener Beratungseinrichtungen

Ziel: Informationsvermittlung und kritische Auseinandersetzung mit den Broschüren

Dauer: 30 Minuten (diese Übung wird durch die Pause unterbrochen)

Methode: Bearbeiten von Broschüren in Kleingruppen

Material: Broschüren verschiedener Beratungseinrichtungen aus der Umgebung der Schule, Arbeitsblatt (Teilnehmerunterlage S 1.2), Stifte

Ablauf

Die Schüler werden gebeten, sich in Kleingruppen mit dem mitgebrachten Informationsmaterial zu beschäftigen und es anhand verschiedener Fragestellungen zu bearbeiten.

Fragen

- Wie heißt die Beratungsstelle, wo ist sie?
- Für welche Probleme bietet die Beratungsstelle Unterstützung an?
- Wie beurteilt ihr den Informationsgehalt der Broschüre?

Alle Kleingruppen erhalten alle Broschüren. Im Plenum stellt dann jede Gruppe je eine Broschüre vor (anhand der vorgegebenen Fragen).

Hier folgt eine fünfminütige Pause.

Wünsche und Befürchtungen beim Aufsuchen einer Beratungseinrichtung

Ziel: Abbau unrealistischer Erwartungen und Befürchtungen

Dauer: 15 Minuten

Methode: Kleingruppenarbeit

Material: Poster mit Satzanfängen, Stifte

Ablauf

Die Schüler sollen angeregt werden, sich damit zu beschäftigen, welche Gedanken und Vorstellungen einem Jugendlichen durch den Kopf gehen könnten, wenn er sich entschlossen hat, eine Beratungsstelle aufzusuchen.

Einführung durch den Trainingsleiter

„Durch die Bearbeitung der Broschüren habt ihr einen Eindruck von der Arbeit der verschiedenen Beratungseinrichtungen bekommen. Als Nächstes wollen wir uns damit beschäftigen, welche Gedanken und Vorstellungen einem Jugendlichen durch den Kopf gehen können, wenn er sich entschlossen hat, eine Beratungsstelle aufzusuchen".

Es werden Kleingruppen gebildet. Jede Kleingruppe erhält ein Poster mit Satzanfängen, die in der Kleingruppe vervollständigt werden.

Satzanfänge

- „Wenn ich eine Beratungseinrichtung aufsuche, wünsche ich mir, dass ..."
- „Wenn ich eine Beratungseinrichtung aufsuche, befürchte ich, dass ..."

Die Poster werden im Raum aufgehängt und die vervollständigten Sätze werden im Plenum besprochen. Unrealistische Wünsche und Befürchtungen werden diskutiert.

Suche nach möglichen Beratungsangeboten

Ziel: Die Schüler werden bei der Suche nach Beratungsangeboten selbst aktiv.

Dauer: 10 Minuten

Methode: Brainstorming und Nachmittagsübung

Material: Arbeitsblatt (Teilnehmerunterlage S 1.3), Stifte

Ablauf

Die Schüler stellen sich vor, sie hätten ein Problem, bei dem sie Unterstützung brauchen. Freunde und Eltern können aber nicht weiterhelfen. Deswegen hätten sie sich entschlossen, eine Beratungsstelle aufzusuchen.

Brainstorming

Wie kann man herausfinden, ob es für das eigene Problem in der Nähe eine Beratungsstelle gibt?

Sammeln der Vorschläge an der Tafel

Beispiele

- Telefonbuch
- Gelbe Seiten
- Internet
- Lehrer, Eltern
- Kirche
- …

Das Arbeitsblatt „Wie kann ich herausfinden, ob und wo es Beratungseinrichtungen in meiner Nähe gibt?" wird bearbeitet. Auf dem Arbeitsblatt sind mehrere Möglichkeiten aufgelistet, wie man herausfinden kann, ob es in der Nähe eine Beratungseinrichtung gibt.

Die Schüler werden gebeten, sich für eine Möglichkeit zu entscheiden (auf dem Arbeitsblatt ankreuzen und Entscheidung dem Kursleiter mitteilen) und diese bis zur nächsten Woche auszuprobieren. Wichtig: Auch der Kursleiter sollte verschiedene Möglichkeiten ausprobieren und in der nächsten Stunde von seinen Erfahrungen berichten können.

Abschluss: Was nehme ich aus dieser Stunde mit?

Ziel: Rückblick auf die Stunde. Es soll verdeutlicht werden, welche Inhalte in der Stunde gelernt wurden. Außerdem sollen Rückmeldungen dazu eingeholt werden, wie den Schülern die Stunde gefallen hat.

Dauer: verbleibende Zeit

Methode: Blitzlicht

Material: keines

Modul Soziale Unterstützung

Zweiter Baustein

Im zweiten Baustein wird das Thema Konflikte thematisiert und die Schüler lernen den Unterschied zwischen selbstsicherem, unsicherem und aggressivem Verhalten kennen.

Begrüßung und Spiel

Dauer: 15 Minuten

Erfahrungsaustausch über die Nachmittagsübung

Ziel: Austausch über Beratungsangebote und Abschluss des Themas „Andere um Unterstützung bitten"

Dauer: 10 Minuten

Methode: Gruppengespräch

Material: Teilnehmerunterlage 2.1, Stifte, Tafel

Ablauf

Die Schüler berichten, wie es ihnen mit der Nachmittagsübung ergangen ist. Gemeinsam wird erarbeitet, wie oder wo man Informationen über Beratungsstellen erhält.

Zum Abschluss des Themas „Andere um Unterstützung bitten" wird das Vorgehen beim Aufsuchen einer Beratungsstelle in drei Punkten besprochen. Die drei Punkte können an die Tafel geschrieben werden. Frage: Wie geht man vor, wenn man ein bestimmtes Problem hat und eine Beratungsstelle aufsuchen möchte?

1. Überlegen: Was ist genau mein Problem? Welche Beratungsstelle kommt in Frage?

2. Informationen über Beratungsstellen in der Nähe besorgen

3. Mit der Beratungsstelle Kontakt aufnehmen und erfragen, ob die Beratungsstelle für das eigene Problem eine Anlaufstelle ist. Nach Öffnungszeiten erkundigen und einen Termin vereinbaren (wenn es keine offene Sprechstunde gibt)

Es wird auf die Links und Hinweise für Jugendliche in Stresssituationen verwiesen, die in den Teilnehmerunterlagen aufgeführt sind.

Übung zur Perspektivenübernahme

Ziel: Sensibilisierung für die Perspektiven anderer

Dauer: 10 Minuten

Methode: Spiel

Material: keines

Ablauf

Es wird ein kleines Wahrnehmungsexperiment durchgeführt, welches verdeutlicht, dass ein und dasselbe Ereignis ganz unterschiedlich wahrgenommen und bewertet werden kann.

Wahrnehmungsexperimente zur Auswahl

Zwei Schüler schauen für zwei Minuten in gleicher Richtung aus dem Fenster. Danach schreiben beide auf, was sie wahrgenommen haben. Anschließend trägt jeder dem anderen seine Notizen vor. Auf diese Weise wird deutlich, wie unterschiedlich die Wahrnehmungswelten sind. Die unterschiedliche Wahrnehmung von Ereignissen führt häufig zu Missverständnissen und Konflikten.

Ein Gegenstand, z.B. ein Buch, wird zwischen zwei Personen gehalten. Die beiden werden dann aufgefordert zu beschreiben, was sie sehen. Auch wenn spätestens jetzt klar ist, worum es geht, sollte nicht abgebrochen werden, sondern die Übung bis zum Schluss durchgeführt werden. Ein Schüler wird die Vorderseite des Buches, der andere die Rückseite beschreiben. Das zeigt dann wieder: Je nachdem welcher Blickwinkel eingenommen wird, sehen die Dinge ganz unterschiedlich aus.

Konfliktmatrix

Ziel:	Einführung in das Thema Konflikte
Dauer:	10 Minuten
Methode:	Einzelarbeit, Austausch im Plenum
Material:	Arbeitsblatt „Meine Konflikte" (Teilnehmerunterlage S 2.2), Tafel zum Sammeln der Ergebnisse

Ablauf

Einführung durch den Trainingsleiter

„In der ersten Stunde haben wir im Brainstorming Stressauslöser gesammelt. Danach wurden auch noch eure ganz persönlichen Stressauslöser im Kummerkasten gesammelt. Als Stressauslöser wurden u.a. immer wieder Konflikte, Streit mit Freunden, Auseinandersetzungen mit Lehrern, ausgelacht werden, von anderen nicht verstanden werden etc. genannt. Im Prinzip geht es bei all diesen Stressauslösern um Probleme in der Beziehung zu anderen Menschen. Aus diesem Grund wollen wir uns nun damit beschäftigen, was man bei der Verständigung mit anderen beachten kann, um Konflikten vorzubeugen bzw. sie aus dem Weg zu räumen. Zuerst möchte ich aber erfahren, welche Konflikte ihr überhaupt mit anderen habt. Dazu soll jetzt das Arbeitsblatt „Meine Konflikte" ausgefüllt werden …"

Die Bearbeitung des Arbeitsblattes „Meine Konflikte" soll die Schüler zum Nachdenken darüber anregen, welche Konflikte sie haben und mit wem. Nachdem die Schüler das Arbeitsblatt ausgefüllt haben, werden die Konflikte im Plenum gesammelt und eventuell an der Tafel festgehalten. Anschließend wird eine Diskussion angeregt.

Diskussionspunkte

- Welche Konflikte gibt es?
- Wie kommt es zu den Konflikten bzw. welche Ursachen haben sie? (unterschiedliche Meinungen, Beschuldigungen, Missverständnisse, Verständigungsschwierigkeiten)

Hier folgt eine fünfminütige Pause.

Sicheres Verhalten in sozialen Situationen: Differenzierung von selbstsicherem, unsicherem und aggressivem Verhalten

Ziel:	Kennenlernen verschiedener Verhaltenstypen in sozialen Situationen
Dauer:	40 Minuten
Methode:	Erraten von Verhaltenstypen: Ist die Reaktion selbstsicher, unsicher oder aggressiv?
Material:	Karteikarten mit Situationen und vorgegebenen Reaktionsarten (Trainermaterial S 2), Folie mit Tabelle zu den drei Verhaltenstypen (Hinsch, 1998; Teilnehmerunterlage S 3.1 als Vorlage), Folienstift

Den Schülern soll der Unterschied zwischen selbstsicherem, unsicherem und aggressivem Verhalten deutlich werden.

Es soll erarbeitet werden, dass kompetentes Verhalten im Kontakt mit anderen Menschen in der Regel *selbstsicher* ist. Selbstsicheres Verhalten soll von *unsicherem* und *aggressivem* Verhalten abgegrenzt werden.

Ablauf

Der Trainingsleiter führt ein, dass man sich im Kontakt mit anderen Menschen sicher, unsicher oder auch aggressiv verhalten kann. Er zielt darauf ab, dass sich die Schüler bestimmt gut vorstellen können, wie sich eine sichere, eine unsichere und eine aggressive Person im Kontakt mit anderen verhält. Das Verhalten zeigt sich nicht nur in dem, was gesagt wird, sondern auch an der Körpersprache.

Es werden nacheinander verschiedene soziale Situationen vorgegeben. Diese werden vom Trainingsleiter vorgestellt. Pro Situation erhalten drei Schüler Karteikarten mit unterschiedlichen Reaktionsmöglichkeiten in der vorgestellten Situation (sicher, unsicher, aggressiv). Die drei Schüler sollen die Reaktion lebhaft vorspielen und die restlichen Schüler sollen erraten, ob die Reaktion der Person selbstsicher, unsicher oder aggressiv war. Die Schüler sollen präzise begründen, warum sie eine bestimmte Reaktion einem bestimmten Verhaltensstil zuordnen.

Beispielsituation „Der laute Nachbar"
(in Anlehnung an Feldhege & Krauthahn, 1979):

Ihr habt einen neuen Nachbarn. Er kommt oft spät abends nach Hause und schlägt dabei die Haustür laut ins Schloss. Danach dreht er noch die Musik in seiner Wohnung auf volle Lautstärke. Du wirst immer davon wach und kannst dann nicht mehr einschlafen. Das nervt dich, da du morgens früh aufstehen musst, um in die Schule zu fahren. Du sprichst mit dem Nachbarn auf dem Flur ...

Aggressives Verhalten

„Hey, Sie müssen die Tür nicht immer so laut zuknallen und dann noch die Musik aufdrehen wie ein Verrückter. Sie denken wohl, dass ganze Haus gehört Ihnen allein. Von Rücksicht haben Sie wohl noch nie etwas gehört!"

- Aggressives Auftreten
- Brüllen, schreien
- Drohende, wilde Gestik und Mimik
- Entweder kein Blickkontakt oder „Anstarren"

Unsicheres Verhalten

„Es geht mich ja eigentlich nichts an, was Sie abends machen, aber meinen Sie, es wäre ganz vielleicht möglich, abends die Haustür ein wenig leiser zu schließen und die Musik ein bisschen leiser zu machen. Na ja, es ist ja Ihre Sache, also nur, wenn es Ihnen nichts ausmacht."

- Unsicheres, schüchternes Auftreten
- Leise, zaghafte Stimme
- Verkrampfte Mimik und Gestik
- Kein Blickkontakt

Sicheres Verhalten

„Ich bitte Sie darum, die Haustür leise zu schließen und die Musik nicht mehr so aufzudrehen, wenn Sie abends spät nach Hause kommen. Ich werde von dem Knallen der Tür und der Musik wach und kann dann nicht mehr einschlafen. Ich muss aber schlafen, da ich morgens in die Schule muss. Ich erwarte von Ihnen, dass Sie darauf Rücksicht nehmen."

- Sicheres, selbstbewusstes Auftreten
- Laute, klare Stimme
- Lebhafte Gestik und Mimik, entspannte Körperhaltung
- Blickkontakt

Im nächsten Schritt werden die Charakteristika von selbstsicherem, unsicherem und aggressivem Verhalten zusammengetragen. Die Tabelle 7 zu den drei Verhaltenstypen wird dann gemeinsam erarbeitet und ausgefüllt.

Tabelle 7: Merkmale sicheren, unsicheren und aggressiven Verhaltens (Hinsch, 1998)

Merkmal	**Sicher**	**Unsicher**	**Aggressiv**
Stimme	Laut, klar, deutlich	Leise, zaghaft	Brüllend, schreiend
Formulierung	Klar	Unklar	Drohend, beleidigend
Inhalt	<ul><li>Genaue Begründung</li><li>Eigene Bedürfnisse werden ausgedrückt</li><li>„Ich"-Formulierungen</li><li>Gefühle werden offen ausgedrückt</li></ul>	<ul><li>Überflüssige Erklärungen</li><li>Eigene Bedürfnisse werden verleugnet</li><li>„Man"-Formulierungen</li><li>Gefühle werden nicht offen ausgedrückt</li></ul>	<ul><li>Keine Erklärungen und Begründungen</li><li>Drohungen, Beleidigungen</li><li>Keine Kompromisse</li><li>Die Rechte anderer werden ignoriert</li></ul>
Gestik, Mimik	<ul><li>Lebhaft</li><li>Entspannte Körperhaltung</li><li>Blickkontakt</li></ul>	<ul><li>Gestik und Mimik sind kaum vorhanden oder sehr verkrampft</li><li>Kein Blickkontakt</li></ul>	<ul><li>Wild</li><li>Drohend</li><li>Kein Blickkontakt oder „Anstarren"</li></ul>

Abschluss: Was nehme ich aus dieser Stunde mit?

Ziel: Rückblick auf die Stunde. Es soll verdeutlicht werden, welche Inhalte in der Stunde gelernt wurden. Außerdem sollen Rückmeldungen dazu eingeholt werden, wie den Schülern die Stunde gefallen hat.

Dauer: verbleibende Zeit

Methode: Blitzlicht

Material: keines

Modul Soziale Unterstützung

Dritter Baustein

Im dritten Baustein liegt der Schwerpunkt auf dem offenen Ausdruck von Gefühlen als Komponente selbstsicheren Verhaltens.

Begrüßung und Spiel

Dauer: 15 Minuten

Erkenntnisse aus der letzten Sitzung

Ziel:	Die wichtigsten Inhalte der letzten Sitzung werden zusammengefasst und den Schülern ins Gedächtnis gerufen. Es soll erreicht werden, dass alle auf dem gleichen Wissensstand sind.
Dauer:	10 Minuten
Methode:	Puzzle
Material:	Tabelle zu den drei Verhaltenstypen als Puzzle, Metaplanwand, Teilnehmerunterlage 3.1, Stifte

Die Tabelle zu den drei Verhaltensstilen wird vorbereitet (z.B. der Hintergrund auf einer großen Pappe, die einzelnen Felder auf kleineren Pappen als die einzelnen Puzzleteile).

Ablauf

Jeder Schüler erhält ein Puzzleteil und heftet es an die entsprechende Stelle an der Metaplanwand.

Nachdem das Schema zu den verschiedenen Durchsetzungsstilen ausgefüllt wurde, wird noch einmal betont, dass selbstsicheres Verhalten sozial kompetent und angemessen ist. Es hilft einem auch dabei, die eigenen Interessen durchzusetzen, ohne andere dabei zu verletzen. Verhält man sich dagegen unsicher oder aggressiv, zeigt also einen unangemessenen Durchsetzungsstil, dann kann man seine Interessen schlechter vertreten oder es kommt zu negativen Nebenerscheinungen.

Zum Schluss werden die Schüler gebeten, die Tabelle in ihre Teilnehmerunterlagen zu übertragen.

Übung „Veränderungen beobachten"

Ziel:	Die Beobachtung des Gegenübers zur Wahrnehmung von Gefühlen soll geschult werden.
Dauer:	10 Minuten
Methode:	Spiel
Material:	keines

Ablauf

Einführung durch den Trainingsleiter

„Genauso wichtig, wie die eigenen Gefühle auszudrücken, ist es natürlich auch, die Gefühle des Gegenübers mitzubekommen. Dazu muss man den anderen genau beobachten, damit einem nichts entgeht. Das wollen wir jetzt üben."

Der Trainingsleiter demonstriert die Übung einmal mit einem freiwilligen Schüler.

- Immer zwei Personen setzen sich gegenüber.
- Eine der beiden Personen „friert" ein und der Beobachter prägt sich ein, wie die Person in diesem Zustand aussieht.
- Dann schließt der Beobachter die Augen. Die andere Person „taut" kurz auf und verändert etwas an sich (z.B. Brille abnehmen, die Mimik verändern) und „friert" dann wieder ein.
- Der Beobachter öffnet die Augen und rät, was verändert wurde.

Sammeln von Gefühlen und pantomimische Darstellung der Gefühle

Ziel: Schulung des offenen Ausdrucks von Gefühlen

Dauer: 20 Minuten (diese Übung wird von der Pause unterbrochen)

Methode: Brainstorming und pantomimische Darstellung

Material: Tafel, Karteikarten mit Emotionen, eventuell Plastikmasken

Ablauf

Einführung durch den Trainingsleiter

„Selbstsicheres Verhalten zeichnet sich unter anderem dadurch aus, dass *Gefühle offen ausgedrückt* werden. Vorteil: Wenn Menschen ihre Gefühle offen zum Ausdruck bringen, kann man sich leichter in ihre Lage hineinversetzen. Auch wenn es zu einem Konflikt kommt, ist es hilfreich ...

- sich über die eigenen Gefühle im Klaren zu sein und vor allem die eigenen Gefühle zu benennen, damit uns andere auch verstehen
- die Gefühlslage unseres Gegenübers zu erkennen und zu verstehen

Wichtig ist auch, dass Menschen in derselben Situation aufgrund unterschiedlicher Erfahrungen und auch aufgrund unterschiedlicher Bewertungen der Situation ganz unterschiedliche Gefühle haben können.

Das zeigt noch einmal, wie wichtig es ist, seine Gefühle auszudrücken. Man kann nämlich nicht einfach von der eigenen Stimmung in einer Situation auf die Stimmung von anderen schließen und man kann auch nicht erwarten, dass die anderen einen intuitiv verstehen.

Brainstorming

- Welche Gefühle gibt es? (die Schüler nennen alle Gefühle, die ihnen einfallen; Sammeln an der Tafel)
- Wie drückt man die Gefühle in einem Satz aus? (ebenfalls an der Tafel zusammentragen)

Gefühle pantomimisch darstellen und erraten

- Karteikarten mit den Emotionen Freude, Traurigkeit, Angst, Ärger, Ekel und Überraschung
- Der Reihe nach zieht jeder eine Karte und stellt die Emotion dar, die auf der Karte steht. Die anderen raten und müssen dann sagen, woran sie die Emotion erkannt haben.
- Steigerung: Die Gefühle werden nur gestisch dargestellt. Dazu werden Plastikmasken aufgesetzt.

Stimmlage bei verschiedenen Gefühlen erraten (in Anlehnung an Jefferys-Duden, 1999):

- Ein Satz (z.B. „Das ist ja wieder ein Wetter heute, wer hätte das gedacht") soll in verschiedenen Gefühlslagen gesprochen werden.
- Dazu zieht der Schüler, der den Satz in einer bestimmten Gefühlslage sprechen soll, wieder eine Karteikarte, auf der eine Emotion steht und spricht den Satz entsprechend laut vor. Die anderen raten.

Hier folgt eine fünfminütige Pause.

Sozial kompetentes Verhalten: Gefühle offen mitteilen

Ziel:	Übung des offenen Gefühlsausdrucks in der Interaktion mit anderen
Dauer:	35 Minuten
Methode:	Rollenspiel
Material:	Folie mit Regeln zum offenen Ausdruck von Gefühlen (in Anlehnung an Feldhege & Krauthahn, 1979; Teilnehmerunterlage S 3.2 als Vorlage), Rollenspielanweisungen (Teilnehmerunterlage S 3.2)

Ablauf

Einführung durch den Trainingsleiter

„Wir wollen jetzt das selbstsichere Äußern von angenehmen und auch unangenehmen Gefühlen im Rollenspiel üben. Damit wir nicht vergessen, das Gefühl wirklich selbstsicher zu äußern, stelle ich dazu folgende Regeln auf."

Die Regeln werden anhand der Folie erläutert.
(in Anlehnung an Feldhege & Krauthahn, 1979)

Regeln

- Das Wort „ich" gebrauchen
- Das Gefühl beim Namen nennen
  Ich bin jetzt ... / Ich fühle mich ...
- Das Gefühl begründen
- Übereinstimmung von Gesagtem und Körpersprache

Durchführung der Rollenspiele

- Der Schüler, der an der Reihe ist, liest die Rollenspielanweisung aus der Teilnehmerunterlage laut vor und sucht sich einen Rollenspielpartner aus der Gruppe aus. Die beiden spielen die Situation der Gruppe vor.
- Es können auch eigene Situationen gespielt werden.
- Die restlichen Schüler beobachten, ob die Regeln zum selbstsicheren Mitteilen von Gefühlen beachtet werden.

Beispiel für eine Rollenspielsituation

Du hast heute Geburtstag. Du erwartest keine Gäste, weil du am Samstag eine Grillparty veranstaltest. Es klingelt an der Haustür. Du öffnest die Tür und zu deiner Überraschung steht eine Freundin aus der Nachbarschaft vor der Tür. Sie hat ein Geschenk in der Hand. Du äußerst deine Überraschung und sagst ihr, wie sehr du dich über den Besuch und das Geschenk freust.

Abschluss: Was nehme ich aus dieser Stunde mit?

Ziel:	Rückblick auf die Stunde. Es soll verdeutlicht werden, welche Inhalte in der Stunde gelernt wurden. Außerdem sollen Rückmeldungen dazu eingeholt werden, wie den Schülern die Stunde gefallen hat.
Dauer:	verbleibende Zeit
Methode:	Blitzlicht
Material:	keines

Modul Soziale Unterstützung

Vierter Baustein

Im vierten Baustein wird das Thema Forderungen durchsetzen als Komponente selbstsicheren Verhaltens thematisiert und das Training wird beendet.

Begrüßung und Spiel

Dauer: 15 Minuten

Sozial kompetentes Verhalten: Forderungen selbstsicher durchsetzen

Ziel:	Das selbstsichere Durchsetzen von Forderungen wird geschult.
Dauer:	30 Minuten
Methode:	Rollenspiel
Material:	Folie mit Tabelle zu den drei Verhaltensstilen (aus Baustein 2), Folie mit Regeln zum Forderungen stellen (in Anlehnung an Feldhege & Krauthahn, 1979; Teilnehmerunterlage S 4 als Vorlage), Rollenspielanweisungen (Teilnehmerunterlage S 4)

Ablauf

Einführung durch den Trainingsleiter

„Jeder von uns hat manchmal bestimmte Bedürfnisse, Ansprüche, Interessen, Forderungen etc., die er gerne durchsetzen möchte. Ob dies gelingt, hängt zum einen davon ab, *was* wir wollen, zum anderen aber auch davon, *wie* wir uns dabei anstellen. Eine selbstsichere Person zeichnet sich dadurch aus, dass sie ihre eigenen Forderungen klar zum Ausdruck bringt und dass sie ihre Forderungen selbstsicher formuliert. In Abgrenzung dazu kann man eine Forderung unsicher oder aggressiv äußern, was aber in der Regel mit Nachteilen verbunden ist. Wie man eine berechtigte Forderung selbstsicher formuliert, wollen wir jetzt im Rollenspiel üben.

Zum selbstsicheren Äußern von Forderungen bzw. eigenen Bedürfnissen stelle ich folgende Regeln auf." (Regeln in Anlehnung an Feldhege & Krauthahn, 1979). Die Regeln werden anhand der Folie erläutert.

- Ich-Form (statt „man", „wir")
- Die Forderung direkt formulieren
- Die Forderung konkret und klar formulieren (Was will ich von dem anderen, wann soll es passieren?)

Durchführung der Rollenspiele

- Der Schüler, der an der Reihe ist, liest die Rollenspielanweisung aus der Teilnehmerunterlage laut vor und sucht sich einen Rollenspielpartner aus der Gruppe aus. Die beiden spielen die Situation der Gruppe vor.
- Es können auch eigene Situationen gespielt werden.
- Die restlichen Schüler beobachten, ob die Regeln zum selbstsicheren Verhalten beachtet werden.

Beispiel für eine Rollenspielsituation

Du hast dir eine neue Jeans gekauft, die ganz schön teuer war. Zu Hause stellst du leider fest, dass eine Naht am Bein der Hose aufgeht. Am nächsten Tag bist du wieder in der Stadt. Du gehst in den Jeansladen und reklamierst die fehlerhafte Ware.

Hier folgt eine fünfminütige Pause.

Wahrheit oder Pflicht

Ziel:	Die Trainingsinhalte werden wiederholt.
Dauer:	20 Minuten
Methode:	Quiz
Material:	Fragekarten (Trainermaterial Wahrheit oder Pflicht)

Das Spiel „Wahrheit oder Pflicht" wird gespielt. Vom Trainingsleiter werden die Wahrheits- und Pflichtkarten auf verschiedenfarbige Zettel geklebt und auf zwei Stapel sortiert. Es gibt Karten zum ersten Teil des Kurses (Modul Wissen und Problemlösen) und zum entsprechenden Zusatzmodul.

Ablauf

- Es werden zwei Gruppen gebildet, die einen Wettkampf austragen.
- Nacheinander zieht aus jeder Gruppe abwechselnd ein Schüler eine Karte und beantwortet die Frage bzw. erledigt die Aufgabe.
- Wenn das Ergebnis „richtig" ist, bzw. die Aufgabe erledigt wurde, bekommt die entsprechende Gruppe einen Punkt.

Fragebogen zur Beurteilung des Trainings

Ziel:	Trainingsevaluation
Dauer:	10 Minuten
Methode:	Fragebogenbearbeitung in Einzelarbeit
Material:	Fragebogen (siehe Trainermaterial Abschlussfragebogen)

Der Fragebogen wird in Einzelarbeit ausgefüllt.

Wie war das Training?

Ziel:	Rückblick auf das Training
Dauer:	10 Minuten
Methode:	Gruppengespräch anhand der Steckbriefe aus der ersten Stunde
Material:	Steckbriefe aus der ersten Stunde

Ablauf

Rückblick auf das Training anhand der Steckbriefe.

Jeder Schüler betrachtet die von ihm in der ersten Stunde formulierten Erwartungen und Befürchtungen und kann dann überlegen, was sich erfüllt hat und was nicht.

In einer Blitzlichtrunde wird jeder Schüler gebeten, sich zu den erfüllten bzw. nicht erfüllten Erwartungen und Befürchtungen zu äußern.

Modul Entspannung und Zeitmanagement

Erster Baustein

In diesem Baustein wird Entspannung als eine Bewältigungsstrategie eingeführt. Der Schwerpunkt liegt auf dem Kennenlernen der Progressiven Muskelentspannung.

Begrüßung und Spiel

Dauer: 15 Minuten

Experiment „Körperwahrnehmung" (in Anlehnung an Franke et al., 1993)

Ziel:	Erster Zugang zum Thema Entspannung
Dauer:	10 Minuten
Methode:	Entspannungsübung
Material:	Entspannungsinstruktion

Ablauf

Der Trainingsleiter führt ein, dass zum Einstieg ein Körperwahrnehmungsexperiment durchgeführt wird. Dazu werden den Schülern Fragen zur Körperwahrnehmung gestellt. Je nach Gruppe sollte der Trainer die Anzahl der Fragen reduzieren.

Hinweis für den Trainingsleiter

Die Übung wird mit geschlossenen Augen durchgeführt. In vielen Entspannungsanleitungen wird darauf hingewiesen, dass sich die Teilnehmer auch auf einen „Punkt im Raum" konzentrieren können, wenn ihnen das Schließen der Augen unangenehm ist. Diese Freistellung könnte in einer Schülergruppe dazu führen, dass viele ihre Augen geöffnet lassen und eine Entspannung schwierig wird. Auch ist die Entspannung der Kopfpartie bei der Progressiven Muskelentspannung mit geschlossenen Augen einfacher, sonst wird unter Umständen einigen das „Grimassenschneiden" peinlich. Deshalb sollte bei dem Experiment zum Einstieg einfach die Anweisung gegeben werden, die Augen zu schließen. Erst wenn der Trainingsleiter beobachtet, dass dies einigen Schülern schwer fällt, kann für die Durchführung der Progressiven Muskelentspannung das Schließen der Augen freigestellt werden.

Formulierung des Trainingsleiters

„Wir wollen jetzt ein kleines Körperwahrnehmungsexperiment machen. Macht es euch erst einmal bequem. Ich möchte mit euch eine Reihe von Fragen durchgehen. Obwohl jede Frage entweder mit Ja oder mit Nein beantwortet werden könnte, ist es nicht erforderlich, dass ihr „Ja" oder „Nein" ausspreent oder in Gedanken „Ja" oder „Nein" sagt. Vielmehr wird euch eure eigene Reaktion auf die Frage schon die Antwort geben. Das wird euch im Verlauf unseres Experimentes deutlich werden. Wundert euch nicht, wenn euch einige der Fragen etwas ungewöhnlich vorkommen. Es spielt keine Rolle, wie ihr reagiert, falsch oder richtig gibt es hierbei nicht. Gebt einfach auf jede Frage die Antwort in Form eurer eigenen Reaktion. Setzt euch ganz locker und entspannt hin. Die Übung wird mit geschlossenen Augen durchgeführt. Schließt also jetzt eure Augen ..."

Ich stelle nun der Reihe nach die Fragen:

- Kannst du dir den Punkt bewusst machen, an dem dein Hinterkopf der Wand am nächsten ist? (5 Sekunden Pause)
- Kannst du dir den Zwischenraum zwischen deinen Ohren vorstellen? (5 Sekunden Pause)
- Kannst du dir vorstellen, dass du etwas anschaust, was sehr weit entfernt ist? (5 Sekunden Pause)
- Kannst du spüren, wo deine Arme den Körper berühren? (5 Sekunden Pause) Kannst du spüren, an welchem Punkt deine Arme den Kontakt mit dem Körper verlieren? (5 Sekunden Pause)

- Kannst du den Boden unter deinen Füßen fühlen? (5 Sekunden Pause)
- Kannst du wahrnehmen, ob ein Arm entspannter ist als der andere? (5 Sekunden Pause)
- Kannst du dir vorstellen, dass du auf einer Wolke schwebst? (5 Sekunden Pause) Oder fühlst du dich dazu zu schwer? (5 Sekunden Pause)
- Kannst du dir noch einmal vorstellen, dass du etwas sehr weit Entferntes anschaust? (5 Sekunden Pause)
- Kannst du fühlen, wie dein Gesicht ganz weich wird? (5 Sekunden Pause)
- Lasst die Augen noch einen Moment geschlossen. Zählt dann langsam rückwärts von fünf bis eins und öffnet anschließend die Augen. Räkelt euch dann einmal kräftig."

Nach der Übung wird in der Gruppe besprochen, wie den Schülern die Übung gefallen hat und wie sie sich fühlen. Es wird auch gefragt, welche der Vorstellungen den Schülern am besten gefallen hat. Diese kann man dann an geeigneter Stelle im Training wiederholen.

Es wird eingeführt, dass die Übung eine Entspannungsübung ist und dass man sich nach der Übung entspannt, wach und ruhig fühlen kann.

Wie entspanne ich mich?

Ziel:	Einstieg in das Thema Entspannung
Dauer:	5 Minuten
Methode:	Brainstorming
Material:	keines

Themen

- Wie entspannen sich die Teilnehmer? Hier werden wahrscheinlich viele Ideen zur unsystematischen, kurzfristigen Entspannung zusammengetragen wie dösen, schlafen, Musik hören, ein Bad nehmen, lesen, rausgehen etc.
- Welche systematischen, langfristigen Entspannungsverfahren sind bekannt und welche Erfahrungen haben die Schüler mit solchen Methoden (z.B. Progressive Muskelentspannung, Yoga, Meditation, Autogenes Training).

Ablauf

Das Brainstorming sollte dahingehend zusammengefasst werden, dass es eine ganze Reihe verschiedener Möglichkeiten gibt, sich zu entspannen. Hier gibt es kein Patentrezept. Eine wichtige Aufgabe ist es für den Einzelnen herauszufinden, was auf ihn entspannend wirkt. Im Kurs sollen deshalb verschiedene Methoden angesprochen und ausprobiert werden, u.a. die Progressive Muskelentspannung.

> **Einführung und erste Durchführung der Progressiven Muskelentspannung**
>
> Ziel: Kennenlernen einer Kurzform der Progressiven Muskelentspannung (Anspannungs- und Entspannungsinstruktion in Anlehnung an Petermann, 1999)
>
> Dauer: 40 Minuten (diese Übung wird durch die Pause unterbrochen)
>
> Methode: Gruppengespräch und Entspannungsinstruktion durch den Trainingsleiter
>
> Material: Entspannungsinstruktion, Entspannungsinstruktion für Schüler (Teilnehmerunterlage E 1)

Ablauf

Der Trainingsleiter führt ein, dass nach der Pause die Progressive Muskelentspannung (Jacobson, 1938) geübt wird.

Formulierung des Trainingsleiters

„Die Progressive Muskelentspannung kann durch regelmäßiges Einüben erlernt werden. Es handelt sich also um eine Fertigkeit, die genauso geübt werden kann wie Fahrradfahren oder Inlinern. Wenn man sie anwendet, kann das verschiedene Vorteile haben, z.B. dass man sich einfach besser fühlt, dass Stress, Nervosität und Unruhe reduziert werden, dass man vor Klassenarbeiten weniger aufgeregt ist, dass man sich nach der Entspannung besser konzentrieren kann."

Der Trainingsleiter erläutert, dass die Progressive Muskelentspannung nicht funktioniert, wenn man gerade sehr aufgeregt und angespannt ist. Wenn das der Fall ist und man sich entspannen möchte, muss man zuerst durch Bewegung, Sport oder ein Spiel das eigene Anspannungsniveau senken.

Der Trainingsleiter macht die Entspannungsübungen der einzelnen Muskelgruppen vor und beschreibt sie dabei. Die Übungen werden nacheinander in der Gruppe ausprobiert.

Assoziationshilfen für die einzelnen Übungen

1. *Arm* (Faust / Unterarm / Oberarm): Stell dir vor, du drückst einen nassen Schwamm in deiner Hand aus und spannst dabei den Unterarm und den Oberarm an.

2. *Kopf* (Augen zusammenkneifen, Nase rümpfen, Stirn anspannen): Stell dir vor, du wirst von einem hellen Lichtstrahl geblendet.

3. *Schultern:* Ziehe die Schultern zurück, als wollten sich die Schulterblätter auf dem Rücken berühren.

    Ziehe die Schultern hoch, so dass der Hals fast verschwindet und die Schultern die Ohrläppchen fast berühren (Nach dem Motto: „Ich weiß es nicht").

4. *Bauch* (Bauch anspannen): Stell dir vor, du sitzt auf einer Schaukel und holst Schwung.

5. *Rücken:* Rücken zu einem Hohlkreuz machen.

6. *Bein* (Oberschenkel, Unterschenkel, Fuß): Stell dir vor, du wolltest mit der Ferse ein Loch in den Boden drücken und dabei den Unterschenkel und den Oberschenkel anspannen.

Es werden Signale zur Anspannung („Jetzt!") und zur Entspannung („Und wieder locker lassen") vereinbart.

Durchführung der Progressiven Muskelentspannung

Bei der Durchführung der Progressiven Muskelentspannung kann der Trainingsleiter die Übungen mitmachen, da er dadurch ein gutes Gefühl für das Tempo bei der Entspannung bekommt.

Die Entspannung wird im Sitzen durchgeführt (so wird es in der Literatur für Jugendliche empfohlen). Wenn die Entspannung in einer Gruppe gut klappt und die Schüler die Entspannung gerne im Liegen ausprobieren wollen, spricht nichts dagegen. Sie müssten dann Matten zur nächsten Stunde mitbringen. Um die Entspannung in der Gruppe durchführen zu können, ist es wieder hilfreich, dass sich alle Schüler im Stuhlkreis mit dem Gesicht nach außen wenden.

Vor der Entspannung kommt der Trainingsleiter noch auf folgende Punkte zu sprechen:

- Wenn man husten oder sich kratzen muss, wenn man sich anders hinsetzen möchte o.Ä., soll man das nicht unterdrücken – das führt nämlich nur dazu, dass man sich nicht entspannen kann.
- Bauchgeräusche sind ein Hinweis auf Entspannung. Sie sind also nicht peinlich, sondern ein gutes Zeichen.
- Wenn jemandem bei der Entspannung schwindelig wird, macht man einfach die Augen auf und setzt eine Übung aus.

Entspannungsanleitung

„Nehmt alle eine bequeme Sitzhaltung ein, in der ihr gemütlich eine Weile sitzen könnt. Achtet darauf, dass die Füße fest auf dem Boden stehen und eure Hände auf den Oberschenkeln aufliegen.

Schließt die Augen. Nehmt einige tiefe Atemzüge.

Gleich geht es los. Führt die Anspannung der Muskeln aber bitte immer erst durch, wenn ich ‚jetzt' sage.

1. Wir fangen mit dem *rechten Arm* an.

Mache mit der rechten Hand eine Faust, die du zusammendrückst, und spanne den rechten Unterarm und Oberarm gleichzeitig an (Assoziationshilfe: ... so als würdest du einen nassen Schwamm in deiner Hand ausdrücken). Das machst du ‚jetzt' – halte die Spannung. Achte darauf, wie es in den Muskeln zieht, wie sie hart und fest sind, wie sich die Spannung in den Muskeln anfühlt. Und wieder locker lassen. Konzentriere dich darauf, was du in den Muskeln spürst. Achte auf den Unterschied zwischen Anspannung und Entspannung. Konzentriere dich auf den Gegensatz zwischen An- und Entspannung.

Und nun das Gleiche mit dem linken Arm. Mache mit der linken Hand eine Faust, die du zusammendrückst und spanne den linken Unterarm und Oberarm gleichzeitig an. Das machst du ‚jetzt' – halte die Spannung. Und wieder locker lassen.

2. Nun gehst du zum *Kopf* über.

Kneife beide Augen zusammen, rümpfe die Nase und spanne dabei die Stirn leicht an (Assoziationshilfe: ... so als würdest du von einem hellen Lichtstrahl geblendet). Das machst du ‚jetzt' – halte die Spannung. Achte darauf, wie es in den Muskeln zieht, wie sich die Spannung in den Muskeln anfühlt. Und wieder locker lassen. Achte auf den Unterschied zwischen An- und Entspannung. Konzentriere dich auf den Gegensatz zwischen An- und Entspannung.

3. Nun geht es um das Anspannen der *Schultern.*

Ziehe die Schultern zurück (Assoziationshilfe: ... als wollten sich die Schulterblätter auf dem Rücken berühren). Das machst du ‚jetzt' – halte die Spannung. Und wieder locker lassen. Nun ziehe die Schultern hoch (Assoziationshilfe: ... so dass der Hals fast verschwindet und die Schultern die Ohrläppchen fast berühren ... nach dem Motto: Ich weiß es nicht). Das machst du ‚jetzt' – halte die Spannung. Achte darauf, wie es in den Muskeln zieht, wie sie hart und fest sind, wie sich die Spannung in den Muskeln anfühlt. Und wieder locker lassen. Konzentriere dich darauf, was du in den Muskeln spürst. Achte auf den Unterschied zwischen An- und Entspannung. Konzentriere dich auf den Gegensatz zwischen An- und Entspannung.

4. Nun kommt der *Bauch* an die Reihe.

Spanne den Bauch an und lass ihn nach vorne kippen (Assoziationshilfe: ... so als würdest du auf einer Schaukel sitzen und Schwung holen). Das machst du ‚jetzt' – halte die Spannung. Und wieder locker lassen.

5. Als Nächstes gehst du zum *Rücken* über.

Spanne den Rücken an, indem du ihn zu einem Hohlkreuz durchdrückst. Das machst du ‚jetzt' – halte die Spannung. Achte darauf, wie es in den Muskeln zieht, wie sie hart und fest sind, wie sich die Spannung in den Muskeln anfühlt. Und wieder locker lassen. Konzentriere dich darauf, was du in den Muskeln spürst. Achte auf den Unterschied zwischen An- und Entspannung.

6. Zum Schluss kommen die *Beine* dran.

Wir fangen mit dem rechten Bein an. Spanne den rechten Ober- und Unterschenkel und den rechten Fuß an. Dazu ziehst du die rechte Fußspitze zu dir hin, drückst die Ferse in den Boden und spannst so den Fuß, den Ober- und Unterschenkel zusammen an (Assoziationshilfe: ... so als wolltest du mit der Ferse ein Loch in den Boden drücken). Das machst du ‚jetzt' – halte die Spannung. Und wieder locker lassen.

Und nun das Gleiche mit der linken Seite. Spanne den linken Ober- und Unterschenkel und den linken Fuß an. Dazu ziehst du die linke Fußspitze zu dir hin, drückst die Ferse in den Boden und spannst so den Fuß, den Ober- und Unterschenkel zusammen an. Das machst du „jetzt" – halte die Spannung. Achte darauf, wie es in den Muskeln zieht, wie sie hart und fest sind, wie sich die Spannung in den Muskeln anfühlt. Und wieder locker lassen. Konzentriere dich darauf, was du in den Muskeln spürst. Achte auf den Unterschied zwischen An- und Entspannung.

Lass dir jetzt noch etwas Zeit und genieße die Entspannung.

Nun beende die Entspannung: Strecke und recke deine Arme und Beine! Atme dreimal tief und hörbar ein und aus! Öffne deine Augen wieder!"

Auswertung: Rückmelderunde zur Entspannung

- Wie hat euch die Entspannung gefallen? Wie geht es euch jetzt?
- Wie haben Anspannung und die Entspannung funktioniert?

Interessierte Schüler können die Entspannung auch zu Hause üben (Teilnehmerunterlage E 1).

Es folgt eine fünfminütige Pause.

Geschichte „Die Zeit läuft ..."

Ziel:	Einführung in das Thema Zeitmanagement
Dauer:	15 Minuten
Methode:	Gruppengespräch
Material:	Kurzgeschichte zum Thema Zeitdruck („So ein Stress")

Ablauf

Zum Einstieg in das Thema berichtet der Trainingsleiter von einer Person, die ihren Tagesablauf sehr ungünstig geplant hat und extrem unter Zeitdruck steht.

Situationsbeschreibung: „So ein Stress!"

„Auch das noch – so viele Hausaufgaben!" Jan weiß nicht mehr weiter. Wie soll er das heute alles schaffen? Die Bandprobe, der Auftritt heute Abend, Besorgungen für den Vater, das Schwimmtraining ...

„... und jetzt auch noch einen Aufsatz über die alten Römer – super!" Jan hat keine Ahnung, wie er das alles auf die Reihe bekommen soll, denn da ist ja auch noch der Streit mit seiner Freundin Julia.

Schauen wir mal, was los ist:

Julia ist sauer, weil Jan seit zwei Wochen nur noch den Auftritt im Kopf hat. Sie hat ihn kaum noch gesehen. Selbst in den Pausen trifft er sich immer nur mit den anderen Jungs, um Liedtexte zu schreiben. Aber Jan will sie mit einem kleinen Geschenk und einer Einladung zum Konzert heute Abend wieder versöhnlich stimmen.

Jan hat um 13.00 Uhr Schulschluss. Nach der Schule geht er erst einmal zu seinem Kumpel Dirk. Der hat sich zwei Videospiele gekauft, die er Jan unbedingt zeigen will. Die beiden spielen eine Stunde, bis Jan einfällt, dass er eigentlich längst zu Hause sein müsste. Er rennt nach Hause und vergisst dabei die Schrauben, die er für seinen Vater auf dem Heimweg von der Schule besorgen sollte. Sein Vater ist ganz schön sauer. Er schickt Jan gleich wieder los in den Baumarkt. Den Besuch bei Julia kann er jetzt vergessen. Er muss sich schon beeilen, um noch rechtzeitig zum Schwimmtraining zu kommen, das um 16.00 Uhr stattfindet.

Er schafft es natürlich nicht. Zehn Minuten zu spät – das macht zwei Euro in die Mannschaftskasse. Als er beim Wettschwimmen den Start verpasst, ist das Gelächter groß. Jetzt muss er auch noch um seinen Startplatz in der Staffel bangen. Er kann sich einfach nicht konzentrieren …

Jetzt fährt Jan schnell zu seiner Freundin: „Julia ist nicht mehr zu Hause!", so die Auskunft ihrer Mutter. „Sie hat gewartet, weil sie hoffte, dass du noch vorbeikommen würdest. Aber jetzt ist sie mit einer Freundin in der Stadt. Julia war ziemlich enttäuscht!" „Mist!", denkt sich Jan, „den ganzen Umweg umsonst gefahren!" Ob Julia ihn überhaupt noch sehen möchte?

Mit einem richtig schlechten Gewissen und total gestresst radelt er weiter. Seit Wochen hat er sich auf das Konzert gefreut. Es ist der erste Auftritt seiner Band. Alle Freunde werden da sein, und dann so ein Ärger. Die anderen haben im Proberaum auf ihn gewartet, um die neuen Lieder noch einmal zu spielen. Dafür ist jetzt keine Zeit mehr, das Konzert beginnt um 20.00 Uhr. Sie hetzen ins Jugendzentrum, wo die erste Band schon spielt. „Danach sind wir dran! Los, schnell!" Jan ist tierisch aufgeregt und ziemlich erschöpft.

Dann gehen die vier Jungs auf die Bühne und spielen, was das Zeug hält. Als Jan den blonden Lockenkopf von Julia vor der Bühne herumhüpfen sieht, ist er beruhigt und glücklich. Ist ja fast alles noch mal gut gegangen. Aber vielleicht geht's ja beim nächsten Mal etwas stressfreier!? Während die anderen noch den erfolgreichen Auftritt feiern, muss Jan nach Hause. Ihr wisst schon, die alten Römer …

Auf der Basis der Geschichte sollen im Gruppengespräch die folgenden Punkte erarbeitet werden:

- Wie geht es Jan? Warum hat er Stress?
- Was könnte Jan machen, um weniger Stress zu haben?
- Haben die Schüler auch schon mal so einen Tag erlebt?

Abschluss: Was nehme ich aus dieser Stunde mit?

Ziel: Rückblick auf die Stunde. Es soll verdeutlicht werden, welche Inhalte in der Stunde gelernt wurden. Außerdem sollen Rückmeldungen dazu eingeholt werden, wie den Schülern die Stunde gefallen hat.

Dauer: verbleibende Zeit

Methode: Blitzlicht

Material: keines

Modul Entspannung und Zeitmanagement

Zweiter Baustein

In diesem Baustein wird die Progressive Muskelentspannung mit einer Phantasiereise kombiniert. Außerdem werden Übungen zum Thema Zeitmanagement durchgeführt.

Begrüßung und Spiel

Dauer: 15 Minuten

Erkenntnisse aus der letzten Sitzung

Ziel: Die wichtigsten Inhalte der letzten Sitzung werden zusammengefasst und den Schülern ins Gedächtnis gerufen. Es soll erreicht werden, dass alle auf dem gleichen Wissensstand sind.

Dauer: 5 Minuten

Methode: Flaschendrehen

Material: Flasche

Ablauf

Zur Wiederholung wird Flaschendrehen gespielt. Derjenige, auf den die Flasche zeigt, wird vom Trainingsleiter aufgefordert, die Entspannung einer Muskelpartie vorzumachen.

Zweite Durchführung der Progressiven Muskelentspannung in Kombination mit einer Phantasiereise

Ziel: Kennenlernen von Phantasiereisen als Entspannungsmethode. Die Entspannungsfähigkeit soll durch Übung vertieft werden.

Dauer: 30 Minuten

Methode: Entspannungsinstruktion durch den Trainingsleiter

Material: Entspannungsinstruktion

Wenn die Muskelentspannung weiter verkürzt werden soll, können der rechte und linke Arm bzw. das rechte und linke Bein auch gleichzeitig entspannt werden.

Formulierung

„Mache mit beiden Händen eine Faust, die du zusammendrückst und spanne die Unter- und Oberarme gleichzeitig an ... usw.

Zum Schluss kommen die Beine dran. Dazu ziehst du die Fußspitzen zu dir hin, drückst die Fersen in den Boden und spannst so die Füße, Ober- und Unterschenkel zusammen an ... usw."

Ablauf

Progressive Muskelentspannung in Kombination mit der Phantasiereise „Lagerfeuer"

„Wir wollen wieder versuchen, uns zu entspannen. Und zwar mit einer Kombination aus den Entspannungsübungen, die wir letzte Woche kennen gelernt haben, und einer Geschichte, in der ihr die Hauptperson spielt. Ich bin neugierig, was ihr erleben werdet.

Nehmt erstmal alle eine bequeme Sitzhaltung ein, in der ihr gemütlich eine Weile sitzen könnt. Achtet darauf, dass die Füße flach auf dem Boden aufliegen und dass der Rücken angelehnt ist. Schließt die Augen. Nehmt einige tiefe Atemzüge. Gleich geht es los.

Stell dir vor, du hast einen anstrengenden und ereignisreichen Tag mit Freunden auf einem Musikfestival verbracht. Es geht dir gut und du bist zufrieden, denn es haben viele Bands gespielt, die du schon immer mal sehen wolltest. Du warst die meiste Zeit des Tages unterwegs, hattest viel Spaß und bist jetzt total müde.

Vom vielen Stehen und Tanzen ist dein ganzer Körper noch sehr angespannt. Damit du die Anspannung auch richtig fühlen kannst, spannst du, wenn ich es sage, die jeweiligen Muskeln deines Körpers kurz an und lässt sie dann wieder locker.

1. Wir fangen mit dem *rechten Arm* an.

Mache mit der rechten Hand eine Faust, die du zusammendrückst, und spanne den rechten Unterarm und Oberarm gleichzeitig an (Assoziationshilfe: ... so als würdest du einen nassen Schwamm in deiner Hand ausdrücken). Das machst du ‚jetzt' – halte die Spannung. Achte darauf, wie es in den Muskeln zieht, wie sie hart und fest sind, wie sich die Spannung in den Muskeln anfühlt. Und wieder locker lassen. Konzentriere dich darauf, was du in den Muskeln spürst. Achte auf den Unterschied zwischen Anspannung und Entspannung. Konzentriere dich auf den Gegensatz zwischen An- und Entspannung.

Und nun das Gleiche mit dem linken Arm. Mache mit der linken Hand eine Faust, die du zusammendrückst und spanne den linken Unterarm und Oberarm gleichzeitig an. Das machst du ‚jetzt' – halte die Spannung. Und wieder locker lassen.

2. Nun gehst du zum *Kopf* über.

Kneife beide Augen zusammen, rümpfe die Nase und spanne dabei die Stirn leicht an (Assoziationshilfe: ... so als würdest du von einem hellen Lichtstrahl geblendet). Das machst du ‚jetzt' – halte die Spannung. Achte darauf, wie es in den Muskeln zieht, wie sich die Spannung in den Muskeln anfühlt. Und wieder locker lassen. Achte auf den Unterschied zwischen An- und Entspannung. Konzentriere dich auf den Gegensatz zwischen An- und Entspannung.

3. Nun geht es um das Anspannen der *Schultern*.

Ziehe die Schultern zurück (Assoziationshilfe: ... als wollten sich die Schulterblätter auf dem Rücken berühren). Das machst du ‚jetzt' – halte die Spannung. Und wieder locker lassen. Nun ziehe die Schultern hoch (Assoziationshilfe: ... so dass der Hals fast verschwindet und die Schultern die Ohrläppchen fast berühren ... nach dem Motto: Ich weiß es nicht). Das machst du ‚jetzt' – halte die Spannung. Achte darauf, wie es in den Muskeln zieht, wie sie hart und fest sind, wie sich die Spannung in den Muskeln anfühlt. Und wieder locker lassen. Konzentriere dich darauf, was du in den Muskeln spürst. Achte auf den Unterschied zwischen An- und Entspannung. Konzentriere dich auf den Gegensatz zwischen An- und Entspannung.

4. Nun kommt der *Bauch* an die Reihe.

Spanne den Bauch an und lass ihn nach vorne kippen (Assoziationshilfe: ... so als würdest du auf einer Schaukel sitzen und Schwung holen). Das machst du ‚jetzt' – halte die Spannung. Und wieder locker lassen.

5. Als Nächstes gehst du zum *Rücken* über.

Spanne den Rücken an, indem du ihn zu einem Hohlkreuz durchdrückst. Das machst du ‚jetzt' – halte die Spannung. Achte darauf, wie es in den Muskeln zieht, wie sie hart und fest sind, wie sich die Spannung in den Muskeln anfühlt. Und wieder locker lassen. Konzentriere dich darauf, was du in den Muskeln spürst. Achte auf den Unterschied zwischen An- und Entspannung.

6. Zum Schluss kommen die *Beine* dran.

Wir fangen mit dem rechten Bein an. Spanne den rechten Ober- und Unterschenkel und den rechten Fuß an. Dazu ziehst du die rechte Fußspitze zu dir hin, drückst die Ferse in den Boden und spannst so den Fuß, den Ober- und Unterschenkel zusammen an (Assoziationshilfe: ... so als wolltest du mit der Ferse ein Loch in den

Boden drücken). Das machst du ‚jetzt' – halte die Spannung. Und wieder locker lassen.

Und nun das Gleiche mit der linken Seite. Spanne den linken Ober- und Unterschenkel und den linken Fuß an. Dazu ziehst du die linke Fußspitze zu dir hin, drückst die Ferse in den Boden und spannst so den Fuß, den Ober- und Unterschenkel zusammen an. Das machst du „jetzt" – halte die Spannung. Achte darauf, wie es in den Muskeln zieht, wie sie hart und fest sind, wie sich die Spannung in den Muskeln anfühlt. Und wieder locker lassen. Konzentriere dich darauf, was du in den Muskeln spürst. Achte auf den Unterschied zwischen An- und Entspannung.

Nun stell dir vor, du kommst spät in der Nacht vom Festivalgelände zum Platz zurück, wo du mit Freunden dein Zelt aufgeschlagen hast. Erschöpft vom Tag setzt du dich an ein Lagerfeuer, das einige Leute errichtet haben. Du spürst, wie die Anspannung langsam von dir abfällt. Du sitzt am Feuer und bist froh, endlich mal nicht unterwegs zu sein. In deinem Körper geht die Anspannung langsam in wohlige Wärme über. Du sitzt an diesem Lagerfeuer, ohne dass dein Körper oder deine Gedanken noch arbeiten müssen.

Du befindest dich mitten auf einer riesigen Wiese mit vielen Zelten anderer Festivalbesucher. Langsam kehrt Ruhe ein, da die meisten Leute schon erschöpft in ihren Zelten liegen. Im Hintergrund hörst du nur noch vereinzelt Stimmen. Du sitzt mit einigen Leuten am Feuer. In ihren Gesichtern flackert das orangefarbene Licht des Feuers. Dahinter liegt die Dunkelheit der Nacht. Man sieht nur noch die Gruppe rund ums Feuer – fast so, als ob es nichts anderes mehr gäbe.

Jemand spielt ganz leise auf seiner Gitarre. Alle sind ruhig und hören die Musik. Die Töne der Gitarre sind fast eins mit dem Knistern und Knacken des Feuers. Du kannst die Gedanken einfach mal baumeln lassen. Es gibt in diesem Moment nichts, was dich stressen oder belasten könnte. Du spürst die Wärme des Feuers. Am stärksten wärmt es dein Gesicht – manchmal ist es sogar richtig heiß – auch deine Kleider liegen angenehm warm auf der Haut. Die Flammen flackern sachte im Wind. Funken ziehen rasch im Zickzack gen Himmel und verglühen.

Du siehst die Gesichter der anderen im Schein des Feuers. Sie wirken sehr ruhig und friedlich. Die Zeit scheint fast stillzustehen. Du kannst die Gedanken einfach baumeln lassen ...

Längere Pause

Bleib einfach noch ein wenig an diesem Lagerfeuer und schau dich noch einmal um.

Kurze Pause

Lass dir jetzt noch etwas Zeit und genieße die Entspannung.

Nun beende die Entspannung:

Strecke und recke deine Arme und Beine!

Atme dreimal tief und hörbar ein und aus! Öffne deine Augen wieder!"

Rückmelderunde zur Entspannung

- Wie hat euch die Entspannung gefallen? Wie geht es euch jetzt?
- Wie haben Anspannung und die Entspannung am Anfang funktioniert?
- Wie konntet ihr euch in die Geschichte einfühlen?

Das Thema „Phantasiereise" bzw. „Träumen" als eine Art der Entspannung wird thematisiert und der Trainingsleiter weist darauf hin, dass die Schüler das ja auch mal zu Hause ausprobieren können ...

Hier folgt eine fünfminütige Pause.

Musik und Entspannung

Ziel:	Vorbereitung auf die nächste Sitzung
Dauer:	5 Minuten
Methode:	Gruppengespräch
Material:	keines

Ablauf

Musikhören als eine Möglichkeit zur Entspannung wird thematisiert.

Es wird gefragt, welche Musik die Schüler gerne zur Entspannung hören.

Jeder wird aufgefordert, bis zur nächsten Sitzung ein persönliches Entspannungslied auszuwählen und mitzubringen

Tagesplan anfertigen: Was habe ich heute vor?

Ziel:	Die Schüler lernen Zeitplanung als eine Methode der Stressbewältigung kennen.
Dauer:	15 Minuten
Methode:	Brainstorming, Tagesplanung
Material:	Folie mit Tagesplan (Teilnehmerunterlage E 2.2 als Vorlage), Kurzgeschichte zum Thema Zeitdruck aus dem letzten Baustein als Teilnehmerunterlage (Teilnehmerunterlage E 2.1), Arbeitsblätter zur Tagesplanung (Teilnehmerunterlage E 2.2), Stifte

Bei dieser Übung wird an die Stressgeschichte aus dem letzten Baustein angeknüpft.

Ablauf

Einführung durch den Trainingsleiter

„Wenn es an einem Tag mal so richtig stressig ist, wenn man z.B. viele Sachen auf einmal vorhat, wenn vor den Ferien mehrere Klausuren hintereinander anstehen, dann ist es besonders sinnvoll, einen solchen Tag zu planen. Das haben wir ja schon letzte Stunde angesprochen."

Brainstorming: Warum ist Planung hilfreich?

Beispiele für Ideen:

- Durch Planung erhält man einen guten Überblick über alles, was ansteht.
- Wenn man gut plant, kann man seine eigenen Ziele besser erreichen (z.B. das Ziel, Sport zu machen, das Ziel, in der Schule gute Noten zu haben).
- Wenn man seine Zeit, die man mit Verpflichtungen usw. verbringt, gut plant, kann man damit Zeit sparen und Zeit gewinnen für die Sachen, die einem Spaß machen und die einem wichtig sind.
- Und: Durch Planung kommen einem auch neue Ideen. Zum Beispiel, was man mit seiner freien Zeit Schönes anfangen könnte, was einen so richtig nervt usw.

Der Tagesplan

Anhand des Tagesplans (Folie) werden die folgenden Schritte bei der Tagesplanung erläutert:

1. Bei der Tagesplanung muss man zuerst überlegen, was man alles vorhat. Das schreibt man am besten auf.

2. Dann schätzt man ein, wie lange man für die einzelnen Sachen braucht, und bringt alles in eine günstige Reihenfolge.

3. Wichtig ist es, Pufferzeiten einzuplanen.

4. Außerdem ist es wichtig, Prioritäten zu setzen: Wenn man zu viel vorhat, läuft man Gefahr, sich zu verzetteln. Wichtig ist es, bei einem vollen Tag die Sachen zu machen, die wirklich wichtig sind, und weniger wichtige Dinge abzusagen bzw. hinten anzustellen.

Die Tagesplanung wird anhand der Kurzgeschichte aus dem vorherigen Baustein erprobt. Das heißt, der „chaotische Tag von Jan" wird mit dem Ziel der Stressreduktion *gemeinsam* neu organisiert (ein Schüler schreibt mit, Folie Tagesplan). Zum Schluss wird erarbeitet, was Jan alles so verplant hat:

- Er hat sich zuerst um Unwichtiges gekümmert (Videospiele).
- Er hat Dinge vergessen und ist deswegen zusätzlich unterwegs (Schrauben für den Vater).
- Er hat keine Termine vereinbart (z.B. mit Julia).
- Er hat Termine nicht eingehalten (z.B. Schwimmen).
- Er setzt keine Prioritäten (Julia bald treffen, weil es ihn am meisten beschäftigt).

Im Anschluss daran planen die Schüler einen eigenen ereignisreichen Tag in Stillarbeit (Teilnehmerunterlage Tagesplan).

Ein bis zwei freiwillige Schüler stellen ihr Ergebnis im Plenum vor. In Abbildung 3 findet sich ein Beispiel für einen Tagesplan.

	Termine, Aktivitäten	**Benötigte Zeit**	**Erledigt**
12-13 Uhr	Schule		Ja ☐ Nein ☐
13-14 Uhr	Heimweg und Schrauben besorgen Mittagessen	Halbe Stunde Halbe Stunde	Ja ☐ Nein ☐
14-15 Uhr	Aufsatz schreiben	1 Stunde	Ja ☐ Nein ☐
15-16 Uhr	Auf dem Weg zum Training bei Julia vorbeischauen, um sie einzuladen (am besten vorher schon vereinbaren)	1 Stunde	Ja ☐ Nein ☐
16-17 Uhr	Schwimmtraining	1 Stunde	Ja ☐ Nein ☐
17-18 Uhr	Schwimmtraining Pause (Puffer)	Halbe Stunde Halbe Stunde	Ja ☐ Nein ☐
18-19 Uhr	Probe	1 Stunde	Ja ☐ Nein ☐
19-20 Uhr	Pause (Puffer)	1 Stunde	Ja ☐ Nein ☐
20-21 Uhr	Konzert	1 Stunde	Ja ☐ Nein ☐
21-22 Uhr	Feierabend! Videospiele bei Dirk	21.00 bis ?	Ja ☐ Nein ☐
22-23 Uhr			Ja ☐ Nein ☐
23-00 Uhr			Ja ☐ Nein ☐

Abbildung 3: Beispiel für einen Tagesplan

Tipps zum Zeitmanagement in der Übersicht (Ursachen von Zeitverschwendung und Tipps zum Zeitmanagement in Anlehnung an Wagner-Link (2001) und Seiwert (1998).

Ziel: Tipps zum Zeitmanagement kennenlernen und anwenden

Dauer: 15 Minuten

Methode: Brainstorming

Material: Folie mit Tipps zum Zeitmanagement (Teilnehmerunterlage E 2.3 als Vorlage), Arbeitsblatt Zeitmanagementtipps (Teilnehmerunterlage E 2.3), Tafel

Ablauf

Zuerst werden *Ursachen* für Störungen und „Zeitverschwendung" bei den Hausaufgaben im Brainstorming gesammelt und an der Tafel festgehalten. Eventuell kann der Trainingsleiter Ergänzungen vornehmen. Die Hausaufgabensituation wird beispielhaft für eine Aufgabe, bei der man sich konzentrieren muss, thematisiert. Im Anschluss daran werden vom Trainingsleiter mehrere *Tipps* zum Zeitmanagement vorgestellt.

Ursachen für Störungen und Zeitverschwendung (Ideensammlung)

- Das Telefon klingelt ständig während der Hausaufgaben (einmal ist es für den Bruder, der noch in der Schule ist, einmal für die Schwester, die man aus dem Garten holen muss, dann ruft die Firma bofrost an und kündigt ihr Kommen am nächsten Tag an und natürlich kommt auch noch ein Anruf von der Freundin …)
- Mehrere Sachen auf einmal machen (zum Beispiel Hausaufgaben machen und gleichzeitig essen und fernsehen).
- Ohne klares Ziel arbeiten (sich nicht darüber im Klaren sein, welche Aufgaben überhaupt erledigt werden müssen und wie gründlich man sie machen will bzw. muss).
- Keine Prioritäten setzen (sich vor Beginn der Hausaufgaben nicht darüber klar werden, welche der anstehenden Aufgaben für den nächsten Tag erledigt werden müssen bzw. welche der Hausaufgaben besonders wichtig und dringend sind und sofort erledigt werden müssen).
- Perfektionismus (sich z.B. sehr lange an einer Aufgabe aufhalten, diese ganz genau machen und darüber vergessen, dass es auch noch mehr Hausaufgaben gibt).
- Nicht durchhalten (sobald man keine Lust mehr hat, ab vor den Fernseher; wenn eine Aufgabe nicht verstanden wird, erst mal das Heft wegpacken).

Tipps zum Zeitmanagement

- Unterbrechungen vermeiden (Bitte-nicht-stören-Schilder, Anrufbeantworter, sich an einen ruhigen Ort zurückziehen).
- Nie mehrere Ziele gleichzeitig erreichen wollen (eine Aufgabe nach der anderen abarbeiten, dann geht es insgesamt schneller.
- Wichtiges und Unwichtiges gewichten, Prioritäten setzen (Rangordnungen für die anliegenden Arbeiten aufstellen; welche Aufgabe muss ich zuerst machen, weil sie zuerst fertig sein muss?).
- Checklisten, „Left-to-do-Listen", Merkzettel.
- Die eigene Energie gut einteilen: Dazu ist es gut, die eigene Leistungskurve zu kennen und z.B. für schwierige Hausaufgaben oder Dinge, die einem wichtig sind, die eigenen Leistungshochs zu nutzen. (Frage an sich selbst: Wie sieht es aus mit der eigenen Leistungsfähigkeit direkt nach dem Mittagessen oder abends um 23.00 Uhr?).
- Pausen machen (Ohne Pause lässt die Arbeitsleistung nach. Wenn man wieder ein bisschen Energie getankt hat, kann man die Aufgabe oft schneller bewältigen, auch wenn man die Pausenzeiten dazurechnet. Tipp: Nach einer Stunde „Arbeit" immer 10 Minuten Pause).

Abschluss: Was nehme ich aus dieser Stunde mit?

Ziel: Rückblick auf die Stunde. Es soll verdeutlicht werden, welche Inhalte in der Stunde gelernt wurden. Außerdem sollen Rückmeldungen dazu eingeholt werden, wie den Schülern die Stunde gefallen hat.

Dauer: verbleibende Zeit

Methode: Blitzlicht

Material: keines

Modul Entspannung und Zeitmanagement

Dritter Baustein

In diesem Baustein wird die Entspannung weiter vertieft und weiterhin werden Übungen zum Thema Belastungsausgleich durchgeführt.

Begrüßung und Spiel

Dauer: 15 Minuten

Erkenntnisse aus der letzten Sitzung

Ziel: Die wichtigsten Inhalte der letzten Sitzung werden zusammengefasst und den Schülern ins Gedächtnis gerufen. Es soll erreicht werden, dass alle auf dem gleichen Wissensstand sind.

Dauer: 5 Minuten

Methode: Faltplakat

Material: Poster mit Überschriften, Stifte

Ablauf

An dieser Stelle sollen die Tipps zum Zeitmanagement wiederholt werden.

Eine Möglichkeit der Abfrage besteht darin, ein „Faltplakat" zu erstellen. Es wird ein großer Zettel vorbereitet, auf dem als Überschrift steht: „Tipps zum Zeitmanagement – welche fallen dir ein?" Das Blatt wird mit der Überschrift nach innen geknickt und an den ersten Schüler gereicht, der einen ersten Tipp aufschreibt. Dieser knickt das Blatt wieder nach innen und gibt es an seinen Nachbarn weiter. Das wird so lange fortgesetzt, bis alle etwas geschrieben haben. Zum Schluss wird das Blatt wieder aufgeklappt und das Ergebnis wird vorgelesen. Fehlende Tipps werden vom Trainingsleiter ergänzt.

Dritte Durchführung der Progressiven Muskelentspannung in Kombination mit einer Phantasiereise

Ziel: Vertiefung der Entspannungsfähigkeit durch Übung

Dauer: 15 Minuten

Methode: Entspannungsinstruktion durch den Trainingsleiter

Material: Entspannungsinstruktion

Ablauf

Progressive Muskelentspannung in Kombination mit der Phantasiereise „Der Tag am Meer"

„Wir wollen jetzt wieder versuchen, uns zu entspannen. Und zwar wieder mit einer Kombination aus den Entspannungsübungen und einer Geschichte, in der ihr die Hauptperson spielt. Ich bin neugierig, was ihr erleben werdet.

Nehmt erst mal alle eine bequeme Sitzhaltung ein, in der ihr gemütlich eine Weile sitzen könnt. Achtet darauf, dass die Füße flach auf dem Boden aufliegen und dass der Rücken angelehnt ist. Schließt die Augen. Nehmt einige tiefe Atemzüge.

Stell dir vor, du verbringst gerade deine Ferien mit Freunden auf einer kleinen Insel. Die Insel ist irgendwo im Süden. Ihr habt euch heute aufgemacht, einen schönen und verlassenen Strand zu suchen, von dem ihr gehört habt.

Dazu nehmt ihr einen weiten und anstrengenden Fußmarsch in Kauf. Der Weg ist schmal und sehr beschwerlich. Es geht durch Büsche und über Felsen. Noch dazu ist es schon ziemlich heiß!

Vom vielen Gehen ist dein ganzer Körper sehr angespannt. Damit du die Anspannung auch richtig fühlen kannst, spannst du, wenn ich es sage, die jeweiligen Muskeln deines Körpers kurz an und lässt sie dann wieder locker ...

1. Wir fangen mit dem *rechten Arm* an.

Mache mit der rechten Hand eine Faust, die du zusammendrückst, und spanne den rechten Unterarm und Oberarm gleichzeitig an (Assoziationshilfe: ... so als würdest du einen nassen Schwamm in deiner Hand ausdrücken). Das machst du ‚jetzt' – halte die Spannung. Achte darauf, wie es in den Muskeln zieht, wie sie hart und fest sind, wie sich die Spannung in den Muskeln anfühlt. Und wieder locker lassen. Konzentriere dich darauf, was du in den Muskeln spürst. Achte auf den Unterschied zwischen Anspannung und Entspannung. Konzentriere dich auf den Gegensatz zwischen An- und Entspannung.

Und nun das Gleiche mit dem linken Arm. Mache mit der linken Hand eine Faust, die du zusammendrückst und spanne den linken Unterarm und Oberarm gleichzeitig an. Das machst du ‚jetzt' – halte die Spannung. Und wieder locker lassen.

2. Nun gehst du zum *Kopf* über.

Kneife beide Augen zusammen, rümpfe die Nase und spanne dabei die Stirn leicht an (Assoziationshilfe: ... so als würdest du von einem hellen Lichtstrahl geblendet). Das machst du ‚jetzt' – halte die Spannung. Achte darauf, wie es in den Muskeln zieht, wie sich die Spannung in den Muskeln anfühlt. Und wieder locker lassen. Achte auf den Unterschied zwischen An- und Entspannung. Konzentriere dich auf den Gegensatz zwischen An- und Entspannung.

3. Nun geht es um das Anspannen der *Schultern*.

Ziehe die Schultern zurück (Assoziationshilfe: ... als wollten sich die Schulterblätter auf dem Rücken berühren). Das machst du ‚jetzt' – halte die Spannung. Und wieder locker lassen. Nun ziehe die Schultern hoch (Assoziationshilfe: ... so dass der Hals fast verschwindet und die Schultern die Ohrläppchen fast berühren ...

nach dem Motto: Ich weiß es nicht). Das machst du ‚jetzt' – halte die Spannung. Achte darauf, wie es in den Muskeln zieht, wie sie hart und fest sind, wie sich die Spannung in den Muskeln anfühlt. Und wieder locker lassen. Konzentriere dich darauf, was du in den Muskeln spürst. Achte auf den Unterschied zwischen An- und Entspannung. Konzentriere dich auf den Gegensatz zwischen An- und Entspannung.

4. Nun kommt der *Bauch* an die Reihe.

Spanne den Bauch an und lass ihn nach vorne kippen (Assoziationshilfe: ... so als würdest du auf einer Schaukel sitzen und Schwung holen). Das machst du ‚jetzt' – halte die Spannung. Und wieder locker lassen.

5. Als Nächstes gehst du zum *Rücken* über.

Spanne den Rücken an, indem du ihn zu einem Hohlkreuz durchdrückst. Das machst du ‚jetzt' – halte die Spannung. Achte darauf, wie es in den Muskeln zieht, wie sie hart und fest sind, wie sich die Spannung in den Muskeln anfühlt. Und wieder locker lassen. Konzentriere dich darauf, was du in den Muskeln spürst. Achte auf den Unterschied zwischen An- und Entspannung.

6. Zum Schluss kommen die *Beine* dran.

Wir fangen mit dem rechten Bein an. Spanne den rechten Ober- und Unterschenkel und den rechten Fuß an. Dazu ziehst du die rechte Fußspitze zu dir hin, drückst die Ferse in den Boden und spannst so den Fuß, den Ober- und Unterschenkel zusammen an (Assoziationshilfe: ... so als wolltest du mit der Ferse ein Loch in den Boden drücken). Das machst du ‚jetzt' – halte die Spannung. Und wieder locker lassen.

Und nun das Gleiche mit der linken Seite. Spanne den linken Ober- und Unterschenkel und den linken Fuß an. Dazu ziehst du die linke Fußspitze zu dir hin, drückst die Ferse in den Boden und spannst so den Fuß, den Ober- und Unterschenkel zusammen an. Das machst du „jetzt" – halte die Spannung. Achte darauf, wie es in den Muskeln zieht, wie sie hart und fest sind, wie sich die Spannung in den Muskeln anfühlt. Und wieder locker lassen. Konzentriere dich darauf, was du in den Muskeln spürst. Achte auf den Unterschied zwischen An- und Entspannung.

Nun stell dir vor, dass der Weg zu dem einsamen und verlassenen Strand breiter und sandig wird. Ihr klettert über eine letzte Düne – und seid da.

Die Sonne steht hoch am Himmel. Du spürst, wie sie angenehm den Körper wärmt. Du atmest tief durch.

Die Anstrengung fällt langsam von dir ab und geht in wohltuende Wärme über. Du schaust dich in Ruhe um, siehst den langen, weißen Strand, das Meer und hörst die Wellen rauschen. Stell dir vor, wie du die Schuhe auszihst und dich entspannt auf den Rücken legst.

An deinen Füßen und unter deinem Körper klebt feiner Sand. Es fühlt sich an, als könnte man jedes Sandkorn einzeln spüren. Eine kühle Brise Meeresluft bläst erfrischend über deine Haut. Du kannst das salzige Wasser des Meeres riechen.

Endlich bist du da. Die Suche endet in diesem Augenblick. Zusammen mit deinen Freunden hast du den perfekten Ort gefunden. Ein einsamer Strand. Um dich herum ist nur das beruhigende Rauschen des Meeres. Ob hier je ein Mensch gewesen ist?

Alles ist anders – nichts wie bisher. Die Zeit scheint stillzustehen. Plötzlich bist du frei von allem, was dich so oft genervt hat – du hast es irgendwo auf der Strecke gelassen.

Die Wellen des Meeres rauschen im beruhigenden Takt. Manchmal fließt das Wasser bis an deine Füße. Du spürst den warmen und weichen Sand, in den du fast ein wenig eingesunken bist.

Längere Pause

Du bleibst noch ein wenig an dem perfekten Strand.

Kurze Pause

Lass dir noch etwas Zeit und genieße die Entspannung.

Nun beenden wir die Entspannung.

Strecke und recke deine Arme und Beine!

Atme dreimal tief und hörbar ein und aus!

Öffne deine Augen wieder!"

Rückmelderunde zur Entspannung

- Wie hat euch die Entspannung gefallen? Wie geht es euch jetzt?
- Wie haben Anspannung und die Entspannung am Anfang funktioniert?
- Wie konntet ihr euch in die Geschichte einfühlen?

Entspannungsmusik

Ziel: Kennenlernen verschiedener Musikstücke zur Entspannung, Auflockerung

Dauer: 15 Minuten

Methode: Gemeinsames Anhören von Musikstücken

Material: CD-Player

Ablauf

Zwei bis drei Musikstücke, die die Schüler mitgebracht haben, werden gemeinsam angehört.

Das Erproben von Musikstücken zur Entspannung kann in der nächsten Sitzung fortgesetzt werden.

Diskussion

Welche Musik eignet sich zur Entspannung und warum? Werden hier von einigen Schülern schnelle und aggressive Musikstücke mitgebracht, bietet es sich an, das Hören dieser Stücke auf die letzte Stunde zu verschieben, da hier das Thema „Abreagieren" behandelt wird.

Hier folgt eine fünfminütige Pause.

Wochenplan	
Ziel:	Übersicht über die eigene Zeiteinteilung, Sensibilisierung für die Bedeutung von Ruhepausen
Dauer:	15 Minuten
Methode:	Wochenplan bearbeiten
Material:	Arbeitsblatt Wochenplan (Teilnehmerunterlage E 3.1), Farbstifte

Ablauf

Jeder Schüler erhält einen Wochenplan und trägt hier ein, wie lange er jeden Tag zur Schule geht und welche festen Termine und Verpflichtungen er jeden Tag hat (vgl. Abbildung 4).

Markierung der Zeiträume mit einem Farbstift (z.B. rot), die fest mit Terminen und Verpflichtungen belegt sind. Markierung von Freiräumen mit einer anderen Farbe (z.B. grün).

Analyse des Wochenplans

Die Schüler werden dazu angeregt, sich anzuschauen, für welche ihrer Aktivitäten sie viel Zeit verbrauchen und für welche weniger. Dann können sie überlegen, ob sie damit zufrieden sind oder ob sie für bestimmte Sachen weniger Zeit aufwenden wollen und dafür für andere mehr.

Schulstunden							
	MO	DI	MI	DO	FR	SA	SO
	5	6	6	7	5		
Termine außerhalb der Schule							
	MO	DI	MI	DO	FR	SA	SO
12-13 Uhr							
13-14 Uhr							
14-15 Uhr	Hausaufgaben		Hausaufgaben				
15-16 Uhr	Hausaufgaben	Schwimmtraining	Hausaufgaben	Schwimmtraining	Hausaufgaben		
16-17 Uhr	Nachhilfe	Schwimmtraining		Schwimmtraining	Hausaufgaben		
17-18 Uhr	Instrument üben	Instrument üben	Job zum Geldverdienen	Instrument üben		Job zum Geldverdienen	Instrument üben
18-19 Uhr		Hausaufgaben		Hausaufgaben	Nachhilfe	Job zum Geldverdienen	
19-20 Uhr		Hausaufgaben		Hausaufgaben	Musikschule		
20-21 Uhr				Jazztanz			
21-22 Uhr				Jazztanz			
22-23 Uhr							
23-00 Uhr							

Abbildung 4: Beispiel für einen Wochenplan

Witze erzählen

Ziel: Auflockerung, Spaß haben und Überleitung zur nächsten Übung

Dauer: 5 Minuten

Methode: Erzählrunde

Material: keines

Die Übung soll die Arbeit auflockern und Spaß bringen. Außerdem stellt sie eine Überleitung zur nächsten Übung dar (Spaß zum Belastungsausgleich).

Ablauf

Jeder, der möchte, erzählt einen Witz.

Der Trainingsleiter sollte ein paar Witze kennen, die er erzählen kann, falls keiner einen Anfang macht.

Suche nach Aktivitäten zum Belastungsausgleich (in Anlehnung an „Bleib locker", Klein-Heßling & Lohaus, 2000)

Ziel: Erkennen von Möglichkeiten, sich einen Belastungsausgleich zu verschaffen

Dauer: 15 Minuten

Methode: Brainstorming und Fragebogenbearbeitung in Einzelarbeit

Material: Fragebogen (Teilnehmerunterlage E 3.2), Tafel zum Sammeln von Aktivitäten

Ablauf

Einführung durch den Trainingsleiter

„Wenn man Stress hat, etwa weil man gerade sehr viel zu erledigen hat, weil etwas im Leben gerade nicht so läuft, wie man es sich wünscht, vergisst man manchmal ganz, Pausen zu machen und sich auf die schönen und angenehmen Dinge zu besinnen. Das kann dazu führen, dass man noch mehr Stress bekommt.

Wir wollen jetzt sammeln, was euch Spaß macht und wie oft ihr solchen Aktivitäten, die euch Spaß machen, nachgeht ..."

Die Schüler bekommen einen Fragebogen, auf dem einige Aktivitäten zum Belastungsausgleich vorgegeben sind.

Der Fragebogen wird dahingehend bearbeitet, dass die Schüler angeben, wie viel Spaß ihnen die Aktivitäten machen (von „sehr viel Spaß" bis „überhaupt keinen Spaß"). Die Liste wird um andere eigene Aktivitäten ergänzt („Was mir sonst noch Spaß macht").

Anschließend werden die Aktivitäten, die den Schülern sehr viel Freude bereiten, in eine neue Liste übertragen und es wird bewertet, wie häufig sie diese Aktivitäten ausführen (von „oft" bis „nie"). Die Aktivitäten, die den Schülern sehr viel Spaß machen, werden gesammelt (reihum gibt jeder Schüler an, welche Aktivitäten ihm sehr viel Spaß machen). Dabei sollen die Schüler auch noch angeben, wie oft sie diese Aktivitäten machen.

Zum einen wird durch die Visualisierung eine Diskussionsgrundlage geschaffen (siehe nächster Punkt), zum anderen bekommen die Schüler durch das Sammeln der Aktivitäten im Plenum neue Anregungen.

Diskussion

Bei Aktivitäten, die den Schülern sehr viel Spaß machen, die unproblematisch durchzuführen sind, die sie aber selten machen, wird überlegt, warum sie nicht häufiger durchgeführt werden bzw. was die Schüler an der Ausführung hindert. Problem: Manche werden sagen, dass sie ja schon unzählig viele Aktivitäten ausführen und deshalb Freizeitstress haben. Hier macht es natürlich keinen Sinn, noch mehr Aktivitäten zu planen, sondern es sollten Dinge gefördert werden, die einen ruhigen Charakter haben (lesen, mit Freunden treffen und reden ...).

Abschluss: Was nehme ich aus dieser Stunde mit?

Ziel: Rückblick auf die Stunde. Es soll verdeutlicht werden, welche Inhalte in der Stunde gelernt wurden. Außerdem sollen Rückmeldungen dazu eingeholt werden, wie den Schülern die Stunde gefallen hat.

Dauer: verbleibende Zeit

Methode: Blitzlicht

Material: keines

Modul Entspannung und Zeitmanagement

Vierter Baustein

In dieser Sitzung erfolgt die Beendigung des Trainings.

Begrüßung und Spiel

Dauer: 15 Minuten

Vierte Durchführung der Progressiven Muskelentspannung

Ziel: Vertiefung der Entspannungsfähigkeit durch Übung

Dauer: 15 Minuten

Methode: Entspannungsinstruktion durch den Trainingsleiter

Material: Entspannungsinstruktion (siehe erster Baustein)

Thema „Abreagieren"

Ziel: Erproben und Bewerten verschiedener Möglichkeiten zum „Abreagieren"

Dauer: 15 Minuten

Methode: Brainstorming, Ausprobieren verschiedener Arten, sich abzureagieren

Material: keines

Ablauf

Als Einstieg wird ein „Sprung in die Wachheit" ausprobiert (nach Klein-Heßling & Lohaus, 2000). Dazu werden die Schüler aufgefordert, auf ein vereinbartes Zeichen hin so laut zu schreien, wie sie können.

Auswertung

- Wie fühlt man sich nach dem Schrei?
- Was ist das Problem einem solchen Schrei?
- Die soziale Verträglichkeit verschiedener Strategien zum Abreagieren wird thematisiert: Lautes Schreien z.B. kann man nur anwenden, wenn man keinen stört.

Im Anschluss an die Auswertung werden andere sozial verträgliche und weniger verträgliche Strategien zum Abreagieren an der Tafel gesammelt.

Einzelne angemessene Vorschläge werden dann gemeinsam ausprobiert:

- Liegestützen
- Schattenboxen
- Joggen
- Treppen steigen, um den Block gehen

Hier folgt eine fünfminütige Pause.

Wahrheit oder Pflicht

Ziel: Die Trainingsinhalte werden wiederholt

Dauer: 20 Minuten

Methode: Quiz

Material: Fragekarten (Trainermaterial Wahrheit oder Pflicht)

Das Spiel „Wahrheit oder Pflicht" wird gespielt. Vom Trainingsleiter werden die Wahrheits- und Pflichtkarten auf verschiedenfarbige Zettel geklebt und auf zwei Stapel sortiert. Es gibt Karten zum ersten Teil des Kurses (Modul Wissen und Problemlösen) und zum entsprechenden Zusatzmodul.

Ablauf

Es werden zwei Gruppen gebildet, die einen Wettkampf austragen. Nacheinander zieht aus jeder Gruppe abwechselnd ein Schüler eine Karte und beantwortet die Frage bzw. erledigt die Aufgabe. Wenn das Ergebnis „richtig" ist, bzw. wenn die Aufgabe erledigt wurde, bekommt die entsprechende Gruppe einen Punkt.

Fragebogen zur Beurteilung des Trainings

Ziel: Trainingsevaluation

Dauer: 10 Minuten

Methode: Fragebogenbearbeitung in Einzelarbeit

Material: Fragebogen (siehe Trainermaterial Abschlussfragebogen)

Der Fragebogen wird in Einzelarbeit ausgefüllt.

Wie war das Training?

Ziel: Rückblick auf das Training

Dauer: 10 Minuten

Methode: Gruppengespräch anhand der Steckbriefe aus der ersten Stunde

Material: Steckbriefe aus der ersten Stunde

Ablauf

Rückblick auf das Training anhand der Steckbriefe.

Jeder Schüler betrachtet die von ihm in der ersten Stunde formulierten Erwartungen und Befürchtungen und kann dann überlegen, was sich erfüllt hat und was nicht.

In einer Blitzlichtrunde wird jeder Schüler gebeten, sich zu den erfüllten bzw. nicht erfüllten Erwartungen und Befürchtungen zu äußern.

Kapitel 5

Evaluation

Zur Evaluation wurde eine Studie durchgeführt, an der insgesamt 18 Trainingsklassen und 14 Kontrollklassen, in denen kein Training stattfand, teilnahmen. Auf die Konzeption und die Ergebnisse dieser Evaluationsstudie soll im Folgenden näher eingegangen werden.

5.1 Evaluationskonzept

5.1.1 Trainingsteilnehmer

An den Trainings nahmen insgesamt 461 8. und 9. Klässler aus vier Schulen (zwei Gesamtschulen und zwei Gymnasien) aus Hessen und Nordrhein-Westfalen teil. In den Gesamtschulen wurden Schüler aller Leistungsgruppen einbezogen. Bei den Trainingsteilnehmern handelte es sich um 215 Jungen und 246 Mädchen mit einem mittleren Alter von 14.33 Jahren ($SD = .74$). Ihnen wurden 339 8. und 9. Klässler (163 Jungen, 176 Mädchen) als Kontrollgruppe ohne Trainingsteilnahme gegenüber gestellt (mit einem mittleren Alter von 14.63 Jahren, $SD = .80$). Es handelte sich dabei um Schüler, die dieselben Schulen besuchten wie die Trainingsgruppe (in der Regel um Schüler aus Parallelklassen, die nicht an einem Training teilnahmen, sondern wie gewohnt den normalen Unterricht fortsetzten).

5.1.2 Trainingsbedingungen

Die Trainingsmodule wurden in Modulkombinationen durchgeführt. Das Evaluationsdesign umfasste insgesamt vier Untersuchungsgruppen (drei Trainingsgruppen und eine Kontrollgruppe). Die drei Trainingsgruppen erhielten jeweils unterschiedliche Modulkombinationen aus dem Stressbewältigungsprogramm, wobei der Problemlöseansatz in allen Fällen die Programmbasis bildete und eines der drei Ergänzungsmodule zusätzlich angeboten wurde.

Jede der Untersuchungsvarianten wurde in sechs Schulklassen realisiert (mit zwölf Trainingsgruppen, da jede Schulklasse in zwei Trainingsgruppen geteilt wurde), um eine hinreichend große Stichprobengröße zu erhalten und um die Zufälligkeiten einzelner Klassenzusammensetzungen ausgleichen zu können.

Insgesamt ergeben sich dadurch 18 Trainingsklassen mit insgesamt 36 Trainingsgruppen, denen 14 weitere Schulklassen als Kontrollgruppen gegenüber gestellt wurden. Das Evaluationsdesign ist in Abbildung 5 zusammengefasst.

In der Hälfte der Trainingsklassen wurden die Trainings geschlechtsheterogen, in der anderen Hälfte geschlechtshomogen durchgeführt. Dies bedeutet, dass bei jeder der drei Modulkombinationen die Hälfte der Trainingsgruppen (jeweils 6 von 12 Trainings) geschlechtshomogen bzw. geschlechtsheterogen realisiert wurde. Mit dieser Bedingungsvariation soll analysiert werden, ob die Art der Gruppenzusammensetzung Einfluss auf die mit den Trainings erzielten Effekte hat.

Da das Interesse von Mädchen an einem Stressbewältigungstraining höher ist und auch höhere Angaben zum Stresserleben und zur Stresssymptomatik erfolgen, könnte man vermuten, dass die Trainingswirkungen hier deutlicher sind als bei Jungen. Diese Überlegung führt zu der Erwartung, dass besonders positive Effekte in reinen Mädchengruppen erzielt werden und besonders ungünstige in reinen Jungengruppen, während gemischte Gruppen möglicherweise eine Mittelstellung einnehmen.

Sämtliche Trainings wurden durch Diplom-Psychologen durchgeführt, die zuvor an einer umfangreichen Trainingsschulung teilgenommen hatten. Insgesamt standen für die Trainings neun Diplom-Psychologen zur Verfügung, wobei von den Trainingsleitern zwischen zwei und sechs Trainings übernommen wurden.

Vortest eine Woche vor Trainingsbeginn	Training über acht Wochen	Nachtest eine Woche nach Trainingsende	Follow-up zwei Monate nach Trainingsende
Trainings-Gruppe 18 Klassen $n = 461$ 14.3 ($SD = .74$) Jahre	Problemlösen und Gedanken und Stress 6 Klassen	Trainings-Gruppe (85%)	Trainings-Gruppe (80%)
	Problemlösen und Soziale Unterstützung 6 Klassen		
	Problemlösen und Entspannung 6 Klassen		
Kontrollgruppe 14 Klassen $n = 339$ 14.6 ($SD = .80$) Jahre		Kontrollgruppe (92%)	Kontrollgruppe (82%)

Abbildung 5: Evaluationsdesign zu dem Stressbewältigungstraining für Schüler weiterführender Schulen

5.1.3 Evaluationsinstrumente

Obwohl sich das Programm an Schüler richtet, wurden auch die Urteile des schulischen und familiären Umfeldes zu den Programmwirkungen in das Evaluationskonzept einbezogen. Die Evaluation stützt sich auf Fragebogenverfahren, die sich dementsprechend nicht nur an die Schüler richten, sondern auch an die Lehrer und Eltern. Der Evaluationsfragebogen besteht insgesamt aus den folgenden Fragekomplexen:

a) Gedanken über Stress (Thought Listing Technique nach Heimberg, Nyman & O'Brian, 1987),
b) Wissensfragen zu Stress und Stressbewältigung,
c) Problemfragebogen für Jugendliche (Problem Questionnaire von Seiffge-Krenke, 1995),
d) Coping-Fragebogen für Jugendliche (Coping Across Situations Questionnaie von Seiffge-Krenke, 1989),
e) Coping-Fragebogen zu Entspannung, Kognition und sozialer Unterstützung,
f) Erhebung der physischen und psychischen Stresssymptomatik (s. Lohaus, Beyer & Klein-Heßling, 2003),
g) Fragebogen zu Stärken und Schwächen (Strengths and Difficulties Questionnaire von Goodman (1997, 1999),
h) Nach dem Programmende: Bewertung des Programms.

Die Fragebogenteile waren in dieser Reihenfolge zu bearbeiten. Die Begründung für den Einbezug der Fragebogenbestandteile ergibt sich aus der Annahme, dass mit dem Einsatz des Stressbewältigungstrainings ein Wissenszuwachs im Bereich von Stress und Stressbewältigung erzielt wird (Fragekomplex b). Positive Effekte werden darüber hinaus für die Bewertung von Anforderungssituationen und das Coping-Verhalten erwartet (Fragekomplexe a, d und e). Es wird weiterhin erwartet, dass ein positiver Effekt auf die Angaben zur physischen und psychischen Symptomatik beobachtet werden kann (Fragekomplexe f und g). Auch die Häufigkeit, mit der alltägliche Probleme in der Schule, im Elternhaus, im Umgang mit Gleichaltrigen sowie bei der eigenen Person wahrgenommen werden, sollte sich reduzieren (Fragekomplex c).

Bei den bisher beschriebenen Effekten handelt es sich um *allgemeine* Effekte, die für *alle* Modulkombinationen erwartet werden. Daneben gibt es Fragekomplexe, die sich auf spezielle Modulkombinationen richten. So sollten beispielsweise bei einer Kombination des Problemlösemoduls mit dem Modul zur sozialen Unterstützung in besonderem Maße positive Effekte bei Fragekomplexen, die auf die Rolle sozialer Unterstützung fokussieren, erzielt werden können (Fragekomplex e). Bei der Kombination des Problemlösemoduls mit dem Modul zur Kognitionsbeeinflussung sollten sich insbesondere positive Effekte bei der Fähigkeit zur kognitiven Umstrukturierung ergeben (Fragekomplexe a und e). Bei der Kombination des Problemlösemoduls mit dem Modul zur Entspannung sollten sich vor allem bei Fragen zu Entspannung und Zeitmanagement Verbesserungen nachweisen lassen (Fragekomplex e).

Der Evaluationsfragebogen wurde den Schülern vor dem Programmeinsatz und nach dem Programmeinsatz (eine Woche und zwei Monate nach Programmende) vorgelegt. Die Fragebogenteile (d) und (g) wurden parallel jeweils (entsprechend angepasst) auch von den Eltern und Lehrern beantwortet. Da es nicht zumutbar war, dass die beteiligten Lehrer alle Schüler beurteilen, wurden Lehrer aus den jeweiligen Klassen gebeten, jeweils nur einige nach Zufall ausgewählte Schüler mit dem Evaluationsfragebogen zu beurteilen (20% Prozent der Klassenstärke unter Berücksichtigung der Geschlechtsverteilung). Im Folgenden sollen die eingesetzten Erhebungsinstrumente genauer beschrieben werden.

(a) Gedanken über Stress

In diesem Fragebogenabschnitt soll die Fähigkeit zur *kognitiven Umstrukturierung* in Anforderungssituationen erfasst werden. In Anlehnung an die Thought-Listing-Technik von Heimberg, Nyman und O'Brien (1987) werden die Schüler in diesem Teil des Fragebogens gebeten, sich in eine selbst gewählte stresserzeugende Situation hineinzuversetzen (z.B. ein Referat halten). Es sollen alle Gedanken aufgeschrieben werden, die den Schülern in dieser Situation durch den Kopf gehen. Die Auswertung erfolgt über ein Kategoriensystem, wobei zwischen stresserzeugenden, stressreduzierenden und neutralen Gedanken unterschieden wird. Die Thought-Listing-Technik wurde unter anderem in der Trainingsstudie von Hains und Szyjakowski (1990) zur Evaluation eines Stressbewältigungstrainings für Jugendliche eingesetzt. Bei der Zuordnung der Schüleraussagen zu stresserzeugenden, stressreduzierenden und neutralen Gedanken wurde für eine Teilstichprobe von 80 Fragebögen des ersten Messzeitpunktes eine Interraterreliabilität von .83 (Kappa) erreicht.

(b) Wissensfragen zu Stress und Stressbewältigung

Dieser richtet sich auf den *Wissenszuwachs*, der mit dem Training erzielt wird. Die Fragen beziehen sich auf Stressauslöser (Definition und Beispiele für Stressauslöser), Stressreaktionen (Definition und Beispiele für Stressreaktionen) und Stressbewältigung (Definition und Beispiele für Stressbewältigungsstrategien). Es liegt ein offenes Antwortformat vor. Hier wird zum einen ausgezählt, wie viele Beispiele den Schülern zu potentiellen Stressauslösern, Stressreaktionen und Bewältigungsstrategien einfallen. Zum anderen erfolgt bei den Schülerdefinitionen zu Stressauslösern, Stressreaktionen und Stressbewältigung eine Bewertung der Definitionsangemessenheit (nach angemessen bzw. nicht angemessen). Die Interraterreliabilitäten liegen bei den drei Definitionskategorisierungen bei .90 (Stressauslöser), .93 (Stressreaktionen) und .80 (Stressbewältigung). Bei der Einschätzung der Anzahl der Beispiele für Stressauslöser, Stressreaktionen und Stressbewältigung finden sich Interraterreliabilitäten von .97, .85 und .92. Für den Bereich der Wissensfragen wurden Summenscores gebildet für die Anzahl der angemessenen Definitionen und die Anzahl der genannten Beispiele.

(c) Problemfragebogen für Jugendliche (Problem Questionnaire von Seiffge-Krenke, 1995)

In dem Problemfragebogen für Jugendliche werden alltägliche Probleme von Jugendlichen beschrieben, die mit der Schule, mit dem Elternhaus, mit Beziehungen zu Gleichaltrigen und mit der eigenen Person zu tun haben. Bei den Problemen, die mit der Schule zu tun haben, handelt es sich um 8 Problemnennungen (z.B. „Der Zwang, in der Schule möglichst gute Noten zu erreichen, macht mir Angst"), im Bereich des Elternhauses um 10 Problemnennungen (z.B.

„Es gibt oft Streit mit meinen Eltern, weil ich über verschiedene Dinge anderer Meinung bin"), im Bereich der Beziehungen zu Gleichaltrigen um 10 Problemnennungen (z.B. „Es bedrückt mich, dass ich zu wenig Zeit habe, um mich ausreichend um meine Freunde zu kümmern") und bei den Problemen, die mit der eigenen Person zu tun haben, 14 Nennungen (z.B. „Auch Kleinigkeiten bringen mich schnell in Wut"). Für die einzelnen Probleme liegen fünfstufige Antwortskalen vor (trifft auf mich überhaupt nicht, kaum, teilweise, überwiegend und vollkommen zu). Für die vier Skalenbereiche werden analog zu den Vorgaben von Seiffge-Krenke (1995) Summenscores für die jeweilige Problembelastung berechnet. Die internen Konsistenzen für die vier Skalen liegen zwischen .62 und .80 (berechnet auf der Basis der Gesamtstichprobe zum ersten Messzeitpunkt).

(d) Coping-Fragebogen für Jugendliche (Coping Across Situations Questionnaire von Seiffge-Krenke, 1989)

Der Coping-Fragebogen für Jugendliche enthält 20 Items zu potentiellem Bewältigungsverhalten. Über acht Problemsituationen hinweg wird der Einsatz dieser Bewältigungsverhaltensweisen beurteilt. Aus Gründen der Erhebungsökonomie wurde eine Beschränkung auf die vier Situationen Probleme in der Schule, mit den Eltern, mit Gleichaltrigen und mit der eigenen Person vorgenommen. Eine ähnliche Auswahl wurde bereits von Winkler Metzke und Steinhausen getroffen (1999, 2002). Es liegt eine Matrix vor, die die zwanzig Coping-Items und die vier Situationen enthält, wobei anzukreuzen ist, welche Coping-Verhaltensweisen in den Situationen jeweils eingesetzt werden. Wie Faktorenanalysen von Seiffge-Krenke (1989) zeigen, lassen sich die Coping-Items drei Dimensionen zuordnen: Es handelt sich um (1) Aktive Bewältigung unter Nutzung sozialer Ressourcen, (2) Internale Bewältigung und (3) Problemmeidendes Verhalten. Aus den Matrix-Beantwortungen lassen sich Summenscores für die drei Bewältigungsdimensionen für jede der vier Situationen bilden. Die internen Konsistenzen für diese Skalen liegen mit .45 bis .56 recht niedrig (berechnet auf der Basis der Gesamtstichprobe zum ersten Messzeitpunkt).

(e) Coping-Fragebogen zu Entspannung, Kognition und sozialer Unterstützung

Um zu erfassen, wie häufig die Schüler Bewältigungsstrategien zur Entspannung, zur Beeinflussung von Kognitionen und zur sozialen Unterstützung einsetzen, wurden 24 Items zusammengestellt. Zur Entspannung gehören Items wie „Wenn ich Stress habe, erhole ich mich, um erst wieder Kraft zu sammeln" oder „Wenn ich Stress habe, lege ich mich hin und ruhe mich aus". Beispielitems zur Beeinflussung von Kognitionen sind „Wenn ich Stress habe, vertraue ich auf meine Fähigkeiten, mit Problemen fertig zu werden" oder „Wenn ich Stress habe, denke ich, dass alles schon wieder gut wird". Im Bereich der sozialen Unterstützung finden sich beispielsweise Items wie „Wenn ich Stress habe, lasse ich mir von jemandem aus der Familie helfen" oder „Wenn ich Stress habe, erzähle ich jemandem, den ich gut kenne, was passiert ist". Für die drei Bereiche liegen jeweils 8 Items vor. Die Beantwortung erfolgt mit einer fünfstufigen Skala (nie, selten, manchmal, oft, sehr oft). Eine Faktorenanalyse mit den Daten einer Vorstudie unterstützt die angenommene dreidimensionale Struktur der Items. Es werden dementsprechend Summenscores für die drei Dimensionen gebildet. Die internen Konsistenzen liegen hier zwischen .78 und .83 (Berechnungsgrundlage wie oben).

(f) Erhebung der physischen und psychischen Stresssymptomatik (s. Lohaus, Beyer & Klein-Heßling, 2003)

Zur Erhebung der physischen und psychischen Symptomatik wurde ein Symptomfragebogen eingesetzt, der von seinem Grundkonzept her an der Symptomskala aus dem Fragebogen zu Stresserleben und Stresssymptomatik im Kindesalter (SSK) von Lohaus, Fleer, Freytag und Klein-Heßling (1996) angelehnt ist. Wie im SSK wird nach dem Auftreten von Symptomen in der vorausgegangenen Woche gefragt, wobei die Antwortskala jeweils dreistufig ist (keinmal, einmal, mehrmals). Das Spektrum der erfragten Symptome ist jedoch um die Erfassung psychischer Symptome erweitert, was sich bereits in einer Studie von Lohaus, Beyer und Klein-Heßling (2003) als sinnvoll erwiesen hat. Der erste Teil dieses Fragebogenabschnittes enthält 8 Items (z.B. Kopfschmerzen, Appetitlosigkeit etc.) zur Erhebung der physischen Symptomatik aus dem SSK. Im zweiten Teil dieses Fragebogenabschnittes werden Häufigkeitsangaben zu 10 psychischen Symptomen (z.B. Unzufriedenheit, Anspannung etc.) erfragt. Um bei den Einschätzungen zur psychischen Symptomatik die Induktion einer negativen Stimmung und eine negative Antworttendenz zu vermeiden, wurden 6 weitere Items zur positiven Selbstbeschreibung eingestreut (wie z.B. Fröhlichkeit oder Zufriedenheit), die jedoch in der Auswertung keine Berücksichtigung finden. Die Faktorenanalyse für die Items zur Erfassung der physischen Symptomatik ergibt eindeutig eine einfaktorielle Lösung. Im Bereich der psychischen Symptomatik lässt das Eigenwert-Kriterium eine dreifaktorielle Lösung zu, wobei jedoch der starke Eigenwertabfall vom ersten zu den nächsten Faktoren die Annahme einer einfaktoriellen Lösung rechtfertigt. Für den Einsatz zur Trainingsevaluation werden daher Summenscores für die physische und psychische Symptomatik berechnet (mit internen Konsistenzen von .73 und .80).

(g) Fragebogen zu Stärken und Schwächen (Strengths and Difficulties Questionnaire von Goodman, 1997, 1999)

Der Fragebogen zu Stärken und Schwächen (Strengths and Difficulties Questionnaire, SDQ) enthält 25 Items zu fünf unterschiedlichen Problemdimensionen (Emotionale Probleme, Verhaltensprobleme, Hyperaktivität / Unaufmerksamkeit, Probleme mit Gleichaltrigen-Beziehungen und Prosoziales Verhalten). Die Items werden mit Hilfe einer dreistufigen Skala beantwortet (nicht zutreffend, teilweise zutreffend, eindeutig zutreffend). Die Items verteilen sich gleichmäßig auf die Problemdimensionen und liegen in einer Selbstbericht-Form für 11- bis 16-jährige Kinder und Jugendliche sowie in einer Fremdbericht-Form für Eltern und Lehrer vor. Es besteht eine hohe Korrelation mit dem Youth Self Report (YSR) in einer Größenordnung von $r = .71$, die den Ausschlag dafür gab, in der Evaluationsstudie aus Ökonomiegründen dem wesentlich kürzeren SDQ den Vorzug zu geben (s. Koskelainen, Sourander & Kaljonen, 2001). Es gibt weiterhin eine deutschsprachige Version, die in Bezug zu Außenkriterien zu ähnlichen Ergebnissen führt wie die englischsprachige Version und deren Kompatibilität damit nachgewiesen ist (Klasen et al., 2000). Zum Einsatz gelangt dementsprechend die deutschsprachige Version mit dem Summenscore für die Gesamt-Problembelastung (mit einer internen Konsistenz von .72).

(h) Nach dem Programmende: Bewertung des Programms

Nach dem Programmabschluss wurden Fragen zur Bewertung des Trainings insgesamt sowie zur Bewertung von einzelnen Trainingsbestandteilen gestellt. Es handelt sich jeweils um Fragen mit einem geschlossenen Antwortformat, die Aufschluss über Trainingsaspekte liefern sollen, die von den Schülern als besonders ansprechend bzw. weniger ansprechend bewertet werden. Hierzu gehört eine Gesamtbewertung des Trainings (überhaupt nicht gut, nicht so gut, teils-teils, gut, sehr gut) sowie eine Bewertung der Trainingsmodule (Problemlösen, Gedanken und Stress, Soziale Unterstützung, Entspannung). Die Module sollten von den Schülern ebenfalls mit einer analog aufgebauten fünfstufigen Bewertungsskala eingeschätzt werden, wobei nur die Module einzuschätzen waren, an denen die Schüler teilgenommen hatten. Darüber hinaus wurden Bewertungen zu den Arbeitsmethoden erfragt, die während des Trainings zum Einsatz gelangt waren.

Im Einzelnen wurden dabei Bewertungen zu folgenden Trainingselementen erfragt:

- Abfragen am Anfang der Stunde zu den Inhalten der vorherigen Sitzung,
- Spiele,
- Kleingruppenarbeit,
- Fallbeispiele,
- Arbeit mit dem Flipchart,
- Arbeit mit der Metaplanwand,
- Rollenspiele,
- Brainstorming.

Weitere Beurteilungsfragen wurden dazu gestellt, ob

- die Jugendlichen die Sitzungsgestaltung für abwechslungsreich hielten,
- die Jugendlichen im Training etwas gelernt hatten,
- für sie interessante Probleme im Training angesprochen wurden,
- sie das Training an einen Freund bzw. eine Freundin weiterempfehlen würden.

In diesen Fragebogenabschnitten kamen analog aufgebaute fünfstufige Bewertungsskalen zum Einsatz. Dies gilt auch für eine weitere Frage nach der Beurteilung der Stimmung in der Gruppe.

Um die Zielgenauigkeit des Programmeinsatzes noch weiter zu erhöhen, sollen die Module und Modulkombinationen nach der Evaluationsphase in Abhängigkeit von den Ergebnissen der Vorbefragung der Schüler einsetzbar sein. Diesem Zweck dient insbesondere der Coping-Fragebogen zu Entspannung, Kognition und sozialer Unterstützung (Fragebogenabschnitt e). Mit diesem Fragebogen kann abgeschätzt werden, in welchem Copingbereich die Schüler einer Trainingsgruppe im Vergleich zu anderen Gruppen einen Mangel an Coping-Ressourcen aufweisen. Wenn sich in einem Coping-Bereich deutlich abweichende Werte ergeben, kann dies bei der Entscheidungsfindung für das Ergänzungsmodul, das zusätzlich zum Problemlösen eingesetzt werden soll, genutzt werden.

5.2 Evaluationsergebnisse

5.2.1 Vergleich von Trainings- und Kontrollgruppe

Im Folgenden soll zunächst auf die Gesamteffekte des Programms (ohne Differenzierung zwischen den Programmmodulen) eingegangen werden. Dies bedeutet, dass die Effekte der Interventionsgruppe mit den Werten der Kontrollgruppe bei den drei Messzeitpunkten (Pretest, Posttest und Follow-up-Erhebung) verglichen werden. Dazu wurden multivariate dreifache Varianzanalysen mit Messwiederholung durchgeführt mit den Variablen Gruppe (Interventions- versus Kontrollgruppe), Geschlecht und Messzeitpunkt als unabhängigen Variablen. Das Geschlecht wird als zusätzliche unabhängige Variable aufgenommen, weil die vorausgehende Bedarfsanalyse bei einer Vielzahl stressbezogener Maße Geschlechtseffekte nachgewiesen hat und daher möglicherweise geschlechtsabhängige Trainingseffekte bestehen. Die abhängigen Variablen, die in die Varianzanalysen eingehen, beziehen sich auf die Variablenkomplexe (a) Wissen, (b) Anforderungsbewertung und Coping und (c) Stresssymptomatik und wahrgenommenes Ausmaß eigener Problembelastungen. Für die multivariaten Varianzanalysen werden dabei jeweils inhaltlich aufeinander bezogene Variablen zusammengruppiert (in der Regel beispielsweise die Skalen eines Fragebogens). Im Anschluss an die Berechnung der multivariaten Varianzanalysen werden signifikante Effekte auf univariater Ebene näher analysiert. Bei den im Folgenden dargestellten Ergebnissen der Varianzanalysen findet eine Fokussierung auf Effekte statt, die mögliche Unterschiede zwischen Trainings- und Kontrollgruppe indizieren (also auf zweifache Wechselwirkungen zwischen Gruppe und Messzeitpunkt sowie auf dreifache Wechselwirkungen zwischen Gruppe, Messzeitpunkt und Geschlecht). Abgeschlossen wird dieser Evaluationsschritt mit einer deskriptiven Darstellung der Schülerangaben zur abschließenden Programmbewertung.

(a) Wissen

Bei den Wissensfragen, die sich auf die Definitionen zu Stressauslösern, Stressreaktionen, Stressbewältigung und dabei bestehende individuelle Unterschiede beziehen, wurde ein Summenscore gebildet, bei dem sich maximal vier korrekte Definitionen ergeben konnten. Ein weiterer Summenscore, der sich auf das stressbezogene Wissen der Schüler richtet, wurde aus der Anzahl der Beispiele gebildet, die den Schülern zu potentiellen Stressauslösern, Stressreaktionen und Bewältigungsstrategien einfielen.

Die multivariate dreifache Varianzanalyse mit Messwiederholung zeigt eine signifikante Wechselwirkung zwischen Gruppe und Messzeitpunkt ($F_{(4, 604)} = 28.27$, $p < .001$; $Eta^2 = .158$). Eine zusätzliche Interaktion mit dem Geschlecht tritt nicht auf. Betrachtet man die univariate Ebene, so finden sich bei beiden Variablen signifikante Wechselwirkungen zwischen Gruppe und Messzeitpunkt. Bei der *Anzahl angemessener Definitionen* ($F_{(2, 1214)} = 51.32$; $p < .001$; $Eta^2 = .078$) besteht der Wechselwirkungseffekt zwischen Gruppe und Messzeitpunkt darin, dass sich in der Trainingsgruppe (im Gegensatz zur Kontrollgruppe) ein deutlicher Wissenszuwachs nach der Trainingsphase zeigt, der bis zur Follow-up-Erhebung stabil bleibt (s. Abbildung 6).

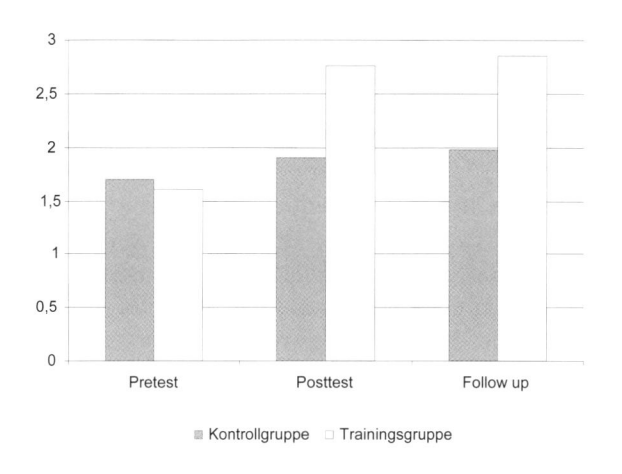

Abbildung 6: Wissen von Trainings- und Kontrollgruppe zu Stressauslösern, Stressreaktionen und Stressbewältigung in Pretest, Posttest und Follow-up

Bei der *Anzahl genannter Beispiele* für Stressauslöser, Stressreaktionen und Stressbewältigung zeigt sich in der univariaten Varianzanalyse ebenfalls eine signifikante Wechselwirkung zwischen Gruppe und Messzeitpunkt ($F_{(2, 1214)}$ = 18.77; $p < .001$; $Eta^2 = .030$). Wie Abbildung 7 zeigt, benennt die Trainingsgruppe im Vergleich zur Kontrollgruppe deutlich mehr Beispiele, wobei auch dieser Effekt bis zur Follow-up-Erhebung erhalten bleibt. Es ist allerdings zu konstatieren, dass dieser Effekt dadurch bedingt ist, dass die Angaben in der Kontrollgruppe über die Messzeitpunkte hinweg eher abnehmen, während bei der Trainingsgruppe eine leichte Zunahme zu verzeichnen ist. Wechselwirkungen mit dem Geschlecht bestehen nicht.

Insgesamt lässt sich also konstatieren, dass mit dem Training ein deutlicher Wissenszuwachs mit den Schülern erreicht werden konnte, der bis zur Follow-up-Erhebung nach zwei Monaten stabil blieb.

(b) Anforderungsbewertung und Coping

Im Bereich von Anforderungsbewertung und Coping soll zunächst auf die Frage eingegangen werden, ob die Kognitionen der Schüler in Stresssituationen durch das Training verändert wurden. Speziell geht es um die Frage, ob die Schüler häufiger positive Gedanken und weniger häufig negative Gedanken benannten, wenn sie sich in Stresssituationen hineinversetzten.

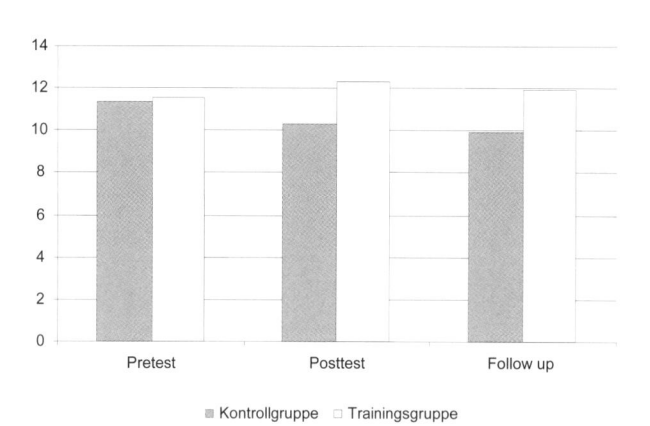

Abbildung 7: Anzahl der Beispiele zu Stressauslösern, Stressreaktionen und Stressbewältigung, die von der Trainings- und Kontrollgruppe in Pretest, Posttest und Follow-up benannt werden

Die abhängigen Variablen in der multivariaten dreifachen Varianzanalyse mit Messwiederholung sind dabei die Anzahl der positiven bzw. negativen Gedanken, die von den Schülern der Trainings- und Kontrollgruppe benannt werden. Die multivariaten Ergebnisse zeigen, dass eine signifikante Wechselwirkung zwischen Gruppe und Messzeitpunkt besteht ($F_{(4, 582)}$ = 4.95; $p < .01$; $Eta^2 = .033$). Wechselwirkungen mit dem Geschlecht ergeben sich nicht. Wie die univariaten Analysen zeigen, geht dieser Effekt auf Veränderungen bei der Nennung positiver Gedanken in Stresssituationen zurück ($F_{(2, 1170)}$ = 9.08; $p < .001$; $Eta^2 = .015$). Wie aus Abbildung 8 hervorgeht, werden von der Trainingsgruppe nach der Intervention mehr positive Gedanken in Stresssituationen benannt als von der Kontrollgruppe. Auch wenn vom Posttest zur Follow-up-Befragung ein Rückgang erkennbar ist, bleibt der Effekt im Wesentlichen stabil. Die in der Abbildung erkennbaren Prätestunterschiede sind nicht signifikant.

Beim Coping-Fragebogen für Jugendliche (deutsche Fassung des Coping Across Situations Questionnaire von Seiffge-Krenke, 1989) wurden multivariate Varianzanalysen für die drei Copingstrategien (aktives Coping, internales Coping, Rückzug) gerechnet, wobei jeweils die vier Situationen als abhängige Variablen einbezogen wurden. Durch die separate Berechnung für die drei Copingstrategien sollte eine Mischung von Strategien und Situationen in den Varianzanalysen vermieden werden.

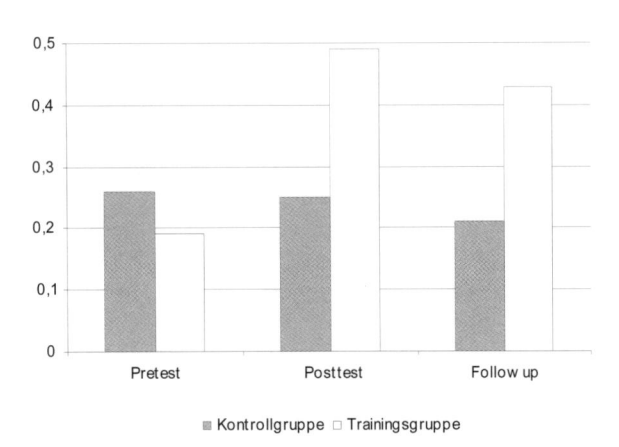

Abbildung 8: Durchschnittliche Anzahl positiver Gedanken in Stresssituationen beim Vergleich von Trainings- und Kontrollgruppe in Pretest, Posttest und Follow-up

Die multivariate Varianzanalyse für das aktive Coping ergibt eine signifikante Wechselwirkung zwischen Gruppe und Messzeitpunkt ($F_{(8, 585)}$ = 2.46; $p < .05$; $Eta^2 = .033$), aber keine Wechselwirkung mit dem Geschlecht. Auf der univariaten Ebene zeigt sich, dass beim aktiven Coping im Umgang mit den Eltern ($F_{(2, 1184)}$ = 6.40; $p < .01$; $Eta^2 = .011$) ein Unterschied zwischen Trainings- und Kontrollgruppe besteht. Hier zeigt sich ein deutlicher Zuwachs in der Trainingsgruppe nach der Intervention, der sich jedoch bis zur Follow-up-Erhebung wieder abschwächt (s. Abbildung 9). Obwohl sich auch in der Kontrollgruppe ein Zuwachs findet, der möglicherweise auf Sensivisierungseffekte durch die mehrfache Befragung zurückgeht, zeigen sich bei der Trainingsgruppe jedoch auch in der Follow-up-Befragung noch höhere Werte als in der Kontrollgruppe.

Beim Rückzugsverhalten findet sich multivariat ein signifikanter Interaktionseffekt zwischen Gruppe, Messzeitpunkt und Geschlecht ($F_{(8, 580)}$ = 2.88; $p < .01$; $Eta^2 = .038$). Auf der univariaten Ebene lässt sich diese Interaktion beim problemmeidenden Verhalten im Umgang mit Problemen mit den Eltern zeigen ($F_{(2, 1174)}$ = 4.30; $p < .05$; $Eta^2 = .005$). Es handelt sich um einen vergleichsweise kleinen Effekt, der dadurch charakterisiert ist, dass die Problemmeidung bei den Jungen in der Interventionsgruppe in gleichem Maße wie in der Kontrollgruppe über die Messzeitpunkte hinweg zunimmt, während bei den Mädchen in der Interventionsgruppe im Gegensatz zur Kontrollgruppe keine Zunahme zu beobachten ist. Bei den Mädchen ist es also gelungen, einen negativen Trend, der in der Kontrollgruppe in beiden Geschlechtsgruppen zu beobachten ist, zu stoppen.

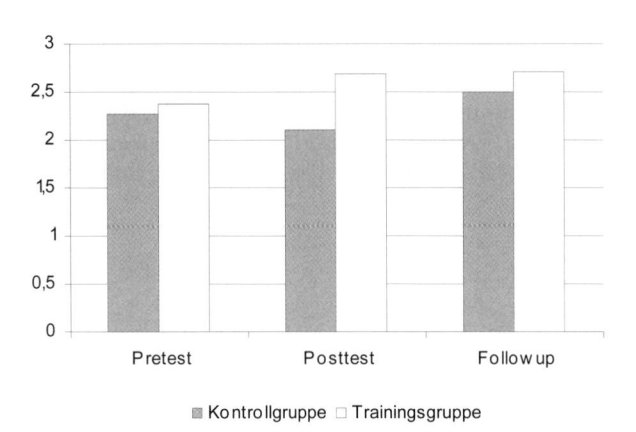

Abbildung 9: Aktives Coping in Trainings- und Kontrollgruppe in Pretest, Posttest und Follow-up

Bei dem Coping-Fragebogen zu Entspannung, Kognition und sozialer Unterstützung lassen sich keine signifikanten Trainingseffekte nachweisen. Insgesamt lässt sich zum Bereich von Anforderungsbewertung und Coping konstatieren, dass mit dem Training insbesondere eine Zunahme des positiven Denkens in Stresssituationen erreicht wurde. Es zeigt sich weiterhin ein Trend zu einer Zunahme des aktiven Copings und zu einer Verringerung des problemmeidenden Verhaltens. Hier sind vor allem die Geschlechtseffekte interessant, die zeigen, dass der in der Kontrollgruppe zu beobachtende Trend zu einer Zunahme des problemmeidenden Verhaltens bei den Mädchen der Trainingsgruppe aufgehalten werden konnte.

(c) Stresssymptomatik und wahrgenommene Problembelastung

Die multivariate Varianzanalyse mit der *physischen und psychischen Symptomatik* als abhängigen Variablen erbrachte keine signifikanten

Trainingseffekte. Als weitere abhängige Variable kam in einer weiteren Varianzanalyse mit Messwiederholung der Summenscore für die Gesamtproblembelastung aus der deutschen Fassung des Strengths and Difficulties Questionnaire (SDQ) zum Einsatz. Beim SDQ zeigt sich kein Haupteffekt, wohl aber ein differentieller Effekt für die Geschlechtsgruppen ($F_{(2, 524)}$ = 3.47; $p < .05$; $Eta^2 = .013$). Während sich bei den Mädchen tendenziell eine Abnahme der Symptomatik nach dem Training zeigt, die auch nach zwei Monaten noch stabil ist, findet sich bei den Jungen keine Änderung der Symptomatik im SDQ. Bei der wahrgenommenen Problembelastung finden sich keine signifikanten Effekte. Insgesamt ist zu konstatieren, dass bei der Symptomatik und bei der Problembelastung nur wenige Veränderungen zu beobachten sind, die jedoch, wenn sie auftreten (wie beim SDQ), eher zugunsten der Mädchen als der Jungen ausfallen bzw. (wie bei der wahrgenommen Problembelastung) nicht hinreichend stabil sind.

5.2.2 Trainingsbewertung durch die Trainingsteilnehmer

In der Abbildung 10 findet sich die Verteilung der Antworten zur Gesamtbeurteilung des Trainings. Wie aus der Abbildung hervorgeht, beurteilt der überwiegende Teil der Jugendlichen das Training als gut bis sehr gut (63.8%) bzw. teilweise gut (weitere 27.1%), während eine Minderheit der Jugendlichen (9.1%) das Training als nicht so gut bzw. überhaupt nicht gut beurteilt.

Betrachtet man die methodischen Elemente, die relativ modulübergreifend in das Training integriert waren, so zeigen sich teilweise deutliche Unterschiede in den Präferenzen der Jugendlichen. Es fällt auf, dass den Jugendlichen insbesondere die in das Training integrierten Spiele sehr gut gefallen haben (mit einem Mittelwert von 4.1 auf einer fünfstufigen Skala), während die Abfrage der zuvor besprochenen Trainingsinhalte am Beginn der folgenden Trainingssitzung mit einem Mittelwert von 2.7 eher schlecht abschneidet. Neben den Spielen ergeben sich auch für die Kleingruppenarbeit und den Einsatz von Rollenspielen eher günstige Präferenzwerte. Die hohe Präferenz für die Spiele verdeutlicht, dass es für die Jugendlichen wichtig ist, dass das Training Spaß macht. Da jedoch auch Elemente, die mit Denkarbeit verbunden sind (wie die Arbeit mit Flipchart und Pinnwand) recht gut abschneiden, werden dennoch allzu einseitige Schwerpunktsetzungen vermieden. Es scheint also gelungen zu sein, die Jugendlichen für eine Mischung von arbeitsbezogenen und spielerischen Elementen zu gewinnen. Dementsprechend beurteilen 54.2% der Schüler die Trainingsgestaltung als abwechslungsreich bzw. sehr abwechslungsreich und weitere 34.7% der Jugendlichen meinen, dass dies zumindest teilweise gelungen ist, während lediglich 11.1% der Teilnehmer das Training als langweilig bzw. sehr langweilig empfanden.

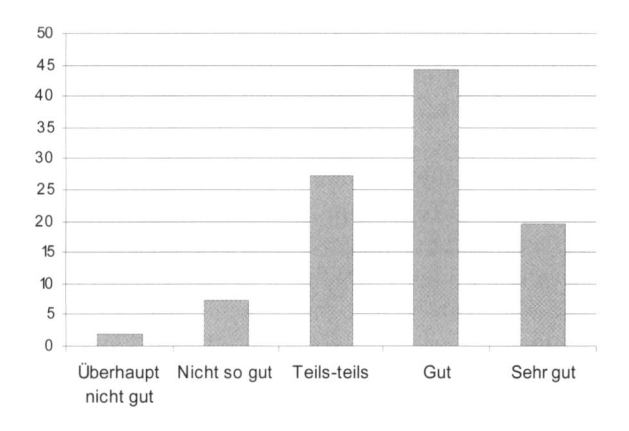

Abbildung 10: Gesamtbewertung des Stresspräventionstrainings durch die Jugendlichen

Die Stimmung in den Trainingsgruppen wird von 75.3% der Jugendlichen als gut bis sehr gut beurteilt. Von 16.8% der Jugendlichen wird hierzu mit „teils-teils" geantwortet, während 5.7% der Teilnehmer die Stimmung als nicht so gut und 2.2% als überhaupt nicht gut wahrnahmen. Von 52.2% der Jugendlichen wird angegeben, dass sie im Training bestimmt oder ganz bestimmt etwas gelernt haben, 28.6% geben an, dass sie vielleicht etwas gelernt haben, während 12.9% bzw. 6.2% angeben, eher wenig oder ganz bestimmt nichts gelernt zu haben. Interessante Probleme wurden für 74.6% der Teilnehmer vielleicht, bestimmt oder ganz bestimmt angesprochen, während 25.5% der Meinung waren, dass dies eher nicht oder ganz bestimmt nicht der Fall war. Das Training weiterempfehlen würden 73.0% der Schüler vielleicht, bestimmt oder ganz bestimmt, während 27% dazu eher nicht oder ganz bestimmt nicht ihre Unterstützung geben würden.

Zusammenfassend lässt sich sagen, dass es bei den meisten Kriterien gelungen ist, etwa 75% der Jugendlichen zu einem positiven Urteil zu bewegen, während 25% der Jugendlichen eine eher skeptische Haltung einnehmen. Da zwischen den Kriterien teilweise hohe Korrelationen bestehen (in Größenordnungen von maximal $r = .60$), kann man davon ausgehen, dass es einen Kern von Schülern gibt, der sich über verschiedene Kriterien hinweg eine negative Einstellung erhalten hat. Da die Korrelationen jedoch nicht in deterministischen Größenordnungen liegen und über die Kriterien hinweg offenbar Variationen vorliegen, dürfte der Kern der Schüler mit durchweg negativen Einstellungen allerdings nicht sehr groß sein. Konzentriert man sich beispielsweise auf die Fragen, (a) ob die Schüler meinen, etwas gelernt zu haben, (b) ob sie meinen, dass interessante Themen angesprochen wurden und (c) ob sie das Training weiterempfehlen würden, liegt der Kern bei 7.9% der Schüler, die zu allen drei Fragen negative Bewertungen abgeben. Nimmt man die Stimmung in der Gruppe als weiteres Kriterium hinzu, sinkt der Wert auf 1.5% der Schüler mit durchweg negativen Angaben. Insgesamt ist jedoch zu konstatieren, dass es einen (vergleichsweise geringen) Anteil an Jugendlichen gibt, die mit dem Training schwer zu erreichen sind und die besondere Aufmerksamkeit verdienen. Der Anteil ist jedoch auch deshalb als bemerkenswert gering zu bezeichnen, weil die vorausgehende Bedarfsanalyse gezeigt hatte, dass je nach Klassenstufe und Geschlecht etwa ein Viertel bis zu der Hälfte der Schüler ein explizites Interesse an einem Stressbewältigungstraining hat. Nach der Trainingsteilnahme scheint demgegenüber nur ein sehr geringer Anteil der Jugendlichen eine negative Einstellung zu einem Stressbewältigungstraining zu haben.

Abschließend zur Trainingsbewertung durch die Jugendlichen soll der Frage nachgegangen werden, wodurch die Gesamtbewertung des Trainings durch die Jugendlichen am ehesten bestimmt wird. Um diese Frage beantworten zu können, wurde eine Regressionsanalyse gerechnet, bei der die Gesamttrainingsbewertung als Kriteriumsvariable genutzt wurde und die übrigen Bewertungskriterien als Prädiktorvariablen.

Das höchste Beta-Gewicht ergibt sich dabei für die Einschätzung der Schüler, dass sie in dem Training etwas gelernt haben: Schüler, die meinen, etwas gelernt zu haben, schätzen das Training deutlich positiver ein ($T = 6.48$, $p < .001$). Das zweithöchste Gewicht erhält die Einschätzung der Abwechslungsvielfalt während des Trainings ($T = 4.51$, $p < .001$). Es folgt die Beurteilung der Stimmung in der Gruppe ($T = 2.79$, $p < .001$) sowie die Bereitschaft, das Training weiterzuempfehlen ($T = 2.53$, $p < .05$). Ein weiterer signifikanter Einfluss ergibt sich aus der Einschätzung des Abfragens der Trainingsinhalte am Beginn der folgenden Sitzung: Eine positive Einschätzung dieser Frage hängt mit einer positiveren Gesamteinschätzung des Trainings zusammen. Mit diesen fünf Einschätzungen lassen sich 55.1% der Varianz der Gesamtbeurteilung des Trainings aufklären.

Allgemein lässt sich also sagen, dass vor allem ein Lerngewinn durch das Training bei einer abwechslungsreichen Trainingsgestaltung und einer guten Stimmung in der Gruppe zu einer positiven Trainingsbeurteilung durch die Jugendlichen beiträgt.

5.2.3 Unterschiede zwischen den Trainingsmodulen

Nachdem in den vorhergehenden Abschnitten auf die Trainingswirkung und Trainingsbewertung ohne Differenzierung zwischen den Trainingsmodulen eingegangen wurde, soll nun eine Fokussierung auf die Wirkung der verschiedenen Trainingsmodule erfolgen.

Im Folgenden soll also der Frage nachgegangen werden, ob sich Unterschiede in den Trainingswirkungen und Trainingsbewertungen ergeben, wenn das Problemlösemodul in Kombination (a) mit dem Modul zur kognitiven Umstrukturierung, (b) zur sozialen Unterstützung und (c) zur Entspannung eingesetzt wird. Auch hier wird zunächst auf die Bereiche Wissen, Anforderungsbewertung und Coping sowie Stresssymptomatik und wahrgenommene Problembelastung fokussiert, bevor abschließend auf die Modulbewertungen durch die Trainingsteilnehmer eingegangen wird.

Wie zuvor werden multivariate dreifache Varianzanalysen mit Messwiederholung mit anschließender univariater Testung bei signifikanten Effekten gerechnet, wobei die Modulkombinationen, das Geschlecht und die Messzeitpunkte als unabhängige Variable einbezogen werden.

Bezüglich der Beantwortung der *Wissensfragen* sind keine Unterschiede zwischen den Modulkombinationen festzustellen. Dieses Ergebnis ist erwartungsgemäß, da alle Module in Kombination mit dem Grundlagenmodul „Wissen zu Stress und Problemlösen" angeboten wurden. Damit wurde das Ziel verfolgt, in allen Kombinationen zunächst eine äquivalente Wissensgrundlage zu schaffen.

Betrachtet man dagegen den Bereich der *Anforderungsbewertung und des Copings,* so zeigt sich multivariat ein deutlicher Unterschied in der Häufigkeit positiver bzw. negativer Gedanken bei den drei Modulkombinationen ($F_{(8, 630)} = 8.27$; $p < .001$; $Eta^2 = .095$). Wie die univariaten Analysen zeigen, geht dieser Effekt im Wesentlichen auf Unterschiede bei den positiven Gedanken zurück ($F_{(4, 634)} = 11.65$; $p < .001$; $Eta^2 = .068$, s. Abbildung 11): Positive Gedanken finden sich wesentlich häufiger in der Modulkombination mit Schwerpunktsetzung auf kognitive Umstrukturierung (Gedanken und Stress) als in den anderen Modulkombinationen. Der Effekt schwächt sich in der Follow-up-Erhebung etwas ab, bleibt jedoch weitgehend erhalten. Betrachtet man dieses Ergebnis, so ist zu konstatieren, dass der zuvor beschriebene Gesamttrainingseffekt bei der Zunahme positiver Gedanken in Stresssituationen vor allem auf die Zugewinne in der Trainingsgruppe mit Schwerpunktsetzung auf kognitive Umstrukturierung zurückgeht. Bei den negativen Gedanken in Stresssituationen finden sich dagegen keine Unterschiede zwischen den Modulkombinationen.

Bei den Ergebnissen für den Coping-Fragebogen für Jugendliche (deutsche Fassung des Coping Across Situations Questionnaire von Seiffge-Krenke, 1989) zeigt sich eine signifikante Wechselwirkung zwischen Modulkombination, Messzeitpunkt und Geschlecht beim Rückzugsverhalten ($F_{(16, 630)} = 1.78$; $p < .05$; $Eta^2 = .043$). Die univariaten Analysen weisen auf eine tendenzielle Trainingswirkung beim Rückzugsverhalten im Umgang mit selbstbezogenen Problemen hin ($F_{(4, 642)} = 3.26$; $p < .05$; $Eta^2 = .020$). Dieser kleine Effekt besteht im Wesentlichen in einer Zunahme des Rückzugsverhaltens in der Entspannungskombination (sowohl bei den Mädchen als auch bei den Jungen), während bei den Jungen insbesondere in der Kombination mit Schwerpunktsetzung auf soziale Unterstützung eine Abnahme des Rückzugsverhaltens erkennbar ist (insbesondere in der Follow-up-Erhebung).

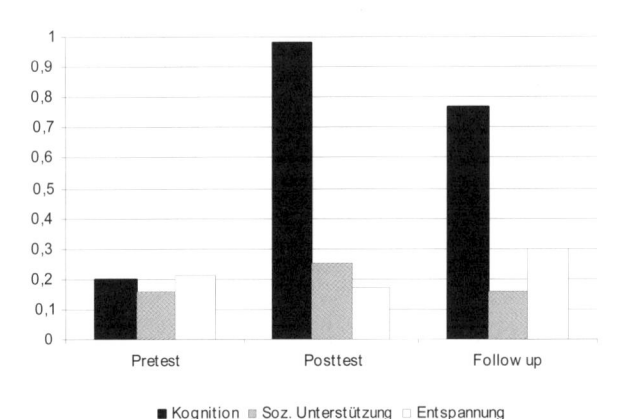

Abbildung 11: Unterschiede zwischen den Modulkombinationen bei der Anzahl positiver Gedanken in Stresssituationen

Bei dem Coping-Fragebogen zu Entspannung, Kognition und sozialer Unterstützung zeigt sich eine signifikante Wechselwirkung zwischen Modulkombination und Erhebungszeitpunkt bei dem Einsatz von kognitiven Copingstrategien ($F_{(4, 630)} = 3.81$; $p < .01$; $Eta^2 = .024$, s. Abbildung 12). Hier zeigt sich ein Anstieg bei den Modulkombinationen zur kognitiven Umstrukturierung und zur sozialen Unterstützung, die jedoch nur bei dem Modul zur kognitiven Umstrukturierung bis zur Follow-up-Erhebung relativ konstant bleibt, während in der Modulkombination zur sozialen Unterstützung ein Abfall erkennbar ist.

Bei den Fragebogenteilen, die sich auf soziale Unterstützung und den Einsatz von Entspannung zur Stressbewältigung beziehen, finden sich entgegen den Erwartungen keine Unterschiede zwischen den Trainingsmodulen. Dies gilt auch für die Angaben zur sozialen Unterstützung (erhoben mit dem Fragebogen zur Erfassung der sozialen Unterstützung von Bliesener, 1991), bei denen sich ebenfalls keine Unterschiede zwischen den Modulen zeigen. Keine Unterschiede finden sich weiterhin bei den Evaluationskriterien zur Stresssymptomatik und zur wahrgenommenen Problembelastung.

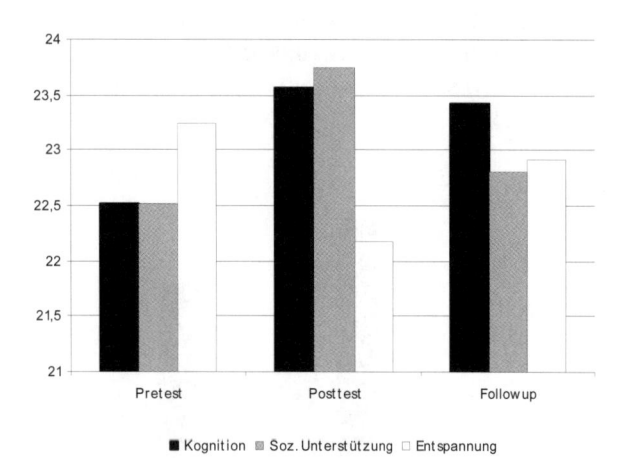

Abbildung 12: Unterschiede zwischen den Modulkombinationen bei den Angaben zum Einsatz kognitiver Copingstrategien

Deutliche Unterschiede zwischen den Modulkombinationen lassen sich dagegen nachweisen, wenn man die Programmbewertungen durch die Jugendlichen betrachtet. Bei der Gesamtbewertung des Trainings zeigt sich, dass die Modulkombinationen zur kognitiven Umstrukturierung und zur sozialen Unterstützung deutlich positiver bewertet werden als die Modulkombination zur Entspannung ($F_{(2, 392)} = 13.20$; $p < .001$; $Eta^2 = .063$, s. Abbildung 13).

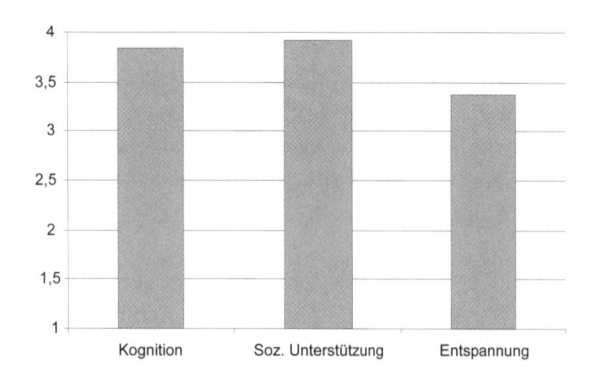

Abbildung 13: Unterschiede in der Gesamtbewertung des Trainings zwischen Teilnehmern verschiedener Modulkombinationen

Die Jugendlichen wurden weiterhin gebeten, die Module, an denen sie teilgenommen hatten, zusammenfassend zu bewerten. Dabei liegen zu dem Problemlösemodul Bewertungen von allen Jugendlichen vor, während für die drei Zusatzmodule jeweils nur die Bewertungen der jeweils teilnehmenden Jugendlichen vorhanden sind. Den günstigsten Wert erhält dabei mit einem Mittelwert von 3.73 das Modul zur kognitiven Umstrukturierung, während die anderen drei Module mit Mittelwerten zwischen 3.54 und 3.60 geringfügig dagegen abfallen.

Neben diesen modulspezifischen Bewertungskriterien gab es eine Reihe weiterer modulübergreifender Bewertungskriterien zu dem Stressbewältigungstraining. Diese Bewertungen wurden in einer multivariaten Varianzanalyse hinsichtlich möglicher Unterschiede zwischen den Modulkombinationen analysiert (mit den Modulkombinationen und Geschlecht als unabhängigen Variablen). Es findet sich ein signifikanter Haupteffekt für die Modulkombinationen ($F_{(26, 652)} = 1.84$; $p < .01$; $Eta^2 = .068$). Wie die univariaten Tests zeigen, geht dieser Effekt hauptsächlich auf eine unterschiedliche Bewertung der Abfragen zu Beginn der Sitzungen sowie auf eine unterschiedliche Abwechslungsvielfalt in den Modulen zurück. Es fällt insbesondere auf, dass die Abfrage zu Beginn der Sitzung in der Entspannungsbedingung negativer bewertet wird und dass auch die Abwechslungsvielfalt hier als geringer angesehen wird. Zwischen den beiden anderen Bedingungen finden sich keine Unterschiede.

Neben dem multivariaten Haupteffekt findet sich in der Varianzanalyse weiterhin ein multivariater Wechselwirkungseffekt zwischen Modulkombination und Geschlecht ($F_{(26, 652)} = 1.56$; $p < .05$; $Eta^2 = .058$). Dieser Effekt geht hauptsächlich auf eine univariate Wechselwirkung bei der Bewertung des Brainstormings zurück, das vor allem von Jungen in der Entspannungsbedingung negativer beurteilt wird. Dieser Bedingungsunterschied in der Bewertung des Brainstormings findet sich dagegen bei den Mädchen nicht.

Zusammenfassend kann man zu den Unterschieden zwischen den Trainingsmodulen konstatieren, dass sich bei einer Reihe von Kriterien Unterschiede finden, die überwiegend auf ungünstigere Evaluationsergebnisse für die Modulkombination mit Fokussierung auf Entspannung hinweisen. Umgekehrt lässt sich insbesondere für die Modulkombination mit Fokussierung auf kognitive Umstrukturierung zeigen, dass hier die intendierten Effekte am ehesten erreicht werden: Die Jugendlichen dieser Gruppe nutzen verstärkt positive Gedanken in Stresssituationen und setzen verstärkt auf kognitive Strategien zur Stressbewältigung. Diese fokussierten Effekte auf die jeweils trainierten Strategien finden sich in den beiden anderen Trainingsbedingungen (verstärkte Fokussierung auf soziale Unterstützung bzw. Entspannung) entgegen den Erwartungen nicht.

5.2.4 Einflüsse des Schultyps und der Klassenstufe auf die Evaluationsergebnisse

Im Folgenden wird zunächst auf die Frage eingegangen, ob und in welcher Weise die Evaluationsergebnisse vom besuchten Schultyp abhängig sind, bevor danach auf Einflüsse der besuchten Klassenstufe (8. oder 9. Klasse) fokussiert wird. Bei der Analyse der Effekte des besuchten Schultyps wird differenziert zwischen Schülern, die eine Haupt- und Realschule besuchen, und Schülern, die ein Gymnasium besuchen. Der Schwerpunkt liegt dabei auf der Analyse der Gesamteffekte des Programms (ohne Differenzierung nach Modulkombinationen), da die bisherige Analyse gezeigt hat, dass die Gesamteffekte insgesamt bedeutsamer sind als die Unterschiede zwischen den Modulkombinationen. Auch hier wird das Geschlecht als weitere unabhängige Variable einbezogen.

Betrachtet man auch bei der Analyse der Schultypeffekte zunächst die Wissensebene, so lassen sich hier zunächst multivariate Effekte bei den Summenscores zu den Definitionen und Beispielen zu Stressauslösern, Stressbewältigung und Stressreaktionen finden. Es handelt sich sowohl um einen Haupteffekt für die Schulform ($F_{(4, 326)} = 2.79$; $p < .05$; $Eta^2 = .033$) als auch um eine Interaktion zwischen Schulform und Geschlecht ($F_{(4, 326)} = 2.45$; $p < .05$; $Eta^2 = .029$). Wie die univariaten Analysen zeigen, gehen die Effekte im Wesentlichen auf Effekte bei den Definitionen zu Stressauslösern, Stressbewältigung und Stressreaktionen zurück.

Der Haupteffekt ($F_{(2, 658)} = 4.57$; $p < .05$; $Eta^2 = .014$) ist in Abbildung 14 dargestellt und besteht darin, dass der Wissenszuwachs im Gymnasium höher ist als in der Haupt- und Realschule. Wie der zusätzliche Interaktionseffekt ($F_{(2, 658)} = 4.29$; $p < .05$; $Eta^2 = .013$) zeigt, liegt dies im Wesentlichen an den Jungen der Haupt- und Realschule, die über einen geringeren Wissenszuwachs verfügen als alle anderen Gruppen. Auch hier ist jedoch ein deutlicher Wissenszuwachs erkennbar, der lediglich geringer ausfällt als in den anderen Gruppen. In allen Fällen erweist sich der Wissenszuwachs als stabil bis zur Follow-up-Erhebung.

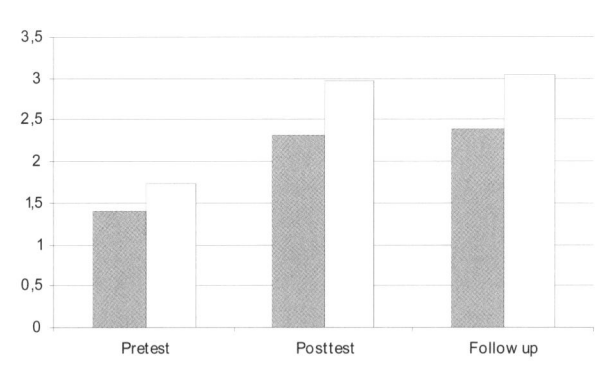

Abbildung 14: Unterschiede zwischen Gymnasiasten und Schülern der Haupt- und Realschule beim Wissen über Stressauslöser, Stressbewältigung und Stressreaktionen

Weitere multivariate Schuleffekte finden sich beim internalen Coping ($F_{(8, 313)} = 2.74$; $p < .01$; $Eta^2 = .065$) im Coping-Fragebogen für Jugendliche von Seiffge-Krenke (1989). Wie die univariaten Tests zeigen, bezieht sich dieser Effekt auf die Schule ($F_{(2, 640)} = 3.91$; $p < .05$; $Eta^2 = .012$) und das Selbst ($F_{(2, 640)} = 4.27$; $p < .05$; $Eta^2 = .013$). Beim internalen Coping bezogen auf die Schule findet sich bei beiden Schulformen zunächst ein Rückgang, der jedoch lediglich in der Gruppe der Haupt- und Realschüler stabil bleibt, während er bei den Gymnasiasten in der Follow-up-Erhebung wieder ansteigt. Ein ähnlicher Effekt findet sich bei den Gymnasiasten bezogen auf das selbstbezogene internale Coping, wobei hier jedoch in der Gruppe der Haupt- und Realschüler kein Rückgang, sondern ein Anstieg zu verzeichnen ist.

Insgesamt lässt sich zum Einfluss des Schultyps konstatieren, dass lediglich kleine Effekte zu verzeichnen sind, die jedoch nicht eindeutig zugunsten eines Schultyps ausfallen. Es finden sich sowohl Effekte, die für eine positivere Programmwirkung bei Gymnasiasten sprechen, als auch solche, die eine günstigere Programmwirkung in Haupt- und Realschule indizieren. Wegen der insgesamt geringen Wirkungsunterschiede und der uneindeutigen Wirkrichtung kann zusammenfassend die Schlussfolgerung gezogen werden, dass das Programm keine spezifischen Effekte bei bestimmten Schultypen erzeugt und demnach in beiden Schultypen gleichermaßen erfolgreich eingesetzt werden kann.

Nach der Analyse von Schultypeffekten soll im Folgenden auf mögliche Programmwirkungsunterschiede in verschiedenen Klassenstufen (8. versus 9. Klasse) eingegangen werden. Auch hier liegt der Fokus auf der Analyse des Gesamtprogramms ohne Differenzierung zwischen den Modulkombinationen.

Betrachtet man zunächst die Wissensebene, so lassen sich hier keine differentiellen Effekte zwischen den Klassenstufen nachweisen. Anders sieht dies im Bereich der Anforderungsbewertung und des Copings aus. Bei der Analyse der Gedanken in Stresssituationen findet sich eine signifikante Interaktion zwischen Klassenstufe und Messzeitpunkt ($F_{(4, 316)} = 5.85$; $p < .001$; $Eta^2 = .069$). Der Effekt geht vor allem auf differentielle Effekte bei der Häufigkeit positiver Gedanken in Stresssituationen zurück ($F_{(2, 638)} = 7.60$; $p < .01$; $Eta^2 = .023$) und besteht darin, dass der Anstieg bei den positiven Gedanken insgesamt in der Klasse 8 größer ist als in der Klasse 9. Beim Coping-Fragebogen für Jugendliche findet sich weiterhin multivariat ein Interaktionseffekt beim Rückzugsverhalten zwischen Klassenstufe und Geschlecht über die Messzeitpunkte ($F_{(8, 316)} = 2.86$; $p < .01$; $Eta^2 = .068$). Univariat zeigt sich diese Interaktion beim Rückzugsverhalten in Bezug auf die Eltern ($F_{(2, 646)} = 6.63$; $p < .01$; $Eta^2 = .020$). Inhaltlich findet sich eine Zunahme des Rückzugsverhaltens bei Jungen in der 8. Klasse, während in der 9. Klasse eine Abnahme zu verzeichnen ist. Im Gegensatz dazu finden sich bei den Mädchen vergleichsweise stabile Werte. Weitere Klassenstufeneffekte finden sich nicht. Insgesamt lässt sich wegen der wenigen Effekte, die im Coping-Bereich noch dazu wenig systematisch sind, die Schlussfolgerung ziehen, dass die Effektunterschiede zwischen den Klassenstufen nur relativ gering sind. Das Programm lässt sich demnach in beiden Klassenstufen mit ähnlichem Erfolg einsetzen.

Ähnliches gilt, wenn zwischen Jugendlichen differenziert wird, die das Stresspräventionsprogramm als gut oder sehr gut beurteilt hatten, und solchen Jugendlichen, die eine weniger gute Bewertung (überhaupt nicht gut, nicht so gut oder teils-teils) abgegeben hatten. Auch hier finden sich nur wenige differentielle Effekte, so dass die Schlussfolgerung gezogen werden kann, dass eine Wirkung auch bei Jugendlichen zu erzielen ist, die das Programm als weniger gut bewerten.

5.2.5 Evaluationsergebnisse für geschlechtshomogene und -heterogene Gruppen

Die Stresspräventionstrainings wurden in der Hälfte der Trainingsgruppen geschlechtshomogen und in der anderen Hälfte geschlechtsheterogen durchgeführt. Daher stellt sich die Frage, ob mit dem Training andere Wirkungen erzielt werden, wenn die Gruppe unterschiedlich zusammengesetzt ist. Im Folgenden soll auf diese Frage näher eingegangen werden, wobei zweifache Varianzanalysen mit Messwiederholung zum Einsatz gelangen. Die unabhängigen Variablen beziehen sich auf die Gruppenzugehörigkeit (reine Jungengruppe, reine Mädchengruppe und gemischtgeschlechtliche Gruppe) sowie auf die Messzeitpunkte. Als abhängige Variable wurden erneut die Bereiche Wissen, Anforderungsbewertung und Coping sowie Stresssymptomatik und wahrgenommene Problembelastung einbezogen.

Im Wissensbereich finden sich bei den Definitionen und Beispielen zu Stressauslösern, Stressbewältigung und Stressreaktionen multivariat signifikante Unterschiede zwischen den verschiedenen Teilnehmergruppen ($F_{(8, 656)} = 2.89$; $p < .01$; $Eta^2 = .034$). Wie univariate Analysen zeigen, bezieht sich dieser Effekt auf beide Wissensbereiche. Bei den Definitionen ($F_{(4, 660)} = 2.97$; $p < .05$; $Eta^2 = .018$) besteht der Effekt darin, dass zwar in allen Gruppen ein deutlicher Wissenszuwachs erzielt wird, der danach auch stabil ist, dass dieser Zuwachs jedoch in der homogenen Mädchengruppe insgesamt am höchsten ist. Die ungünstigsten Effekte werden demgegenüber in der homogenen Jungengruppe erreicht, bei denen in der Posttest-Erhebung zwar ebenfalls ein deutlicher Zuwachs erzielt wird, der jedoch zur Follow-up-Erhebung leicht absinkt (s. Abbildung 15).

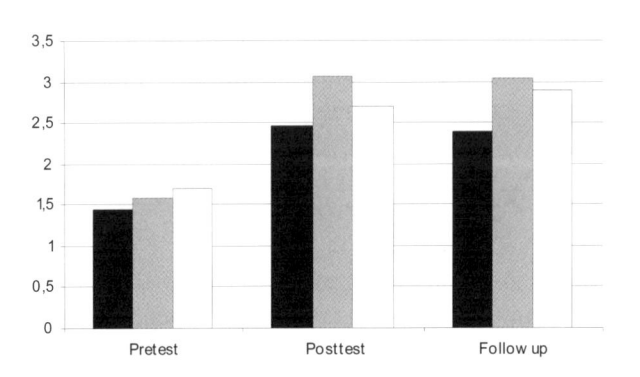

Abbildung 15: Wissen über Stressauslöser, Stressbewältigung und Stressreaktionen in homogenen Jungen- bzw. Mädchengruppen und in geschlechtsgemischten Trainingsgruppen

Auf den Wissensbereich bezogen ergeben sich weiterhin univariat signifikante Unterschiede bei den Beispielen, die den Jugendlichen zu Stressauslösern, Stressbewältigung und Stressreaktionen einfallen ($F_{(4, 660)} = 3.28$; $p < .05$; $Eta^2 = .020$). Wie die Abbildung 16 zeigt, findet sich vor allem bei den Mädchen in homogenen Trainingsgruppen ein deutlicher und stabiler Zuwachs über die Erhebungszeitpunkte hinweg, während vor allem in den homogenen Jungengruppen weniger günstige Werte erreicht werden.

Zusammenfassend lässt sich zur Frage der Gruppenzusammensetzung festhalten, dass es bei Variablen aus dem Wissensbereich Unterschiede gibt, die durchgängig in die Richtung günstigerer Effekte bei homogenen Mädchengruppen hinweisen. Besonders ungünstige Effekte zeigen sich demgegenüber am ehesten bei homogenen Jungengruppen, während die gemischtgeschlechtlichen Gruppen eine Zwischenstellung einnehmen.

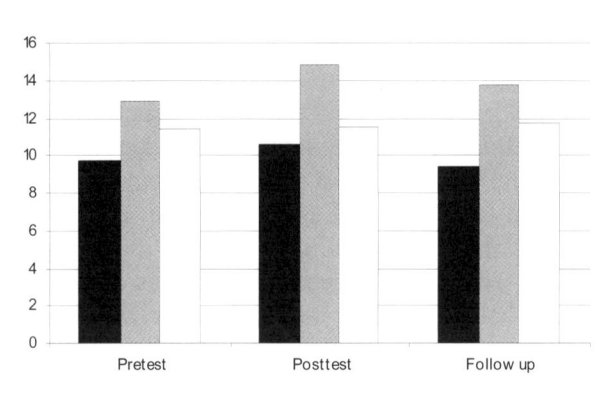

Abbildung 16: Anzahl der Beispiele zu Stressauslösern, Stressreaktionen und Stressbewältigung in homogenen Jungen- bzw. Mädchengruppen und in gemischtgeschlechtlichen Trainingsgruppen

5.2.6 Evaluationsergebnisse zur Nutzung des Internets

Insgesamt geben 30.3% der Jugendlichen (29.8% der Mädchen und 30.7% der Jungen) an, die Internetseite zum Stressbewältigungstraining besucht zu haben. Von den Jugendlichen, die die Seite besucht hatten, waren 48.0% der Meinung, dass ihnen die Internetseite gut bzw. sehr gut gefallen hat. Weiteren 27.6% der Jugendlichen hat die Internetseite teilweise zugesagt („teils-teils"), während sie 24.4% der Jugendlichen nicht so gut oder überhaupt nicht gut gefallen hat.

Den Chat auf der Internetseite, der jeweils freitags von 17 bis 19 Uhr zugänglich war, haben 8.9% der Schüler (7.4% der Mädchen und 10.6% der Jungen) besucht, wobei 50.0% der Jugendlichen hierzu eine gute bis sehr gute Bewertung abgeben. Weitere 26.9% fanden den Chat teilweise positiv, während 23.1% ihn als nicht so gut oder gar nicht gut beurteilen. Die Diskussionsforen, die kursbegleitend angeboten wurden und von dem jeweiligen Trainingsleiter betreut wurden, wurden von 20.3% der Jugendlichen (17.9% der Mädchen und 23.2% der Jungen) aufgesucht. Hierzu wird von 67.7% der Jugendlichen ein gutes bis sehr gutes Urteil abgegeben. Weiteren 20% haben die Foren teilweise zugesagt, während sie 12.3% der Jugendlichen nicht so gut oder überhaupt nicht gut gefallen haben.

Der Besuch der Internetseite korreliert hoch mit dem Besuch sowohl des Chats ($r = .27$, $p < .001$) als auch (insbesondere) der Diskussionsforen ($r = .60$, $p < .001$). Zwischen dem Besuch der Internetseite, des Chats sowie der Diskussionsforen und der Gesamtbewertung des Trainings bestehen jedoch keine Zusammenhänge. Das Training wird von Jugendlichen, die das Internet genutzt haben, und Jugendlichen, die es nicht genutzt haben, gleich bewertet. Darüber hinaus gibt es keine nennenswerten Unterschiede hinsichtlich der Effekte auf Wissen, Anforderungsbewertung und Coping sowie Stresssymptomatik und Problembelastung zwischen Jugendlichen, die das Internet genutzt haben, und solchen, die es nicht genutzt haben.

Die Zugriffsstatistik auf die Internetseite weist für den Trainingszeitraum von Oktober bis Dezember 2003 insgesamt 1298 Besucher für die Internetseiten aus. Davon entfielen 165 auf den Monat Oktober, 741 auf den Monat November und 392 auf den Monat Dezember. Da die Internetseite erst am Ende der vierten Trainingssitzung eingeführt wurde, geht der starke Anstieg Ende Oktober und insbesondere im Monat November auf die Bekanntmachung der Internetbegleitung zurück. Der Rückgang im Dezember dürfte auf das Ende des Trainings (Mitte Dezember) zurückgehen.

Zusammenfassend lässt sich zur Internetnutzung festhalten, dass knapp ein Drittel der Jugendlichen das Internet als Begleitmedium genutzt hat, wobei insbesondere die Diskussionsforen recht häufig besucht wurden und gleichzeitig weit überwiegend positiv beurteilt werden. Die Internetnutzung hängt allerdings nicht mit der Trainingsbewertung durch die Jugendlichen und mit den Trainingseffekten zusammen.

5.2.7 Eltern- und Lehrerperspektive

Bei den Eltern- und Lehrereinschätzungen finden sich keine Unterschiede zwischen der Interventions- und Kontrollbedingung. Betrachtet man die Korrelationen zwischen den Urteilen der Schüler und den Urteilen der Eltern (auf die Gesamtstichprobe zum ersten Messzeitpunkt bezogen), so findet man im Problemfragebogen für Jugendliche von Seiffge-Krenke (1995) mittlere Korrelationen zwischen den Einschätzungen der Jugendlichen und ihrer Eltern (für Probleme im Bereich der Schule $r = .42$, $p < .001$; für Probleme mit den Eltern $r = .44$, $p < .001$; für Problem mit Gleichaltrigen $r = .44$, $p < .001$ und für selbstbezogene Probleme $r = .40$, $p < .001$). Ähnliches gilt für die Einschätzungen der Symptombelastung in der deutschen Fassung des Strengths and Difficulties Questionnaire mit einer Korrelation in Höhe von $r = .37$ ($p < .001$). Bei den Lehrereinschätzungen finden sich durchweg Nullkorrelationen mit den Einschätzungen der Jugendlichen.

5.3 Konsequenzen

Bevor auf Konsequenzen eingegangen wird, die sich für den Einsatz des Stresspräventionstrainings für Jugendliche ergeben, sollen zunächst die wichtigsten Ergebnisse der Programmevaluation zusammengefasst werden:

1. Das Stresspräventionsprogramm für Jugendliche fuhrt nicht nur zu deutlichen Wissenszuwächsen, sondern auch zu Veränderungen der Angaben zur Anforderungsbewertung und zur Stressbewältigung sowie zu einer Reduktion der wahrgenommenen Probleme. Die Abnahmen bei der wahrgenommenen Problembelastung zeigen sich jedoch nur bei Mädchen im Strengths and Difficulties Questionnaire. Die Programmwirkungen bleiben auch bei der Follow-up-Erhebung zwei Monate nach Trainingsende noch weitgehend bestehen.
2. Zwischen den Kombinationsmodulen gibt es Evaluationsunterschiede, die überwiegend auf ungünstigere Ergebnisse für das Problemlösemodul in Kombination mit dem Entspannungsmodul hinweisen.
3. Das Stresspräventionsprogramm wird von den Jugendlichen weit überwiegend positiv beurteilt. Die drei wichtigsten Kriterien, die mit einer positiven Beurteilung zusammenhängen, sind, (a) dass die Schüler etwas gelernt haben, (b) dass die Schüler das Programm als abwechslungsreich empfanden und (c) dass die Stimmung in der Gruppe positiv war.

4. Bei der Bewertung der Modulkombinationen zeigen sich Unterschiede in der Art, dass die Kombination des Problemlösetrainings mit den Modulen zur kognitiven Umstrukturierung und zur sozialen Unterstützung günstigere Bewertungen erhalten hat als das Modul zur Entspannung.
5. Es finden sich keine systematischen Schultypunterschiede. Wenn sich unterschiedliche Programmwirkungen zeigen, fallen sie in unsystematischer Weise zugunsten von Gymnasiasten oder Schülern der Haupt- und Realschule aus. Man kann also die Schlussfolgerung ziehen, dass das Programm gleichermaßen in verschiedenen Schulkontexten Effekte erzielt. Eine ähnliche Schlussfolgerung ist auch hinsichtlich der Klassenstufenzugehörigkeit (8. versus 9. Klasse) zu ziehen.
6. Weiterhin zeigen sich keine Evaluationsunterschiede zwischen Jugendlichen, die das Programm abschließend positiv bewerten, und solchen Schülern, die eine indifferente bzw. negative Bewertung abgeben. Mit dem Programm werden also nicht nur Jugendliche erreicht, die dem Programm positiv gegenüberstehen.
7. Bei einer Reihe von Evaluationskriterien finden sich Geschlechtseffekte, die jedoch im Verhältnis zu den generellen Programmeffekten eher untergeordnete Größenordnungen erreichen. Grundsätzlich sind daher mit dem Programm sowohl weibliche als auch männliche Jugendliche erreichbar.
8. Bei der Frage nach der Gruppenzusammensetzung zeigen sich bei einzelnen Evaluationskriterien Hinweise darauf, dass eine homogene Gruppenzusammensetzung in reinen Mädchengruppen mit positiveren Programmwirkungen assoziiert ist. Es folgen geschlechtsgemischte Gruppen, während reine Jungengruppen vom Trend her mit weniger positiven Programmwirkungen verbunden sind.
9. Die Internetbegleitung wird von den Jugendlichen, die sie genutzt haben, überwiegend positiv beurteilt. Dies gilt insbesondere für die trainingsbegleitende Betreuung durch Diskussionsforen, deren Nutzung häufig angegeben wurde und die mit weit überwiegend positiven Bewertungen verbunden war.
10. Die Programmeffekte werden nicht in den Eltern- und Lehrerurteilen erkennbar. Die Elterneinschätzungen weisen dabei Übereinstimmungen mit den Einschätzungen der Jugendlichen auf, während bei den Lehrereinschätzungen keine Zusammenhänge zu den Schülereinschätzungen bestehen.

Allgemein lässt sich aus den Evaluationsergebnissen die Schlussfolgerung ziehen, dass das Programm mit positiven Wirkungen auf die Jugendlichen verbunden ist und dass die intendierten Wirkungen weitgehend erreicht wurden. Wichtig ist dabei, dass die Effekte nicht nur die Wissensebene betreffen, sondern dass auch Effekte auf die Angaben zur Anforderungsbewertung und zum Coping erzielt werden konnten. Man hätte sich sicherlich noch zusätzliche Effekte auf der Ebene der physischen und psychischen Symptomatik gewünscht, wobei dazu allerdings einschränkend zu bemerken ist, dass es grundsätzlich schwierig ist, mit einem primärpräventiven Programm auf diesen Ebenen Wirkungen zu erzielen (s. hierzu auch Hains & Ellmann, 1994). Dies liegt insbesondere daran, dass die teilnehmenden Jugendlichen keine Population mit spezifischen Symptomatiken darstellen und auch die durchgeführte Intervention nicht auf spezifische Symptomatiken (wie beispielsweise Kopfschmerz) gerichtet ist. In dieser Situation sind deutliche Auswirkungen auf der Symptomebene eher unwahrscheinlich.

Da keine deutlichen Effekte auf der Ebene der Problembelastungen und der Stresssymptomatik nachweisbar sind, überrascht es nicht, dass derartige Effekte ebenfalls nicht in den Eltern- und Lehrereinschätzungen erkennbar werden. Da die Eltern- und Lehrereinschätzungen sich ausschließlich auf Problembelastungen und Symptomatiken bezogen, ist nicht zu erwarten, dass Effekte bei Bezugspersonen erkennbar werden, die bereits von den Betroffenen selbst nicht angegeben werden. Hinzu kommt, dass insbesondere die Lehrereinschätzungen nicht mit den Einschätzungen der Jugendlichen korrelieren, was darauf hinweist, dass hier eine relativ starke Perspektivendivergenz vorliegt. In diesem Fall dürfte die Wahrscheinlichkeit noch geringer sein, Veränderungen bei den Jugendlichen wahrzunehmen.

Für den Programmeinsatz ist es als günstig zu bewerten, dass nur wenige Effekte mit der Geschlechts- oder Schultypzugehörigkeit zusammenhängen. Dies ist auch deshalb hervorzuheben, weil die Durchführung eines Stresspräventionsprogramms in der Bedarfsanalyse vor allem von Mädchen und weniger von Jungen präferiert wurde. In der Trainingsevaluation führen diese geschlechtsabhängigen Präferenzen jedoch nicht zu differentiellen Effekten. Die weitgehende Unabhängigkeit von der Schultypzugehörigkeit weist darauf hin, dass die Trainingsergebnisse auch in Gruppen zu erzielen sind, die eher als schwierig gelten können (wie beispielsweise manche Hauptschulgruppen). In diesem Zusammenhang ist insbesondere auch erwähnenswert, dass sich bei Herausnahme der Trainingsgruppen, bei denen sich bei der Trainingsdurchführung die größten Probleme gezeigt hatten, keine deutlichen Verbesserungen der Evaluationsergebnisse zeigten. Die Programmwirkungen in diesen Gruppen sind zwar abgeschwächt, aber dennoch nachweisbar.

Was die Frage der Gruppenzusammensetzung angeht, so könnte man aus den Ergebnissen die Schlussfolgerung ziehen, verstärkt auf homogene Mädchengruppen zu setzen. Wenn sich dies anbietet, ist es sicherlich nach den Evaluationsergebnissen wünschenswert. Auf der anderen Seite sind die Ergebnisse für die geschlechtsgemischten Gruppen nicht so deutlich unterschiedlich, dass sich dies rechtfertigen lässt, wenn dafür im Gegenzug homogene Jungengruppen in Kauf genommen werden müssten, die ihrerseits mit eher ungünstigen Evaluationsergebnissen verknüpft sind.

Obwohl sich insgesamt nur wenige Geschlechtsunterschiede in der Programmwirkung gezeigt haben, ist davon auszugehen, dass insbesondere Jungen aus problematischen Klassen- und Schulkontexten mit einem Stresspräventionsprogramm weniger gut erreichbar sind. Dies kommt auch darin zum Ausdruck, dass unter den Trainingsabbrechern sich überwiegend Jungen (und nur ein Mädchen) befanden, wobei die Abbruchquote mit 3.9% insgesamt sehr niedrig lag. Es ist daher sinnvoll, gerade in problematischen Gruppen besondere Maßnahmen zur Steigerung der Teilnahmemotivation vorzusehen. Da es hier sicherlich keine allgemein gültigen Rezepte gibt, sollten gerade in derartigen Situationen zuvor ausführliche Gespräche mit Klassen- und Beratungslehrern stattfinden, um mögliche motivationssteigernde Zugänge zu einer Gruppe herauszufinden. Ein besonderer Stellenwert kommt hier auch der Vorstellung des Trainingsleiters und des Trainings in der Gruppe zu, um so gegebenenfalls ein Interesse zu wecken.

Für den zukünftigen Einsatz des Stresspräventionsprogramms stellt sich insbesondere die Frage, welche Modulkombinationen zu empfehlen sind. Wie die Evaluationsergebnisse zeigen, finden sich für die Kombination mit dem Entspannungsmodul eher ungünstige Evaluationsergebnisse und auch die Beurteilungen des Moduls seitens der Jugendlichen fällt weniger positiv aus. Dies ist konsistent mit den Befunden, die sich bereits zuvor bei dem Stresspräventionsprogramm für Kinder und bei den spezifischen Evaluationen von Entspannungstrainings im Kindes- und frühen Jugendalter gezeigt hatten (s. unter anderem Klein-Heßling, 1997; Lohaus & Klein-Heßling, 2000, 2003). Die Konsequenz sollte hier sein, den Einsatz des Entspannungsmoduls verstärkt von den Präferenzen der Jugendlichen selbst abhängig zu machen. Dazu ist ergänzend festzustellen, dass das Entspannungsmodul in einzelnen Trainingsgruppen sehr positiv aufgenommen wurde und dementsprechend zu positiven Bewertungen führte.

Grundsätzlich ist also ein Einsatz in Abhängigkeit von den Interessen der Jugendlichen zu präferieren, der in dieser Studie nicht vorgenommen wurde, um durch die Zufallszuordnung der Gruppen zu den Trainingsbedingungen Vorunterschiede zwischen den Gruppen zu vermeiden.

Als Konsequenz wird also vorgeschlagen, am Ende der Problemlösesitzungen den Jugendlichen die drei möglichen Ergänzungsmodule vorzustellen und mit ihnen über ihre Präferenzen zu diskutieren. Den Jugendlichen selbst sollte also die Entscheidung über das Ergänzungsmodul überlassen bleiben.

Auch wenn sich die Programmeffekte nicht als instabil erwiesen haben, ist es sinnvoll, über Maßnahmen nachzudenken, um eine Nachhaltigkeit der Programmwirkung sicherzustellen. Hier sind verschiedene Maßnahmen denkbar, wobei sicherlich die Situation vor Ort von Bedeutung ist und auch die Kreativität des Trainingsleiters gefragt ist. Besonders hervorzuheben sind die folgenden Möglichkeiten:

- Es kann sinnvoll sein, die Ergebnisse des Trainings nicht nur innerhalb der Trainingsgruppe wirken zu lassen, sondern auch eine Wirkung außerhalb der Trainingsgruppe zu initiieren. In Schulkontexten bietet es sich an, mögliche Problemlösungen, die sich auf die Schule beziehen (z.B. auf die Pausengestaltung), mit weiteren Schulvertretern oder Schulgremien zu diskutieren. Dadurch ergibt sich die Möglichkeit zu Veränderungen, die auch über das Training hinaus wirken. Auch Poster, die in der Schule ausgehängt werden, oder Artikel, die für die Schülerzeitung verfasst werden, können in diesem Sinne Wirkungen erzielen.
- Wenn die Möglichkeit dazu besteht, kann mit Auffrischungssitzungen, die in einigem Abstand zum Training durchgeführt werden, die Nachhaltigkeit der Wirkung erhöht werden. Hierzu liegen bisher keine vorbereiteten Sitzungskonzeptionen vor. Da jedoch drei Ergänzungsmodule existieren, könnte man nach einer kurzen Wiederholung des Problemlöseansatzes Elemente aus einem Ergänzungsmodul besprechen, die zuvor nicht zum Einsatz gelangten. Dadurch würde das Thema wieder aufgegriffen und es würden gleichzeitig auch neue Inhalte angesprochen. Dies würde auch dem Bedürfnis der Schüler, in dem Stressbewältigungstraining etwas Neues zu lernen, entgegenkommen.
- Die Nachhaltigkeit dürfte auch verbessert werden, wenn ein Stressbewältigungstraining in ein Umfeld platziert wird, in dem bereits eine Aufgeschlossenheit für Gesundheitsförderungsansätze besteht. Wenn weitere Maßnahmen zur Gesundheitsförderung eingesetzt werden und insgesamt ein positives Klima in diese Richtung besteht, lassen sich vielfache Ankerpunkte finden, die die Nachhaltigkeit der Wirkung unterstützen. Die Stressbewältigungstrainings sind dadurch Teil eines Gesamtkonzeptes, das von mehreren Seiten getragen wird.
- Um die Nachhaltigkeit zu erhöhen, kann es weiterhin sinnvoll sein, die Lehrer und Eltern über die Trainingsinhalte zu informieren. Die Hoffnung ist dabei, dass auch andere Erziehende Trainingsinhalte in anderen Kontexten wieder aufgreifen. So könnte beispielsweise das Problemlöseschema bei der Lösung vollkommen anderer Probleme in anderen Unterrichtsgebieten eingesetzt werden, um es dadurch zu festigen und seine Allgemeingültigkeit zu belegen. Auch dies kann dazu beitragen, Programmeffekte zu festigen.
- Auch das Internet kann in diesem Sinne genutzt werden, indem verdeutlicht wird, dass über das Internet Unterstützungsmöglichkeiten für Jugendliche bestehen, die auch nach Trainingsende genutzt werden können (z.B. internetgestützte Beratungsangebote für Jugendliche). Hilfreich kann es auch sein, wenn der Trainingsleiter eine E-Mail-Adresse hinterlässt, über die er auch nach Trainingsende noch für einzelne Jugendliche erreichbar ist. Dies kann gleichzeitig auch als Alternative zu internetgestützten Diskussionsforen gesehen werden, die möglicherweise nicht bei jeder Trainingsdurchführung zur Verfügung stehen.

Zusammenfassend lässt sich sagen, dass das Stresspräventionstraining bereits ohne ausgedehnte Begleitmaßnahmen zur Sicherung der Nachhaltigkeit zeitstabile Wirkungen zeigt, dass jedoch durch zusätzliche Maßnahmen vermutlich noch bessere Wirkungen erzielt werden können.

Es sollte abschließend betont werden, dass der Einsatz präventiver Maßnahmen zur Stressbewältigung auch dann sinnvoll sein kann, wenn die konkrete Wirkung über die Zeit nachlässt. Die besondere Bedeutung dieser Maßnahmen liegt auch darin, zu erkennen, dass es durch Änderungen des eigenen Denkens und Verhaltens gelingen kann, auf das eigene Stresserleben und die eigene Stresssymptomatik Einfluss zu nehmen.

Wenn dieser Grundgedanke gelegt ist, erhöht sich die Wahrscheinlichkeit, auch später im Leben eher die Ursachen des eigenen Stresserlebens im Blick zu behalten als nach Maßnahmen zu suchen, die an den Symptomen operieren (z.B. durch den Konsum von Medikamenten, um Stresssymptome zu reduzieren).

Literatur

Aßhauer, M. & Hanewinkel, R. (1999). Lebenskompetenzförderung und Suchtprophylaxe in der Grundschule: Entwicklung, Implementation und Evaluation primär-präventiver Unterrichtseinheiten. *Zeitschrift für Gesundheitspsychologie, 7,* 158-171.

Beck, A.T., Rush, A.J., Shaw, B.F. & Emery, G. (1981). *Kognitive Therapie der Depression.* München: Urban & Schwarzenberg.

Bliesener, T. (1991). Soziale Unterstützung im Jugendalter: Konstruktion und Validierung eines Instrumentes zu ihrer Erfassung. *Psychologische Beiträge, 33,* 434-462.

Compas, B.E., Malcarne, V.L. & Fondacaro, K.M. (1988). Coping with stressful events in older children and young adolescents. *Journal of Consulting and Clinical Psychology, 56,* 405-411.

Compas, B.E. & Phares, V. (1991). Stress during childhood and adolescence: Sources of risk and vulnerability. In Cummings et al. (Eds.), *Life-span developmental psychology* (pp. 111-129). Hillsdale, NJ: Erlbaum.

De Anda, D. (1998). The evaluation of a stress management program for middle school adolescents. *Child and Adolescent Social Work Journal, 15,* 73-85.

De Anda, D., Darroch, P., Davidson, M., Gilly, J. & Morejon, A. (1990). Stress management for pregnant adolescents and adolescent mothers: A pilot study. *Child and Adolescent Social Work, 7,* 53-67.

Denecke, H. & Kröner-Herwig, B. (2000). *Kopfschmerz-Therapie mit Kindern und Jugendlichen.* Göttingen: Hogrefe.

Dubow, E.F. & Tisak, J. (1989). The relation between stressful life events and adjustment in elementary school children: The role of social support and social problem-solving skills. *Child Development, 60,* 1412-1423.

D'Zurilla, T.J. & Goldfried, M.R. (1971). Problem solving and behavior modification. *Journal of Abnormal Psychology, 78,* 107-126.

Elias, M.J., Gara, M., Ubriaco, M., Rothman, P.A., Clabby, J.F. & Schuyler, T. (1986). Impact of a preventive social problem solving intervention on children's coping with middle-school stressors. *American Journal of Community Psychology, 14,* 259-276.

Ellis, A. (1983). *Die rational-emotive Therapie. Das innere Selbstgespräch bei Problemen und seine Veränderung.* München: Pfeiffer.

Feldhege, F.-J. & Krauthahn, G. (1979). *Verhaltenstrainingsprogramm zum Aufbau sozialer Kompetenz (VTP).* Berlin: Springer.

Fields, L. & Prinz, R.J. (1997). Coping and adjustment during childhood and adolescence. *Clinical Psychology Review, 17,* 937-976.

Franke, A. & Möller, H. (1993). *Psychologisches Programm zur Gesundheitsförderung.* München: Quintessenz.

Goodman, R. (1997). The Strengths and Difficulties Questionnaire: A Research Note. *Journal of Child Psychology and Psychiatry, 38,* 581-586.

Goodman, R. (1999). The extended version of the Strengths and Difficulties Questionnaire as a guide to child psychiatric caseness and consequent burden. *Journal of Child Psychology and Psychiatry, 40,* 791-801.

Hains, A.A. (1992). A stress inoculation training program for adolescents in a high school setting: A multiple baseline approach. *Journal of Adolescence, 15,* 163-175.

Hains, A.A. & Ellmann, S.W. (1994). Stress inoculation training as a preventative intervention for high school youths. *Journal of Cognitive Psychotherapy: An International Quarterly, 8,* 219-232.

Hains, A.A. & Szyjakowski, M. (1990). A cognitive stress-reduction intervention program for adolescents. *Journal of Counseling Psychology, 37,* 79-84.

Heimberg, R.G., Nyman, D. & O'Brien, G.T. (1987). Assessing variations of the Though-Listing Technique: Effects of instructions, stimulus intensity, stimulus modality, and scoring procedures. *Cognitive Therapy and Research, 11,* 13-24.

Heppner, P.P. & Hillerbrand, E.T. (1991). Problem-solving training: Implications for remedia and preventive training. In C.R. Snyder & D.R. Forsyth (Eds.), *Handbook of social and clinical psychology: The health perspective* (pp. 681-698). New York: Pergamon.

Hinsch, R. & Pfingsten, U. (1998). *Gruppentraining sozialer Kompetenz (GSK). Grundlagen, Durchführung, Materialien.* München: Beltz.

Jason, L.A. & Burrows, B. (1983). Transition training for high school seniors. *Cognitive Therapy and Research, 7,* 79-92.

Jefferys-Duden, K. (1999). *Das Streitschlichter-Programm. Mediatorenausbildung für Schülerinnen und Schüler der Klassen 3 bis 6.* Weinheim: Beltz.

Jose, P.E., Cafasso, L.L. & D'Anna, C.A. (1994). Ethnic group differences in children's coping strategies. *Sociological Studies of Children, 6,* 25-53.

Jose, P.E., D'Anna, C.A., Cafasso, L.L. & Bryant, F.B. (1998). Stress and Coping among Russian and American early adolescents. *Developmental Psychology, 34,* 757-769.

Kämmerer, A. (1983). *Die therapeutische Strategie „Problemlösen". Theoretische und empirische Perspektiven ihrer Anwendung in der Kognitiven Psychotherapie.* Münster: Aschendorff.

Kaluza, G. (1996). *Gelassen und sicher im Stress. Psychologisches Programm zur Gesundheitsförderung.* Berlin: Springer.

Kiselica, M.S., Baker, S.B., Thomas, R.N. & Reedy, S. (1994). Effects of stress inoculation training on anxiety, stress, and academic performance among adolescents. *Journal of Counseling Psychology, 41*, 335-342.

Klasen, H., Woerner, W., Wolke, D., Meyer, R., Overmeyer, S., Kaschnitz, W., Rothenberger, A.& Goodman, R. (2000). Comparing the German versions of the Strengths and Difficulties Questionnaire (SDQ-Deu) and the Child Behavior Checklist. *European Child and Adolescent Psychiatry, 9*, 271-276.

Klein-Heßling, J. (1997). *Stressbewältigungstrainings für Kinder. Eine Evaluation.* Tübingen: DGVT-Verlag.

Klein-Heßling, J. & Lohaus, A. (1998). *Streßpräventionstraining für Kinder im Grundschulalter* (2., überarbeitete Auflage 2000). Göttingen: Hogrefe.

Klein-Heßling, J. & Lohaus, A. (2002a). Zur situationalen Angemessenheit der Bewältigung von Alltagsbelastungen im Kindes- und Jugendalter. *Kindheit und Entwicklung, 11*, 29-37.

Klein-Heßling, J. & Lohaus, A. (2002b). Benefits and interindividual differences in children's responses to extended and intensified relaxation training. *Anxiety, Stress, and Coping, 15*, 275-288.

Klein-Heßling, J., Lohaus, A. & Beyer, A. (2003). Gesundheitsförderung im Jugendalter: Attraktivität von Stressbewältigungstrainings. *Zeitschrift für Gesundheitswissenschaft, 11*, 364-379.

Kolip, P. (1994). Jugend und Gesundheit: Eine notwendig geschlechtsspezifische Betrachtung. In P. Kolip (Hrsg.). *Lebenslust und Wohlbefinden* (S. 7-21). Weinheim: Juventa.

Koskelainen, M., Sourander, A. & Kaljonen, A. (2001). The Strengths and Difficulties Questionnaire among Finnish school-aged children and adolescents. *European Child and Adolescent Psychiatry, 9*, 277-284.

Krowatschek, D. (1999). *Überaktive Kinder im Unterricht.* Dortmund: Verlag modernes Lernen.

Lazarus, R.S. (1966). *Psychological stress and the coping process.* New York: McGraw Hill.

Lazarus, R.S. & Folkman, S. (1984). *Stress, appraisal, and coping.* New York: Springer.

Lazarus, R.S. & Launier, R. (1981). Stressbezogene Transaktionen zwischen Person und Umwelt. In J.R. Nitsch (Hrsg.). *Stress. Theorien, Untersuchungen, Maßnahmen* (S. 213-260). Bern: Huber.

Lazarus, R.S. & Lazarus, B.N. (1994). *Passion and reason: Making sense of our emotions.* New York: Oxford University Press.

Lohaus, A., Beyer, A. & Klein-Heßling, J. (2004). Stresserleben und Stresssymptomatik bei Kindern und Jugendlichen. *Zeitschrift für Entwicklungspsychologie und Pädagogische Psychologie, 36*, 38-46.

Lohaus, A., Eschenbeck, H., Kohlmann, C.-W. & Klein-Heßling, J. (2006). *Fragebogen zur Erhebung von Stress und Streßbewältigung im Kindes- und Jugendalter (SSKJ 3-8).* Göttingen: Hogrefe.

Lohaus, A., Fleer, B., Freytag, P. & Klein-Heßling, J. (1996). *Fragebogen zur Erhebung von Stresserleben und Stressbewältigung im Kindesalter (SSK).* Göttingen: Hogrefe.

Lohaus, A. & Klein-Heßling, J. (1999). *Kinder im Stress und was Erwachsene dagegen tun können.* München: Beck.

Lohaus, A. & Klein-Heßling, J. (2000). Coping in childhood: A comparative evaluation of different relaxation techniques. *Anxiety, Stress, and Coping, 13*, 187-211.

Lohaus, A. & Klein-Heßling, J. (2003). Relaxation in children: Effects of extended and intensified training. *Psychology and Health, 18*, 237-249.

Lohaus, A., Klein-Heßling, J. & Shebar, S. (1997). Stress management for elementary school children: A comparative evaluation of different approaches. *European Review of Applied Psychology, 47*, 157-161.

Lohaus, A., Klein-Heßling, J., Vögele, C. & Kuhn-Hennighausen, C. (2001). Relaxation in children: Effects on physiological measures. *British Journal of Health Psychology, 6*, 197-206.

Manz, R., Junge, J. & Margraf, J. (2001). Prävention von Angst und Depression bei Jugendlichen. *Zeitschrift für Gesundheitspsychologie, 9*, 168-179.

Meichenbaum, D. (1985). *Stress inoculation training.* New York: Pergamon Press.

Meichenbaum, D. (1991). *Intervention bei Stress – Anwendung und Wirkung des Stressimpfungstrainings.* Bern: Huber.

Mittag, W. & Jerusalem, M. (1999). Determinanten des Rauchverhaltens bei Jugendlichen und Transfereffekte eines schulischen Gesundheitsprogrammes. *Zeitschrift für Gesundheitspsychologie, 7*, 183-202.

Petermann, U. (1999). *Entspannungstechniken für Kinder und Jugendliche*. Weinheim: Beltz.

Pössel, P., Horn, A.B. & Hautzinger, M. (2003). Erste Ergebnisse eines Programms zur schulbasierten Prävention von depressiven Symptomen bei Jugendlichen. *Zeitschrift für Gesundheitspsychologie, 11,* 10-20.

Priestley, P., McGuire, J., Flegg, G., Hemsley, V. & Welham, D. (1978). *Social skills and personal problem solving – A handbook of methods*. London: Tavistock Publications.

Roth, S. & Cohen, L.J. (1986). Approach, avoidance, and coping with stress. *American Psychologist, 41,* 813-819.

Rothbaum, F., Weisz, J.R. & Snyder, S.S. (1982). Changing the world and changing the self: A two-process model of perceived control. *Journal of Personality and Social Psychology, 42,* 5-37.

Seiffge-Krenke, I. (1989). Bewältigung alltäglicher Problemsituationen: Ein Coping-Fragebogen für Jugendliche. *Zeitschrift für Differentielle und Diagnostische Psychologie, 10,* 201-220.

Seiffge-Krenke, I. (1995). *Stress, coping, and relationships in adolescence*. Mahwah, NJ: Lawrence Erlbaum.

Seiwert, L.J. (1998). *Das 1x1 des Zeitmanagements*. Landsberg am Lech: MVG-Verlag.

Wagner-Link, A. (2001). Aktive *Entspannung und Stressbewältigung. Wirksame Methoden für Vielbeschäftigte*. Renningen: Expert Verlag.

Winkler Metzke, C. & Steinhausen, H.-C. (1999). Risiko-, Protektions- und Vulnerabilitätsfaktoren für seelische Gesundheit und psychische Störungen im Jugendalter. I: Die Bedeutung von Bewältigungsfertigkeiten und selbstbezogenen Kognitionen. *Zeitschrift für Klinische Psychologie: Forschung und Praxis, 28,* 45-53.

Winkler Metzke, C. & Steinhausen, H.-C. (2002). Bewältigungsstrategien im Jugendalter. *Zeitschrift für Entwicklungspsychologie und Pädagogische Psychologie, 34,* 216-226.

Anhang I: Trainermaterial

A Materialien

Abkürzungen

Für die Trainermaterialien und Folien wird mit den unten aufgeführten Abkürzungen für die Modulbezeichnungen gearbeitet.

- WP Modul Wissen zu Stress und Problemlösen
- G   Modul Gedanken und Stress
- S   Modul Soziale Unterstützung
- E   Modul Entspannung und Zeitmanagement

✂ bitte zurechtschneiden und auf Karteikarten kleben

Ich bin gestresst, weil …

bei meiner besten Freundin und mir dicke Luft ist. Es ist Folgendes passiert: In der Schule habe ich mitgekriegt, dass meine beste Freundin gestern einfach mit anderen aus der Clique, mit denen wir auch manchmal etwas unternehmen, ins Kino gegangen ist. Sie hat mich nicht angerufen und mich nicht gefragt, ob ich auch Lust hätte, mitzukommen. Normalerweise machen wir alles zusammen. Ich bin ganz schön sauer und denke mir, das ist ja eine tolle Freundin …

Mein Ziel ist …

Was rätst du mir, Kandidat 1?
Was rätst du mir, Kandidat 2?
Was rätst du mir, Kandidat 3?

Ich wähle Kandidat …, weil …

Ich bin gestresst, weil …

bei meinem Kumpel und mir dicke Luft ist. Es ist Folgendes passiert: In der Schule habe ich mitgekriegt, dass er sich mit ein paar anderen aus der Klasse im Basketballverein angemeldet hat. Er hat mich nicht gefragt, ob ich auch Lust hätte, mitzukommen. Normalerweise machen wir alles zusammen. Ich bin ganz schön sauer und denke mir, das ist ja ein toller Freund …

Mein Ziel ist …

Was rätst du mir, Kandidat 1?
Was rätst du mir, Kandidat 2?
Was rätst du mir, Kandidat 3?

Ich wähle Kandidat …, weil …

Aus: Beyer & Lohaus: Stressbewältigung im Jugendalter © 2006 Hogrefe
Mit freundlicher Unterstützung durch die Techniker Krankenkasse

Stress nicht als Katastrophe erleben

✂ bitte zurechtschneiden und auf Karteikarten kleben

Ich bin gestresst, weil …

ich mich in der Schule unwohl fühle. Das liegt daran, dass ich mit den anderen eigentlich nichts zu tun habe. Ich frage keinen nach den Hausaufgaben, ich schreibe auch nirgendwo ab, obwohl ich nichts dagegen hätte. Ich mache für die Schule eigentlich immer alles alleine. Und in den Pausen stehe ich auch alleine da.

Mein Ziel ist …

Was rätst du mir, Kandidat 1?
Was rätst du mir, Kandidat 2?
Was rätst du mir, Kandidat 3?

Ich wähle Kandidat … , weil …

Ich bin gestresst, weil …

ich in Deutsch eine Fünf geschrieben habe. Ich habe einfach in letzter Zeit den Anschluss in diesem Fach verloren. Ich habe jetzt schon Angst vor dem schlechten Zeugnis.

Mein Ziel ist …

Was rätst du mir, Kandidat 1?
Was rätst du mir, Kandidat 2?
Was rätst du mir, Kandidat 3?

Ich wähle Kandidat … , weil …

Aus: Beyer & Lohaus: Stressbewältigung im Jugendalter © 2006 Hogrefe
Mit freundlicher Unterstützung durch die Techniker Krankenkasse

Stress nicht als Katastrophe erleben

✂ bitte zurechtschneiden und auf Karteikarten kleben

Ich bin gestresst, weil ...

ich übermorgen einen schwierigen Test schreibe. Ich will unbedingt eine gute Note bekommen. Das Problem ist nur, ich weiß noch nicht genug für eine gute Note.

Mein Ziel ist ...

Was rätst du mir, Kandidat 1?
Was rätst du mir, Kandidat 2?
Was rätst du mir, Kandidat 3?

Ich wähle Kandidat ..., weil ...

Ich bin gestresst, ...

wenn ich daran denke, was ich heute noch alles machen muss: Morgen schreiben wir eine Mathearbeit, dafür muss ich unbedingt noch lernen. Um 14.30 Uhr habe ich einen Zahnarzttermin, danach fahre ich direkt zum Schwimmtraining. Um 18.55 Uhr kommen die Simpsons – die will ich nicht verpassen. Und meine Freunde will ich ja auch noch sehen.

Mein Ziel ist ...

Was rätst du mir, Kandidat 1?
Was rätst du mir, Kandidat 2?
Was rätst du mir, Kandidat 3?

Ich wähle Kandidat ..., weil ...

Aus: Beyer & Lohaus: Stressbewältigung im Jugendalter © 2006 Hogrefe
Mit freundlicher Unterstützung durch die Techniker Krankenkasse

Stress nicht als Katastrophe erleben

✂ bitte zurechtschneiden und auf Karteikarten kleben

Ich bin gestresst, weil …

ich gerade auf dem Zahnarztstuhl sitze und auf den Zahnarzt warte. Ich bin total aufgeregt und habe Angst, dass die Behandlung schmerzhaft wird.

Mein Ziel ist …

Was rätst du mir, Kandidat 1?
Was rätst du mir, Kandidat 2?
Was rätst du mir, Kandidat 3?

Ich wähle Kandidat …, weil …

Ich bin gestresst, weil …

es zu Hause ständig Streit gibt. Meine Eltern verstehen sich nicht mehr und motzen sich nur an, die Stimmung ist furchtbar. Ich glaube, sie wollen sich scheiden lassen …

Mein Ziel ist …

Was rätst du mir, Kandidat 1?
Was rätst du mir, Kandidat 2?
Was rätst du mir, Kandidat 3?

Ich wähle Kandidat …, weil …

Stress nicht als Katastrophe erleben

Aus: Beyer & Lohaus: Stressbewältigung im Jugendalter © 2006 Hogrefe
Mit freundlicher Unterstützung durch die Techniker Krankenkasse

Alle sollen mich für immer lieben.

Es ist wichtig, dass mich alle akzeptieren.

Es gibt immer jemanden, der besser ist als ich.

Ich habe heute verloren und werde auch in Zukunft verlieren.

Aus: Beyer & Lohaus: Stressbewältigung im Jugendalter © 2006 Hogrefe
Mit freundlicher Unterstützung durch die Techniker Krankenkasse

SNAKE
Stress nicht als Katastrophe erleben

Trainermaterial G 1

So etwas passiert immer nur mir. Ich bin eine totale Versagerin.

Es gibt nichts Schlimmeres, als einen Fehler zu machen.

Ich werde nur anerkannt, wenn ich die Schönste bin.

Ich muss perfekt sein.

SNAKE
Stress nicht als Katastrophe erleben

Aus: Beyer & Lohaus: Stressbewältigung im Jugendalter © 2006 Hogrefe
Mit freundlicher Unterstützung durch die Techniker Krankenkasse

> Das ist das Peinlichste, was mir passieren konnte.

> Das ist so schrecklich, da komme ich nie wieder heraus …

> Ich werde es nie schaffen, mich zu ändern!

SNAKE — Stress nicht als Katastrophe erleben

Sich helfen zu lassen, ist immer ein Zeichen von Schwäche.

✂ bitte zurechtschneiden

A) Ich bin mit meinem Aussehen sehr zufrieden.
B) Ich finde mein Aussehen durchschnittlich.
C) Ich bin mit meinem Aussehen überhaupt nicht zufrieden.

✂ --

A) Ich finde, dass ich eine sehr gute Figur habe.
B) Ich beurteile meine Figur als durchschnittlich.
C) Meine Figur ist nicht besonders toll.

✂ --

A) Ich finde meine Augen total schön.
B) Ich finde meine Augen okay.
C) Ich finde meine Augen nicht besonders schön.

✂ --

A) Ich finde, ich habe ein sehr schönes, ansteckendes Lachen.
B) Ich finde mein Lachen ganz normal.
C) Ich kann mein Lachen nicht besonders leiden.

✂ --

A) Ich bin sehr schlagfertig.
B) Ich weiß oft nicht, was ich sagen soll.
C) Ich kriege oft keinen Ton heraus.

✂ --

A) Ich bin sehr clever.
B) Ich bin durchschnittlich intelligent.
C) Manchmal stehe ich ganz schön auf dem Schlauch.

✂ --

A) In der Schule bin ich ein Ass.
B) In der Schule bin ich durchschnittlich.
C) In der Schule bin ich ziemlich schlecht.

✂ --

A) Ich habe eine sehr gute Allgemeinbildung.
B) Meine Allgemeinbildung ist durchschnittlich.
C) Meine Allgemeinbildung ist nicht besonders.

✂ --

A) Ich kann sehr gut singen.
B) Meine Stimme ist so la la.
C) Ich kann nicht gut singen.

✂ --

✂ bitte zurechtschneiden

A)   Ich bin eine sehr gute Tänzerin / ein guter Tänzer.
B)   Ich kann durchschnittlich gut tanzen.
C)   Ich kann nicht gut tanzen.

✂ --

A)   Ich bin sehr sportlich.
B)   Was Sport anbelangt, gehöre ich zum Mittelfeld.
C)   Ich bin unsportlich.

✂ --

A)   Ich kann sehr gut schwimmen.
B)   Ich kann durchschnittlich gut schwimmen.
C)   Ich kann nicht gut schwimmen.

✂ --

A)   Ich bin körperlich sehr fit.
B)   Ich bin so fit wie die meisten anderen auch.
C)   Ich bin total unfit.

✂ --

A)   Ich kenne mich mit Computern total gut aus.
B)   Ich kenne mich mit Computern so gut aus wie die meisten anderen auch.
C)   Ich kenne mich mit Computern überhaupt nicht aus.

✂ --

A)   Ich kenne mich in der aktuellen Musikszene total gut aus.
B)   Ich kenne mich in der aktuellen Musikszene so gut aus wie die meisten anderen auch.
C)   Ich kenne mich in der aktuellen Musikszene überhaupt nicht aus.

✂ --

A)   Ich bin ein Organisationstalent.
B)   Ich kann Sachen organisieren, so wie die meisten anderen auch.
C)   Ich bin ziemlich chaotisch und kann nicht organisieren.

✂ --

A)   Ich bin handwerklich sehr fit und kann alles reparieren.
B)   Ich bin handwerklich so fit wie die meisten anderen auch.
C)   Ich habe zwei linke Hände.

✂ --

A)   Ich bin sehr beliebt.
B)   Ich bin so beliebt wie die meisten anderen auch.
C)   Ich bin nicht besonders beliebt.

Stress nicht als Katastrophe erleben

Vorbereitung auf eine stressige Situation „Test"

Rollenspielanweisung (A)

Spiele einen Lehrer, der eine Klassenarbeit für den nächsten Tag ankündigt. Betone, dass die Arbeit wichtig ist etc.

Dein Rollenspielpartner spielt den Schüler, dem der Test angekündigt wird.

Vorbereitung auf eine stressige Situation „Test"

Rollenspielanweisung (B)

Spiele einen Schüler. Du sitzt in der Klasse. Der Lehrer kündigt einen Test an.

Dein Rollenspielpartner spielt den Lehrer, der den Test ankündigt.

Sage laut, was du in dieser Situation denkst – schieß los!

Vorbereitung auf eine stressige Situation „Date"

Rollenspielanweisung (A)

Spiele jemanden, der gerade mit einem Mädchen / Jungen telefoniert. Das Mädchen bzw. der Junge am anderen Ende der Leitung ist ziemlich verknallt in dich, wie du von Freunden erfahren hast. Du findest sie / ihn auch klasse. Ihr macht ein bisschen Smalltalk und verabredet euch dann für morgen in einer Disko. Dann legt ihr auf.

Dein Rollenspielpartner spielt die Person am anderen Ende der Leitung.

Vorbereitung auf eine stressige Situation „Date"

Rollenspielanweisung (B)

Du telefonierst gerade mit deinem Schwarm. Du findest sie / ihn total klasse, weißt aber nicht so richtig, was sie / er von dir hält. Ihr macht ein bisschen Smalltalk und verabredet euch dann für morgen. Dann legt ihr auf.

Dein Rollenspielpartner spielt den Schwarm am anderen Ende der Leitung.

Sage laut, was du in dieser Situation denkst – schieß los!

Aus: Beyer & Lohaus: Stressbewältigung im Jugendalter © 2006 Hogrefe
Mit freundlicher Unterstützung durch die Techniker Krankenkasse

Stress nicht als Katastrophe erleben

Klarkommen in der stressigen Situation „…5"

Rollenspielanweisung (A)

Spiele einen Lehrer, der gerade die Abschlussklausuren austeilt. Ein Schüler der Klasse hat eine 5 geschrieben. Als du ihm das Heft zurückgibst, sagst du: „Das war ja wohl überhaupt nichts, was soll aus dir nur werden? Mit einer 5 in Deutsch kommst du nicht weit, damit das klar ist …"

Dein Rollenspielpartner spielt den Schüler, der die 5 geschrieben hat.

✂ ---

Klarkommen in der stressigen Situation „…5"

Rollenspielanweisung (B)

Spiele einen Schüler, der gerade in der Klasse sitzt. Die Arbeitshefte werden ausgeteilt. Der Lehrer gibt dir deine Arbeit zurück und gibt seinen Kommentar dazu ab.

Dein Rollenspielpartner spielt den Lehrer.

Sage laut, was du in dieser Situation denkst – schieß los!

Klarkommen in der stressigen Situation „Ex"

Rollenspielanweisung (A)

Spiele einen Jungen, der gerade auf einer Party ist. Du hast vor kurzem mit deiner Freundin Schluss gemacht. Jetzt bist du in eine andere verliebt, mit der du auch auf die Party gekommen bist. Ihr steht gerade zusammen rum, haltet Händchen und quatscht. Plötzlich siehst du deine Ex. Du hast sie hier gar nicht erwartet. Du sagst freundlich Hallo …

Dein Rollenspielpartner spielt deine Exfreundin.

✂ --

Klarkommen in der stressigen Situation „Ex"

Rollenspielanweisung (B)

Du kommst auf eine Party und siehst deinen Exfreund mit einer anderen herumstehen und Händchen halten. Die beiden sehen ganz verliebt aus. Du wärst gerne noch mit deinem Ex zusammen. Er grüßt dich ganz freundlich …

Sage laut, was du in dieser Situation denkst – schieß los!

Aus: Beyer & Lohaus: Stressbewältigung im Jugendalter © 2006 Hogrefe
Mit freundlicher Unterstützung durch die Techniker Krankenkasse

Stress nicht als Katastrophe erleben

Bewertung, wenn die stressige Situation überstanden ist „Fahrstunde"

Rollenspielanweisung (A)

Spiele einen Fahrlehrer. Gerade unterhältst du dich mit einem sehr schwierigen Schüler, der den Motorradführerschein machen will. Die Stunde mit diesem Schüler ist extrem schlecht verlaufen. Er ist fast bei Rot über die Ampel gefahren und hat die Vorfahrt nicht beachtet. Total chaotisch. Du sagst ihm, dass du von der Stunde nicht begeistert warst und dass er sich mehr anstrengen muss, wenn er den Führerschein machen will.

Dein Rollenspielpartner ist der Fahrschüler.

✂ --

Bewertung, wenn die stressige Situation überstanden ist „Fahrstunde"

Rollenspielanweisung (B)

Spiele einen Fahrschüler. Du nimmst zurzeit Fahrstunden. Du willst den Motorradführerschein machen. Gerade hattest du eine total chaotische Fahrstunde. Du hast viele Fehler gemacht, z.B. bist du bei Rot über die Ampel gefahren. Du unterhältst dich nach der Stunde mit deinem Fahrlehrer darüber, wie es gelaufen ist.

Dein Rollenspielpartner spielt deinen Fahrlehrer.

Sage laut, was du in dieser Situation denkst – schieß los!

Aus: Beyer & Lohaus: Stressbewältigung im Jugendalter © 2006 Hogrefe
Mit freundlicher Unterstützung durch die Techniker Krankenkasse

Stress nicht als Katastrophe erleben

Bewertung, wenn die stressige Situation überstanden ist „Streit"

Rollenspielanweisung (A)

Du spielst ein Mädchen, das sich gerade mit seiner Freundin zofft, z.B. übers Weggehen. Ihr kriegt euch so richtig in die Haare und du machst deiner Freundin Vorwürfe, weil du der Ansicht bist, dass sie sich sehr unfair verhalten hat. Dann trennt ihr euch.

Deine Rollenspielpartnerin ist deine Freundin.

✂ ---

Bewertung, wenn die stressige Situation überstanden ist „Streit"

Rollenspielanweisung (B)

Du spielst ein Mädchen, das sich gerade mit seiner Freundin zofft, z.B. übers Weggehen. Ihr kriegt euch so richtig in die Haare. Deine Freundin macht dir Vorwürfe. Dann trennt ihr euch.

Deine Rollenspielpartnerin spielt die Freundin.

Sage laut, was du in dieser Situation denkst – schieß los!

Situation: Der laute Nachbar

Aggressives Verhalten

„Hey, Sie müssen die Tür nicht immer so laut zuknallen und dann noch die Musik aufdrehen wie ein Verrückter. Sie denken wohl, dass ganze Haus gehört Ihnen allein. Von Rücksicht haben Sie wohl noch nie etwas gehört!"

- o Aggressives Auftreten
- o Brüllen, schreien
- o Drohende, wilde Gestik und Mimik
- o Entweder kein Blickkontakt oder „Anstarren"

✂ ---

Situation: Der laute Nachbar

Unsicheres Verhalten

„Es geht mich ja eigentlich nichts an, was Sie abends machen, aber meinen Sie, es wäre ganz vielleicht möglich, abends die Haustür ein wenig leiser zu schließen und die Musik ein bisschen leiser zu machen. Na ja, es ist ja Ihre Sache, also nur, wenn es Ihnen nichts ausmacht."

- o Unsicheres, schüchternes Auftreten
- o Leise, zaghafte Stimme
- o Verkrampfte Mimik und Gestik
- o Kein Blickkontakt

✂ ---

Situation: Der laute Nachbar

Sicheres Verhalten

„Ich bitte Sie darum, die Haustür leise zu schließen und die Musik nicht mehr so aufzudrehen, wenn Sie abends spät nach Hause kommen. Ich werde von dem Knallen der Tür und der Musik wach und kann dann nicht mehr einschlafen. Ich muss aber schlafen, da ich morgens in die Schule muss. Ich erwarte von Ihnen, dass Sie darauf Rücksicht nehmen."

- o Sicheres, selbstbewusstes Auftreten
- o Laute, klare Stimme
- o Lebhafte Gestik und Mimik, entspannte Körperhaltung
- o Blickkontakt

Aus: Beyer & Lohaus: Stressbewältigung im Jugendalter © 2006 Hogrefe
Mit freundlicher Unterstützung durch die Techniker Krankenkasse

Stress nicht als Katastrophe erleben

Situation: Der Raucher im Auto

Aggressives Verhalten

„Jetzt mach' endlich die verdammte Kippe aus, das ist echt eine Unverschämtheit, wie du hier die Luft verpestest. Du meinst wohl, du bist allein im Auto. Du kannst gefälligst rauchen, wenn wir eine Pause machen. Es ist eine totale Frechheit, dass du hier rauchst, ohne auf uns Rücksicht zu nehmen".

- o Aggressives Auftreten
- o Brüllen, schreien
- o Drohende, wilde Gestik und Mimik
- o Entweder kein Blickkontakt oder „Anstarren"

✂ ---

Situation: Der Raucher im Auto

Unsicheres Verhalten

„Habt ihr vielleicht etwas dagegen, wenn ich das Fenster hier hinten kurz ein wenig aufmache? Hoffentlich zieht es dann nicht. Ich glaube nämlich, dass es hier im Auto ganz schön warm ist, und, äh, vielleicht auch ein wenig verraucht. Ich mache es auch gleich wieder zu, wenn es jemanden stört. Es ist einfach so warm hier, echt komisch …"

- o Unsicheres, schüchternes Auftreten
- o Leise, zaghafte Stimme
- o Verkrampfte Mimik und Gestik
- o Kein Blickkontakt

✂ ---

Situation: Der Raucher im Auto

Sicheres Verhalten

„Du, Phillip, ich möchte dich darum bitten, im Auto nicht mehr zu rauchen, bis wir da sind. Die verrauchte Luft stört mich und meine Augen brennen schon. Ich kann kaum noch atmen. Du kannst ja auf dem Parkplatz eine rauchen, wenn wir eine Pause machen. Ist das o.k.?"

- o Sicheres, selbstbewusstes Auftreten
- o Laute, klare Stimme
- o Lebhafte Gestik und Mimik, entspannte Körperhaltung
- o Blickkontakt

Aus: Beyer & Lohaus: Stressbewältigung im Jugendalter © 2006 Hogrefe
Mit freundlicher Unterstützung durch die Techniker Krankenkasse

Stress nicht als Katastrophe erleben

Situation: Verabredung

Aggressives Verhalten

„Mann, du bist vielleicht blöd, dass du eine Stunde zu spät kommst. Meinst du ich habe nichts Besseres zu tun als auf dich zu warten? So etwas geht mir echt auf die Nerven. Das war das letzte Mal, dass ich dich einlade."

- o   Aggressives Auftreten
- o   Brüllen, schreien
- o   Drohende, wilde Gestik und Mimik
- o   Entweder kein Blickkontakt oder „Anstarren"

✂ --

Situation: Verabredung

Unsicheres Verhalten

„Hi, komm rein. Das Essen steht schon auf dem Tisch. Ich, äh…, hatte eigentlich gedacht, dass du früher kommst, vielleicht habe ich mich aber auch einfach vertan, das kommt bei mir häufig vor. Du kennst mich ja. Entschuldige bitte, kann jetzt sein, dass das Essen kalt ist, hoffentlich ist das nicht schlimm …"

- o   Unsicheres, schüchternes Auftreten
- o   Leise, zaghafte Stimme
- o   Verkrampfte Mimik und Gestik
- o   Kein Blickkontakt

✂ --

Situation: Verabredung

Sicheres Verhalten

„Hi, komm rein. Ich habe früher mit dir gerechnet. Ich habe eine Stunde auf dich gewartet. Ich würde mich freuen, wenn du mich anrufst, wenn du später kommst."

- o   Sicheres, selbstbewusstes Auftreten
- o   Laute, klare Stimme
- o   Lebhafte Gestik und Mimik, entspannte Körperhaltung
- o   Blickkontakt

Aus: Beyer & Lohaus: Stressbewältigung im Jugendalter © 2006 Hogrefe
Mit freundlicher Unterstützung durch die Techniker Krankenkasse

SNAKE
Stress nicht als Katastrophe erleben

Wahrheit oder Pflicht

Wahrheit (alle Module)

Was sind Stressauslöser? Nenne 3 Beispiele!

Sind Stressauslöser immer Dinge, die von außen kommen, wie Klassenarbeiten etc.?

Was sind Stressreaktionen? Anders gefragt: Weißt du, woran man merkt, dass man Stress hat? Nenne 3 Beispiele!

Können sich verschiedene Stressreaktionen (z.B. Hektik, denken „Ich kann das nicht", Angst zu versagen) gegenseitig beeinflussen?

Stell dir vor, du stehst im Stau. Du hast keinen Stress und bleibst ganz locker. Eine andere Person dagegen, die auch im Stau steht, ist total gestresst. Weißt du, woran das liegen könnte? Anders formuliert: Warum haben nicht alle Menschen in der gleichen Situation Stress?

(Bewertung – eventuell erklären)

Was ist Stressbewältigung? Zähle drei Dinge auf, die man gegen Stress tun kann!

Wenn man ein Problem hat und deswegen gestresst ist, ist es sinnvoll, die Lösung des Problems Schritt für Schritt anzugehen. Das hilft einem dabei, die beste Lösung zu finden! Wie nennt man diese Strategie?

(Problemlösen, SNAKE)

Welches Tier symbolisiert im Kurs das Problemlösen?

Wie viele Schritte haben wir beim Problemlösen unterschieden?

Wie heißt der erste Schritt beim Problemlösen? Was macht man da?

Wie heißt der zweite Schritt beim Problemlösen? Was macht man da?

Wie heißt der dritte Schritt beim Problemlösen? Was macht man da?

Wie heißt der vierte Schritt beim Problemlösen? Was macht man da?

Wie heißt der fünfte Schritt beim Problemlösen? Was macht man da?

Wahrheit (allgemein)

Weißt du, in welchem Land der Fluss „Krishna" fließt?
1. In Indien.
2. In Nepal.
3. In Thailand.

(1. Indien)

Was ist ein Tornister?
1. Eine hessische Bezeichnung für Torwart.
2. Ein Schulranzen.
3. Ein Toastbrot.

(2. Ein Schulranzen)

Weißt du, wer das Loch in der Nudel erfand?
1. Eine Handarbeitslehrerin aus Mailand.
2. Die Araber.
3. Galileo Galilei.

(2. Die Araber)

Woher kommt eigentlich der Name „Spaghetti"?
1. Von den Trägern des T-Shirts.
2. Vom italienischen Wort „Spago".
3. Von spartanisch.

(2. Spago = Bindfaden)

Was ist eine Dampfnudel?
1. Ein aufgeregter Teenager.
2. Ein Schnellkochtopf.
3. Ein Germknödel.

(3. Germknödel)

Stress nicht als Katastrophe erleben

Welche beiden Schauspieler standen Arm in Arm am Bug eines großen Schiffes?

(Leonardo di Caprio & Kate Winslet)

Wie heißt das männliche Hormon?

(Testosteron)

Wie lautet Artikel 1 des Grundgesetzes?

(Die Würde des Menschen ist unantastbar.)

Wie heißt die Interpretin, in deren Song Luftballons eine bedeutende Rolle spielen?

(Nena)

Wann wurde Deutschland zum ersten Mal Fußballweltmeister?

(1954 in Bern)

Wo befindet sich beim Menschen das Gleichgewichtsorgan?

(im Ohr)

Was bedeutet die Abkürzung WWW?

(World Wide Web)

Braucht man ein Abitur, um Psychologie zu studieren?

Pflicht (alle Module)

Was sind Stressreaktionen? Stelle drei Stressreaktionen pantomimisch dar, die anderen müssen sie erraten!

Was kann man zur Stressbewältigung machen? Stelle drei Möglichkeiten pantomimisch dar, die anderen müssen sie erraten!

Sprich folgenden Satz nach, aber ersetze alle Vokale durch ein ‚u'! „Wir sprechen von Stress, wenn wir Stressauslösern ausgesetzt sind und uns dadurch unter Druck fühlen, aber nicht wissen, wie wir die Situation meistern sollen."

Male das Symbol für den ersten Schritt des Problemlösens auf!

Male das Symbol für den zweiten Schritt des Problemlösens auf!

Male das Symbol für den dritten Schritt des Problemlösens auf!

Male das Symbol für den vierten Schritt des Problemlösens auf!

Male das Symbol für den fünften Schritt des Problemlösens auf!

Stelle den ersten Problemlöseschritt pantomimisch dar! Sage, welcher Schritt es ist!

Stelle den zweiten Problemlöseschritt pantomimisch dar! Sage, welcher Schritt es ist!

Stelle den dritten Problemlöseschritt pantomimisch dar! Sage, welcher Schritt es ist!

Stelle den vierten Problemlöseschritt pantomimisch dar! Sage, welcher Schritt es ist!

Stelle den fünften Problemlöseschritt pantomimisch dar! Sage, welcher Schritt es ist!

Mach die Augen zu und buchstabiere das Wort „Stress" rückwärts!

Stelle pantomimisch „Stress" dar. Lass die anderen raten, was du darstellst.

Pflicht (allgemein)

Mache einen Handstand oder einen Purzelbaum!

Schreibe an die Tafel, wie dein(e) Trainingsleiter(in) mit Vornamen heißt!

Erzähle einen Witz!

Nimm einen Schluck Wasser in den Mund und singe ein Lied! Die anderen müssen das Lied erraten.

Singe die erste Strophe von „3 Chinesen mit dem Kontrabass". Zur Verstärkung kannst du dir zwei Mitschüler auswählen!

Wahrheit Gedanken und Stress

Es gibt Stressgedanken und Anti-Stressgedanken: Stressgedanken machen „was" mit unserem Stresslevel? Anti-Stressgedanken machen „was" mit unserem Stresslevel?

Welche typischen Stressgedanken fallen dir ein? Nenne drei Gedanken!

Welche typischen Anti-Stressgedanken fallen dir ein? Nenne drei Gedanken!

Nenne eine Strategie, mit der man auf Anti-Stressgedanken kommen kann.

Welche Gründe gibt es, ein Kompliment zu machen? Nenne drei Gründe!

Wie fühlt man sich, wenn man ein Kompliment erhält?

Pflicht Gedanken und Stress

Mache einer Person deiner Wahl (deine Sitznachbarn sind ausgeschlossen) ein richtig schönes Kompliment!

Mache deinem Kursleiter ein Kompliment!

Mache dir selbst vor allen anderen ein schönes Kompliment.

Nenne drei Dinge, die du besonders toll an dir findest.

Vor einer Klassenarbeit denkt jemand „Das klappt bestimmt nicht, ich versage!" – Mache daraus einen Anti-Stressgedanken.

Stelle das Kompliment „Du hast eine tolle Figur und schöne Haare" pantomimisch dar.

Wahrheit Soziale Unterstützung

Nenne drei Einrichtungen, bei denen man sich Unterstützung holen kann, wenn man ein Problem hat.

Bei welchen Problemen ist es hilfreich, andere Menschen um Unterstützung zu bitten. Nenne drei Beispiele!

Was ist „Schweigepflicht"?

Wie heißen die drei Verhaltenstypen?

Nenne drei Merkmale des sicheren Verhaltenstyps.

Nenne drei Merkmale des unsicheren Verhaltenstyps.

Nenne drei Merkmale des aggressiven Verhaltenstyps.

Pflicht Soziale Unterstützung

Stelle pantomimisch das Gefühl „Traurigkeit" dar. Lass die anderen raten, was du dargestellt hast.

Stelle pantomimisch das Gefühl „Angst" dar. Lass die anderen raten, was du dargestellt hast.

Stelle pantomimisch das Gefühl „Freude" dar. Lass die anderen raten, was du dargestellt hast.

Stelle dir folgende Situation vor: Du hast einem Freund ein Buch geliehen und du bekommst es fleckig und mit Eselsohren zurück. Spiele nun eine aggressive Person und sage ihm, dass dich das ärgert! Suche dir dazu einen Rollenspielpartner aus der Gruppe.

Stelle dir folgende Situation vor: Deine Freundin/dein Freund steht in der Pause mit anderen herum und redet über dich. Spiele nun eine unsichere Person und sage ihr/ihm, dass dich das ärgert! Suche dir dazu Rollenspielpartner aus der Gruppe.

Stelle dir folgende Situation vor: Deine Mutter sagt dir, du sollst sofort aufhören zu telefonieren. Spiele nun eine sichere Person und sage deiner Mutter, dass du das Gespräch noch in Ruhe zu Ende führen möchtest. Nenne Gründe! Suche dir dazu einen Rollenspielpartner aus der Gruppe.

Stelle dir folgende Situation vor: Du hast im Supermarkt deine Einkäufe bezahlt. Beim Einpacken merkst du, dass die Kassiererin sich vertippt hat, so dass du zu viel bezahlt hast. Spiele nun eine sichere Person und reklamiere den Fehler. Bitte sie, dir das zu viel bezahlte Geld zurückzugeben. Suche dir dazu einen Rollenspielpartner aus der Gruppe.

Schlage unter dem Wort „Beratung" im Telefonbuch oder den Gelben Seiten nach und nenne drei Einrichtungen, bei denen man sich Hilfe holen kann.

Aus: Beyer & Lohaus: Stressbewältigung im Jugendalter © 2006 Hogrefe
Mit freundlicher Unterstützung durch die Techniker Krankenkasse

Stress nicht als Katastrophe erleben

Wahrheit Entspannung

Welche Entspannungsverfahren (-übungen) kennst du? Nenne zwei Verfahren!

Was steht hinter den drei Buchstaben PMR?

Nenne vier Möglichkeiten, sich zu entspannen!

Was ist Zeitmanagement?

Nenne drei Tricks zum Zeitmanagement!

Nenne Möglichkeiten, sich abzureagieren!

Pflicht Entspannung

Wie entspannt man bei der PMR die Armmuskulatur? Mache es vor!

Wie entspannt man bei der PMR die Schultermuskulatur? Mache es vor!

Wie entspannt man bei der PMR die Rückenmuskulatur? Mache es vor!

Wie entspannt man bei der PMR die Bauchmuskulatur? Mache es vor!

Wie entspannt man bei der PMR die Beinmuskulatur? Mache es vor!

Reagiere dich ab, indem du fünf Liegestütze machst!

Leite die Gruppe zum Indianerschrei an!

Singe oder summe ein entspannendes Lied für deine Gruppe! Du darfst unterstützt werden.

Aus: Beyer & Lohaus: Stressbewältigung im Jugendalter © 2006 Hogrefe
Mit freundlicher Unterstützung durch die Techniker Krankenkasse

Stress nicht als Katastrophe erleben

Anhang I: Trainermaterial

B Abschlussfragebogen

Abschlussfragebogen

Zum Schluss möchten wir deine Meinung über das Training erfahren. Deine Anregungen sind für uns sehr wichtig!

Zunächst ein paar Angaben zu dir:

Geschlecht: ☐ männlich ☐ weiblich

Alter: ____ Jahre

Klasse: ____ Klasse

Jetzt geht es los:

1. Wie haben dir die einzelnen Arbeitsmethoden gefallen?

Ich fand die ...	gar nicht gut	nicht so gut	teils-teils	gut	sehr gut
Abfragen am Anfang der Stunde	1	2	3	4	5
Spiele	1	2	3	4	5
Kleingruppenarbeit	1	2	3	4	5
Fallbeispiele	1	2	3	4	5
Brainstorming-Methode	1	2	3	4	5
Arbeit mit der Metaplanwand und den Karten	1	2	3	4	5

2. Wie abwechslungsreich waren die einzelnen Stunden?

sehr langweilig	langweilig	teils-teils	abwechslungsreich	sehr abwechslungsreich
1	2	3	4	5

Aus: Beyer & Lohaus: Stressbewältigung im Jugendalter © 2006 Hogrefe
Mit freundlicher Unterstützung durch die Techniker Krankenkasse

Stress nicht als Katastrophe erleben

3. Bitte beantworte nun die folgenden Fragen:

	ganz bestimmt nicht	eher nicht	vielleicht	be-stimmt	ganz bestimmt
Hast du im Training etwas gelernt?	1	2	3	4	5
Wurden für dich interessante Probleme im Training angesprochen?	1	2	3	4	5
Würdest du das Training an einen Freund/eine Freundin weiterempfehlen?	1	2	3	4	5

4. Nun geht es um den Trainer/die Trainerin, der/die deinen Kurs geleitet hat:

Wie gut kannte sich der Trainer/die Trainerin mit dem Thema Stress aus?

überhaupt nicht gut	nicht so gut	teils-teils	gut	sehr gut
1	2	3	4	5

Wie gut konnte der Trainer/die Trainerin die Inhalte erklären?

überhaupt nicht gut	nicht so gut	teils-teils	gut	sehr gut
1	2	3	4	5

Wie gut konnte der Trainer/die Trainerin die Gruppe leiten? (z.B. dafür sorgen, dass alle mitmachen, dass es ruhig ist, die Gruppe motivieren)

überhaupt nicht gut	nicht so gut	teils-teils	gut	sehr gut
1	2	3	4	5

Aus: Beyer & Lohaus: Stressbewältigung im Jugendalter © 2006 Hogrefe
Mit freundlicher Unterstützung durch die Techniker Krankenkasse

Stress nicht als Katastrophe erleben

5. Wie fandest du die Stimmung in der Gruppe?

überhaupt nicht gut	nicht so gut	teils-teils	gut	sehr gut
1	2	3	4	5

6. Was hat dir an dem Training gefallen?

_____

_____

_____

7. Was sollte deiner Meinung nach an dem Training verbessert werden?

_____

_____

_____

8. Und zum Schluss: Wie beurteilst du das Training insgesamt?

überhaupt nicht gut	nicht so gut	teils-teils	gut	sehr gut
1	2	3	4	5

Vielen Dank für deine Teilnahme und für das Ausfüllen des Fragebogens

Stress nicht als Katastrophe erleben

Anhang I: Trainermaterial

C Folien

So ein Stress

Die sieht so aus, als wäre sie mal wieder total im Stress!

Das stresst mich

Ich bin gestresst …

Wie gut, dass der Stress erstmal vorbei ist …

Keine Zeit, bin im Stress.

Aus: Beyer & Lohaus: Stressbewältigung im Jugendalter © 2006 Hogrefe
Mit freundlicher Unterstützung durch die Techniker Krankenkasse

SNAKE
Stress nicht als Katastrophe erleben

Stressreaktionen

Körper	Gefühle	Gedanken	Verhalten
• Herzklopfen • Übelkeit, Erbrechen • Bauchschmerzen • Appetitlosigkeit • Durchfall • Trockener Mund • Schwitzen • Weiche Knie • Enge Brust • Zittern • Stottern • Kopfschmerzen • Schlaflosigkeit	• Angst • Trauer • Unsicherheit • Hilflosigkeit • Ärger • Unzufriedenheit	• Black out, Denkblockade • Konzentrationsschwierigkeiten **Beispiele:** • „Ich wusste die Antwort doch, warum ist sie mir in dem Moment nicht eingefallen?" • „Auch das noch"	• Hektik, Ungeduld (z.B. Sachen herunterwerfen, nicht zuhören) • Gereiztheit und Aggressivität • Nervosität

Aus: Beyer & Lohaus: Stressbewältigung im Jugendalter © 2006 Hogrefe
Mit freundlicher Unterstützung durch die Techniker Krankenkasse

Stress nicht als Katastrophe erleben

Feedbackregeln

1. Die Rollenspieler sagen zuerst, was sie gut und was sie weniger gut gemacht haben.

2. Dann geben die Zuschauer Rückmeldung.

3. Immer erst sagen, was einem gefallen hat, dann, was man besser machen kann.

Wie man sich durch Gedanken Stress machen kann …

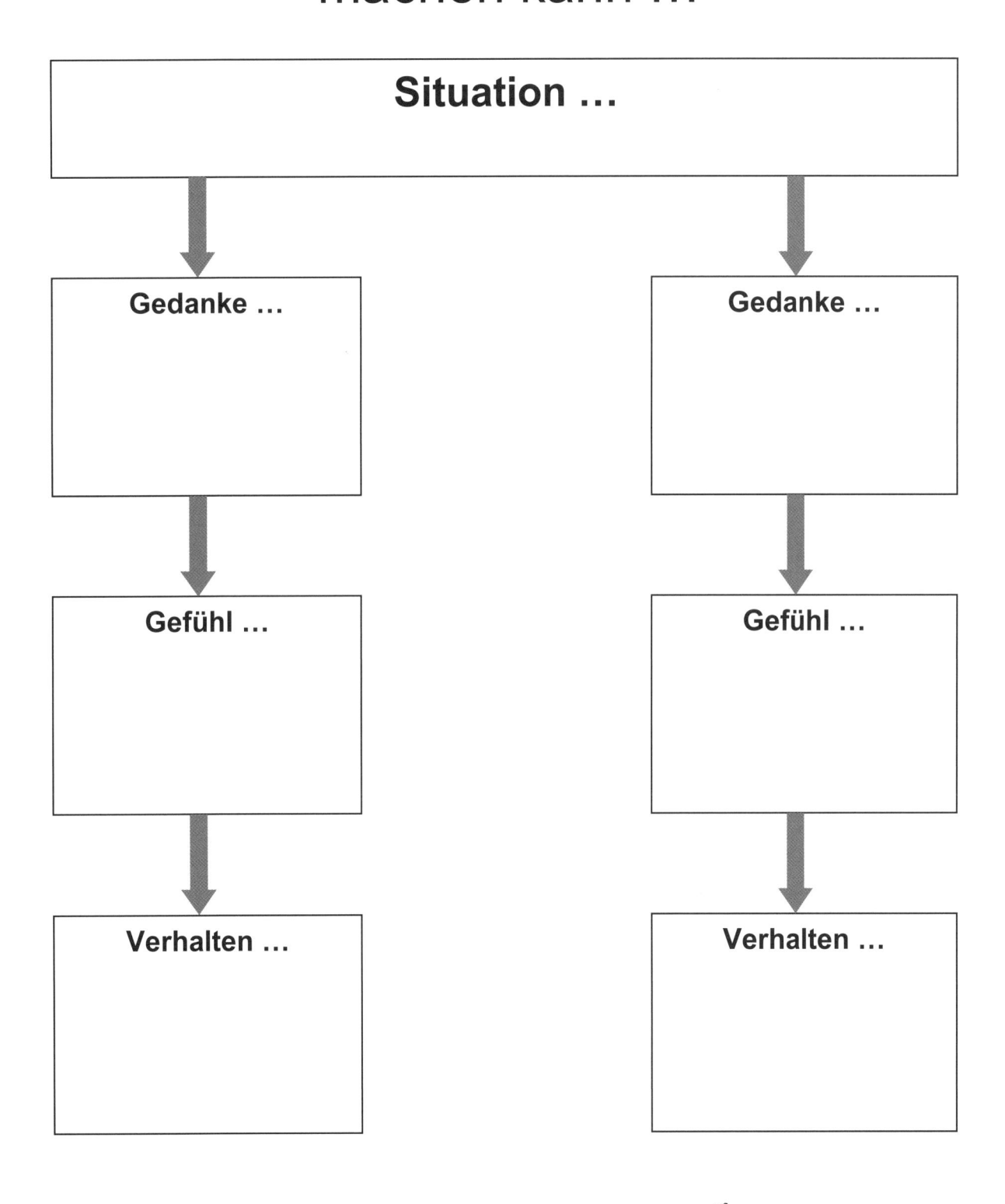

Situation …

Gedanke …

Gefühl …

Verhalten …

Gedanke …

Gefühl …

Verhalten …

Stress nicht als Katastrophe erleben

Aus: Beyer & Lohaus: Stressbewältigung im Jugendalter © 2006 Hogrefe
Mit freundlicher Unterstützung durch die Techniker Krankenkasse

Stress produzierende Gedanken

- Alle sollen mich für immer lieben.
- Es ist wichtig, dass mich alle akzeptieren.
- Es gibt immer jemanden, der besser ist als ich.
- Ich habe heute verloren und werde auch in Zukunft immer verlieren.
- So etwas passiert immer nur mir. Ich bin eine totale Versagerin.
- Es gibt nichts Schlimmeres, als einen Fehler zu machen.
- Ich werde nur anerkannt, wenn ich die Schönste bin.
- Ich muss perfekt sein.
- Das ist das Peinlichste, was mir passieren konnte.
- Das ist so schrecklich, da komme ich nie wieder heraus.
- Ich werde es nie schaffen, mich zu ändern.
- Sich helfen zu lassen, ist immer ein Zeichen von Schwäche.

Das Glas ist halb voll …

1. Stressgedanke: Bewerte die Situation negativ!

2. Gefühle/Körperreaktionen, wenn die Situation so bewertet wird?

3. Verhalten?

4. Anti-Stressgedanke: Bewerte die Situation positiv!

5. Gefühle / Körperreaktionen, wenn die Situation so bewertet wird?

6. Verhalten?

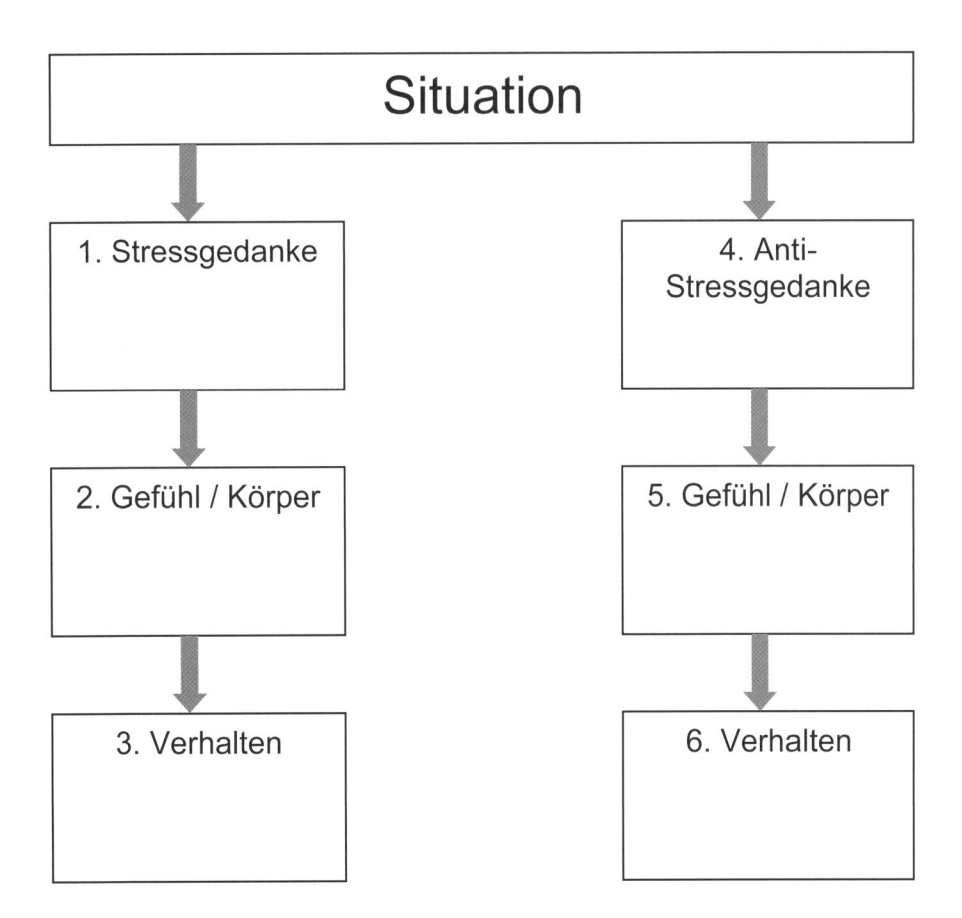

```
                    Situation
          ↙                        ↘
   1. Stressgedanke          4. Anti-Stressgedanke
          ↓                        ↓
   2. Gefühl / Körper        5. Gefühl / Körper
          ↓                        ↓
   3. Verhalten              6. Verhalten
```

Aus: Beyer & Lohaus: Stressbewältigung im Jugendalter © 2006 Hogrefe
Mit freundlicher Unterstützung durch die Techniker Krankenkasse

SNAKE
Stress nicht als Katastrophe erleben

Anhang II: Teilnehmermaterial

Abkürzungen

Für die Teilnehmermaterialien wird mit den unten aufgeführten Abkürzungen für die Modulbezeichnungen gearbeitet.

WP   Modul Wissen zu Stress und Problemlösen
G   Modul Gedanken und Stress
S   Modul Soziale Unterstützung
E   Modul Entspannung und Zeitmanagement

Aus: Beyer & Lohaus: Stressbewältigung im Jugendalter © 2006 Hogrefe
Mit freundlicher Unterstützung durch die Techniker Krankenkasse

Stress nicht als Katastrophe erleben

SNAKE

Stress Nicht Als Katastrophe Erleben

Teilnehmerunterlage

Wissen zu Stress und Problemlösen

Einführung

Stress ist in der heutigen Zeit ein sehr bekanntes Phänomen, jeder hat diesen Begriff schon einmal gehört und hat eine Vorstellung darüber, was Stress ist. Kurz gesagt, der Begriff Stress ist nichts Neues. Man liest davon in der Zeitung und hört es im Fernsehen, die Politiker sind im Stress, die Manager, Schauspieler und Lehrer... Es sind aber nicht nur Erwachsene davon betroffen. Wie die Forschungslage und die Erfahrung zeigen, erleben bereits manche Kinder und auch manche Jugendliche Stress.

Stopp! Beantworte bitte folgende Fragen:

Was ist Stress?

Warst du schon einmal richtig im Stress?

Hast du schon einmal gesagt: Endlich ist dieser Stress vorbei?

Natürlich ist das Erleben von Stress nicht immer unangenehm bzw. negativ. Stresserleben ist mit einer Aktivierung des Organismus verbunden, die leistungssteigernd sein kann und in bestimmen Situationen durchaus positiv erlebt wird. Unangenehm wird es erst, wenn das Stresserleben dauerhaft auftritt und mit Symptomen wie Kopfschmerzen, Bauschschmerzen etc. verbunden ist und vor allem dann, wenn man nicht weiß, was man dagegen unternehmen kann.

Im Kurs „SNAKE" besprechen wir, was sich genauer hinter dem Begriff „Stress" verbirgt. Darüber hinaus hast du die Möglichkeit zu erfahren, was man alles gegen Stress tun kann. Es gibt dazu einige Tipps und Tricks, die sich immer wieder als nützlich erweisen. Aber: Man sollte auch keine Wunder erwarten. Man muss Erfahrungen im Umgang mit Stress machen und Verschiedenes ausprobieren. Erst dann kann man herausfinden, was einem hilft.

In dieser Mappe findest du Unterlagen zum Grundlagenkurs mit dem Titel

„Wissen zu Stress und Problemlösen"

Wie der Name schon sagt, geht es zum einen um Wissenserwerb zum Thema Stress. Dazu findest du einige Informationen in der Mappe, so dass du zu Hause noch einmal nachlesen kannst, was im Kurs gemacht wurde. Wenn man besser darüber Bescheid weiß, was Stress ist, kann man frühzeitig seine Warnsignale erkennen und aktiv werden. Du kannst die Unterlagen auch gerne während den Sitzungen um eigene Notizen ergänzen!

Zum anderen geht es in dieser Kurseinheit darum, die eigene Problemlösekompetenz zu verbessern. Das kannst du dir so vorstellen: Das Problemlösen, so wie es im Kurs gelernt wird, ist eine ganz allgemeine Stressbewältigungsstrategie. Wenn man ein Problem hat, das einem Stress bereitet, kann man es ganz fachmännisch in fünf Schritten angehen, um so den Stress in den Griff zu bekommen. Die fünf Schritte werden im Kurs anhand des Modells einer Stressschlange gezeigt, deshalb heißt der Kurs auch SNAKE! Auch zum Problemlösen findest du eine ganz Reihe von Arbeitsblättern in dieser Mappe.

Neben dem Grundkurs gibt es noch drei weitere Kurseinheiten mit den Titeln

1) **Gedanken und Stress**
2) **Soziale Unterstützung**
3) **Entspannung und Zeitmanagement**

Diese drei Kurseinheiten beschäftigen sich jeweils schwerpunktmäßig mit einer Stressbewältigungsstrategie. Sie bauen auf dem Grundkurs auf und werden abhängig von eurer Interessenslage angeboten.

So, viel Spaß beim Kurs!

Stress nicht als Katastrophe erleben

Steckbrief

Foto

von _____

Ich wünsche mir von dem Stresskurs:

_____

_____

_____

Ich möchte nicht, dass in dem Stresskurs Folgendes passiert:

_____

_____

_____

Aus: Beyer & Lohaus: Stressbewältigung im Jugendalter © 2006 Hogrefe
Mit freundlicher Unterstützung durch die Techniker Krankenkasse

SNAKE
Stress nicht als Katastrophe erleben

Stress? Erkläre mal, was das ist!

> (1) Was sind Stressauslöser?

Damit Stress entstehen kann, muss erstmal ein Ereignis vorhanden sein, das als stressig erlebt wird. Solche Ereignisse bezeichnet man als Stressauslöser.

Es gibt ganz verschiedene Arten von Stressauslösern.

Beispiele für Stressauslöser ...

sind Streit mit Freunden oder mit den Eltern, Termindruck, Klassenarbeiten, hohe schulische Leistungsansprüche oder moralische Ansprüche, das Ziel, fünf Kilo abzunehmen. Das alles sind typische Stresssituationen aus dem Alltag.

Auch Umweltkatastrophen wie eine Überschwemmung und besondere Lebenssituationen, wie der Umzug in eine andere Stadt, Schulwechsel oder Scheidung der Eltern, sind Stressauslöser.

Wie an den Beispielen zu erkennen ist, müssen Stressauslöser nicht immer von außen kommen, es kann sich dabei auch um innere Anforderungen handeln (wie z.B. hohe schulische Leistungsansprüche oder das Ziel, fünf Kilo abzunehmen).

Aus: Beyer & Lohaus: Stressbewältigung im Jugendalter © 2006 Hogrefe
Mit freundlicher Unterstützung durch die Techniker Krankenkasse

SNAKE
Stress nicht als Katastrophe erleben

> **(2) Was sind Stressreaktionen?**

Stressreaktionen sind alle Körperreaktionen, Gedanken, Gefühle und Verhaltensweisen, die auftreten, wenn man Stress hat. Es sind Warnsignale, an denen man merkt, dass man gestresst ist!

Beispiele für Stressreaktionen sind:

Körper	Gefühle	Gedanken	Verhalten
• Herzklopfen • Übelkeit, Erbrechen • Bauchschmerzen • Appetitlosigkeit • Durchfall • Trockener Mund • Schwitzen • Weiche Knie • Enge Brust • Zittern • Kopfschmerzen • Schlaflosigkeit	• Angst • Trauer • Unsicherheit • Hilflosigkeit • Ärger • Unzufriedenheit	• Black out, Denkblockade • Konzentrationsschwierigkeiten Beispiele: • „Ich wusste die Antwort doch, warum ist sie mir in dem Moment nicht eingefallen?" • „Auch das noch"	• Hektik, Ungeduld (z.B. Sachen herunterwerfen, nicht zuhören) • Gereiztheit und Aggressivität • Nervosität

Es wird davon ausgegangen, dass die Stressreaktion in der frühen Menschheitsgeschichte für eine gute Anpassung an die Umwelt sorgte. Als Reaktion auf eine Gefahr, stellte sich in kürzester Zeit eine Kampf- bzw. Fluchtbereitschaft ein. Die Stressreaktion versetzte den Menschen also in einen Alarmzustand, in dem er schnell eine Auseinandersetzung durch „Kampf" entscheiden oder ihr durch „Flucht" aus dem Weg gehen konnte. Auf bedrohliche Situationen mit Stress zu reagieren ist demnach in erster Linie ein natürliches Verhalten. Kritisch wird es vor allem dann, wenn beständige Bedrohung wahrgenommen wird und man nahezu dauerhaft aktiviert ist.

SNAKE
Stress nicht als Katastrophe erleben

Aus: Beyer & Lohaus: Stressbewältigung im Jugendalter © 2006 Hogrefe
Mit freundlicher Unterstützung durch die Techniker Krankenkasse

(3) Stresst mich das?

Die eigene **Bewertung der Situation** entscheidet darüber, ob wir uns gestresst fühlen oder nicht. Nicht alle Menschen erleben also in der gleichen Situation Stress!

Beispiele:
Stau auf der Autobahn
Klassenarbeit in Mathematik …

(4) Was kann ich gegen Stress tun?

Unter **Stressbewältigung** verstehen wir all die Dinge, die wir machen können, um weniger gestresst zu sein.

Beispiele dafür sind:
Mit jemandem reden
Entspannung …

Aus: Beyer & Lohaus: Stressbewältigung im Jugendalter © 2006 Hogrefe
Mit freundlicher Unterstützung durch die Techniker Krankenkasse

SNAKE
Stress nicht als Katastrophe erleben

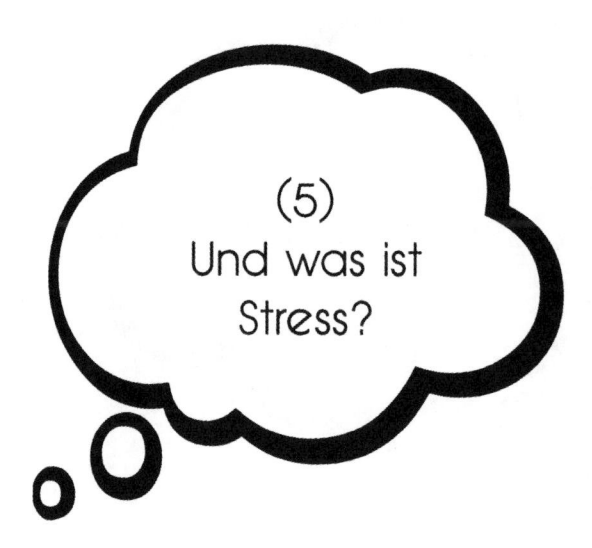

> **(5) Und was ist Stress?**

Wir wollen immer dann von

Stress

sprechen, wenn wir Stressauslösern ausgesetzt sind und uns dadurch unter Druck fühlen, aber nicht wissen, wie wir die Situation meistern sollen.

Oder wenn wir etwas unternehmen, um weniger Stress zu haben, der Stress aber trotzdem nicht weggeht.

Aus: Beyer & Lohaus: Stressbewältigung im Jugendalter © 2006 Hogrefe
Mit freundlicher Unterstützung durch die Techniker Krankenkasse

Stress nicht als Katastrophe erleben

Fallbeispiele zum Problemlösen

Anna interessiert sich schon länger für Marco.

Marco sieht gut aus, er ist nett und beliebt, einfach toll eben. Und er ist sehr sportlich. In der Pause kommt Marco auf Anna zu und schlägt vor, dass sie doch in der nächsten Woche mal zusammen Inliner fahren könnten. Anna hat große Lust, aber sie ist eine ziemliche Niete in Sport, wie sie findet. Und sie ist noch nie Inliner gefahren. Das wird eine Blamage! Dabei will sie Marco doch beeindrucken! Sie will auf keinen Fall, dass es peinlich wird. Und sie will unbedingt etwas mit Marco unternehmen.

Marco versteht im Mathematikunterricht (Bio, Englisch ...) häufig die Hausaufgabenstellung nicht.

Er versteht einfach nicht, was der Lehrer von ihm will. Er fühlt sich dann schlecht und hilflos und ihm wird manchmal sogar ganz schlecht. Sobald es klingelt, verdrückt er sich mit den anderen in die Pause und lässt sich nichts anmerken. Was alles noch schlimmer macht: Der Mathelehrer ist einer von der Sorte, der sie immer vor der ganzen Klasse kontrolliert. Wenn Marco es sich recht überlegt, dann würde er die Hausaufgabenstellung gerne verstehen, um die Hausaufgaben machen zu können.

Aus: Beyer & Lohaus: Stressbewältigung im Jugendalter © 2006 Hogrefe
Mit freundlicher Unterstützung durch die Techniker Krankenkasse

Stress nicht als Katastrophe erleben

SNAKE
die Problemlöseschlange

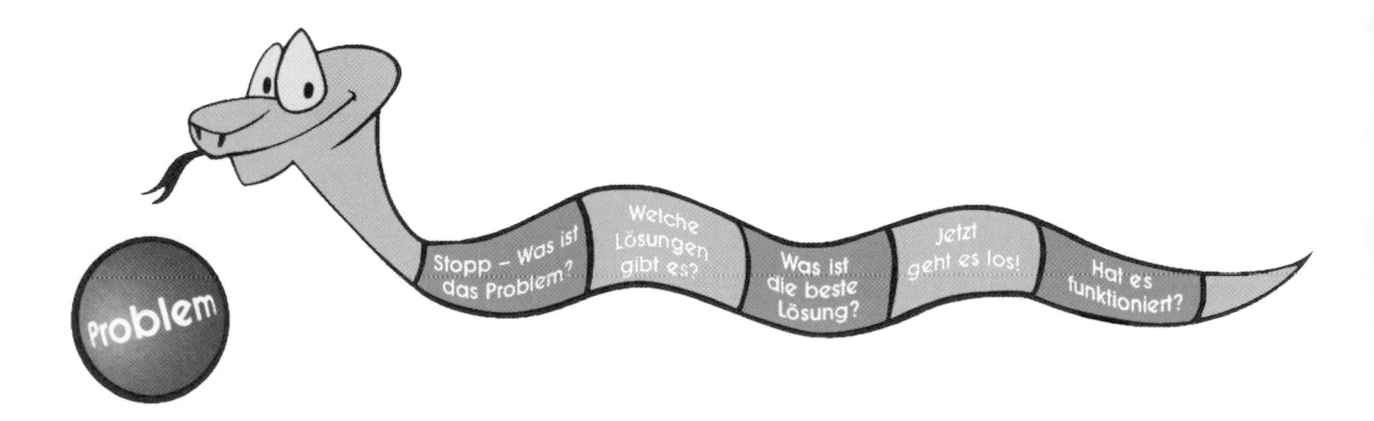

Die fünf Schritte beim Problemlösen sind …

(1) Problembeschreibung: Stopp – Was ist das Problem?

(2) Lösungssuche: Welche Lösungen gibt es?

(3) Entscheidung: Was ist die beste Lösung?

(4) Aktion: Jetzt geht es los!

(5) Bewertung: Hat es funktioniert?

Aus: Beyer & Lohaus: Stressbewältigung im Jugendalter © 2006 Hogrefe
Mit freundlicher Unterstützung durch die Techniker Krankenkasse

Stress nicht als Katastrophe erleben

SNAKE – die Problemlöseschlange

Wenn man ein Problem hat, das einem Stress bereitet, kann man versuchen, es mit den fünf Schritten, die in der Problemschlange dargestellt sind, in den Griff zu bekommen. Die fünf Schritte werden im Folgenden kurz beschrieben.

(1) Problembeschreibung: Stopp – Was ist das Problem?

Um ein Problem lösen zu können, muss man zunächst klären, was eigentlich genau das Problem ist. Wichtige Fragen sind, wann und wo das Problem auftritt: beispielsweise vor Klassenarbeiten oder bei manchen Gesprächsthemen mit Freunden. Weiterhin sollte man seine Reaktionen (wie Angst, Wut, Aggression…) klären. Wichtig ist es auch, seine Ziele zu kennen: „Ich will vor Klassenarbeiten lockerer sein" oder „Ich will meine Scheu davor überwinden, jemanden anzusprechen"… Und hier noch einige wichtige Punkte: Man sollte sich realistische Ziele setzen, die man auch erreichen kann. Wenn man gleich mehrere Probleme hat, sollte man mit dem einfachsten beginnen und sich danach die schwierigen vornehmen. Denn erstens kann man nicht alles gleichzeitig schaffen und zweitens hilft es weiter, wenn schon einige Probleme gelöst sind.

(2) Lösungssuche: Welche Lösungen gibt es?

Bevor man sich vorschnell für eine Problemlösung entscheidet, sammelt man zunächst alle Lösungsmöglichkeiten. Dazu macht man ein Brainstorming und schreibt alle Lösungen in Stichworten auf, um die Übersicht zu behalten. Die Lösungen werden zunächst nicht bewertet, sondern es werden auch auf den ersten Blick verrückt erscheinende Lösungen in Betracht gezogen. Es ist sinnvoll auch mit jemand anderem zusammen zu überlegen, welche Lösungsmöglichkeiten es für ein Problem gibt.

(3) Entscheidung: Was ist die beste Lösung?

An dieser Stelle geht man die einzelnen Lösungsmöglichkeiten durch und überlegt, mit welchen Vor- und Nachteilen sie verbunden wären. Dann wählt man die Lösung aus, die mit den meisten Vorteilen und den wenigsten Nachteilen verbunden ist. Es sollte sich um die Lösung handeln, von der man sich am ehesten verspricht, dass sie helfen kann.

(4) Aktion: Jetzt geht es los!

Nun geht es darum, die vielversprechendste Lösung in die Tat umzusetzen. Dazu sollte man sich auch überlegen, mit welchen Hindernissen man rechnen muss. Manchmal ist es sinnvoll, mit kleinen Schritten anzufangen, um Erfolg zu haben. Wer zu viel zu schnell erreichen will, kann leicht scheitern. Auch Durchhaltevermögen ist gefragt, da nicht immer alles sofort wunschgemäß funktioniert.

(5) Bewertung: Hat es funktioniert?

Zum Abschluss eines Problemlösungsversuchs sollte man sich fragen, ob das ursprünglich gesteckte Ziel erreicht wurde. Es kann natürlich sein, dass man zufrieden ist, ohne das Ziel vollständig erreicht zu haben. Auch dies wäre ein großer Gewinn. Wenn es nicht gelungen ist, das Problem zu lösen, kann man erneut beginnen, das Problem zu analysieren. Vielleicht hat man ja etwas übersehen, das bei einem zweiten Durchgang den Lösungsschlüssel zeigt...

Stress nicht als Katastrophe erleben

Aus: Beyer & Lohaus: Stressbewältigung im Jugendalter © 2006 Hogrefe
Mit freundlicher Unterstützung durch die Techniker Krankenkasse

(1) Stopp – Was ist das Problem?

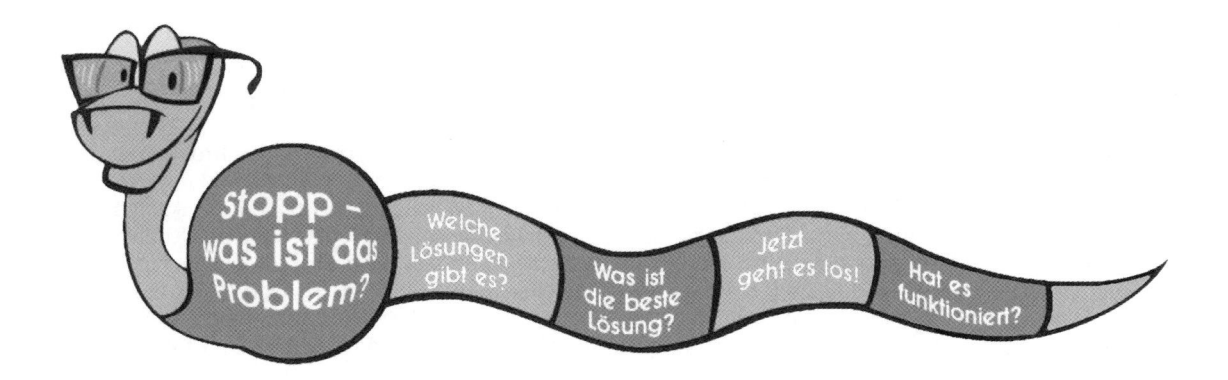

Um leichter herauszufinden, was überhaupt mein Problem ist und was mein Ziel ist, halte ich kurz inne und überlege mir …

Situation	
Was ist das Problem?	
Wie geht es mir damit?	**Stressbarometer** 0 % ←――――――――――→ 100 % gar keinen Stress sehr viel Stress
Ziel	
Was wünsche ich mir?	

Aus: Beyer & Lohaus: Stressbewältigung im Jugendalter © 2006 Hogrefe
Mit freundlicher Unterstützung durch die Techniker Krankenkasse

Stress nicht als Katastrophe erleben

(2) Welche Lösungen gibt es?

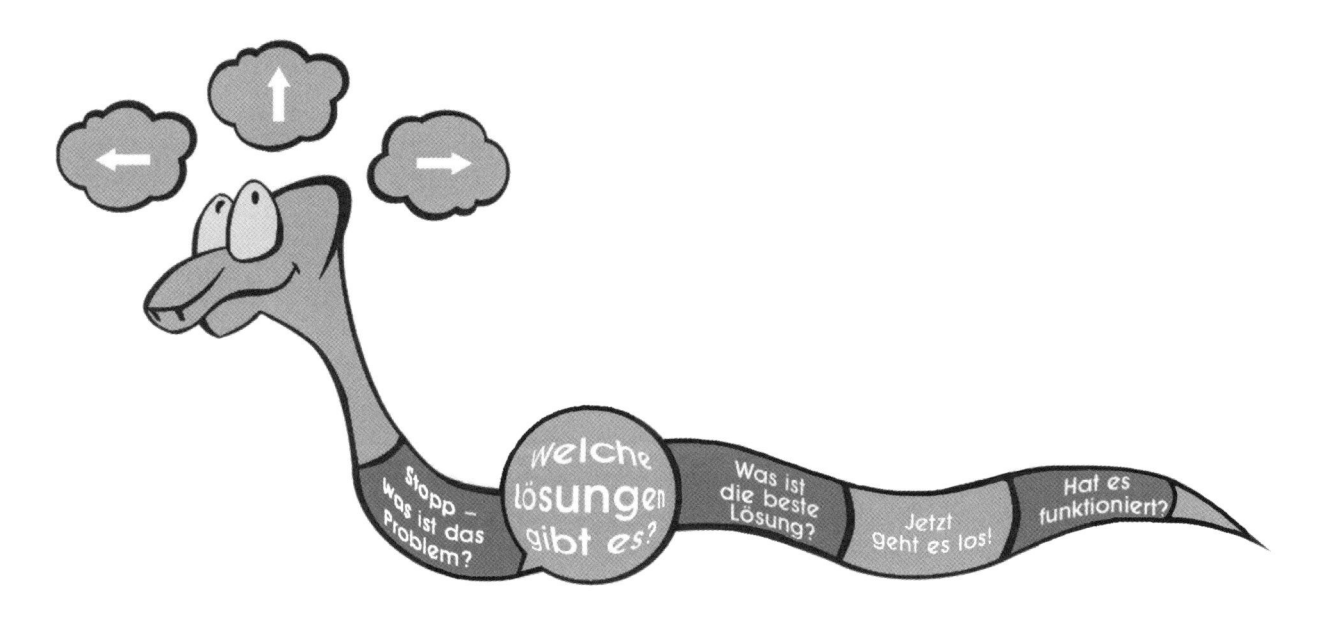

Dann sammle ich alle möglichen Lösungen für mein Problem!

Meine Lösungsvorschläge sind ...

Aus: Beyer & Lohaus: Stressbewältigung im Jugendalter © 2006 Hogrefe
Mit freundlicher Unterstützung durch die Techniker Krankenkasse

Stress nicht als Katastrophe erleben

(3) Was ist die beste Lösung?

Nun überlege ich mir, welche Vorteile und welche Nachteile die einzelnen Lösungen haben. Dann entscheide ich mich für die beste Lösung!

Entscheidung für Lösungsnummer ...

Lösungen	Vorteile	Nachteile	Entscheidung
1)			
2)			
3)			
4)			
5)			
6)			

Aus: Beyer & Lohaus: Stressbewältigung im Jugendalter © 2006 Hogrefe
Mit freundlicher Unterstützung durch die Techniker Krankenkasse

Stress nicht als Katastrophe erleben

Fragebogen: Was ist die beste Lösung?

Wenn du ein Problem hast und deswegen im Stress bist, kannst du verschiedene Sachen machen, damit es dir besser geht. Es gibt also immer mehrere Lösungsmöglichkeiten.

Klar ist, dass nicht in jeder Situation die gleiche Lösung funktioniert!

In einer Stresssituation bietet es sich an, sich erstmal zu entspannen und den Kopf frei zu bekommen, in einer anderen ist es wichtig, die Sache anzugehen und den Stressauslöser zu beseitigen.

Wenn du deinen Stress in den Griff bekommen möchtest, musst du also immer versuchen, für die jeweilige Stresssituation eine angemessene Lösung zu finden.

Teste auf den nächsten Seiten, ob du das kannst!

Aus: Beyer & Lohaus: Stressbewältigung im Jugendalter © 2006 Hogrefe
Mit freundlicher Unterstützung durch die Techniker Krankenkasse

Stress nicht als Katastrophe erleben

Stell dir bitte vor:

Du bist im Klassenzimmer. Gleich wird eine wichtige Klassenarbeit geschrieben. Dir wird schlecht, wenn du an die Arbeit denkst.

Sind die folgenden Verhaltensweisen in dieser Stresssituation hilfreich oder nicht?

		hilfreich	nicht hilfreich
1)	Ich nehme die Sache in die Hand (z. B. gebe ich mir besondere Mühe).	☐	☐
2)	Ich bitte jemanden, mir bei dem Problem zu helfen (z. B. lasse ich mir die Aufgaben noch mal erklären).	☐	☐
3)	Ich versuche, den Schwierigkeiten auszuweichen (z. B. melde ich mich krank).	☐	☐
4)	Ich versuche, mich zu entspannen.	☐	☐
5)	Ich fluche vor mich hin.	☐	☐
		hilfreich	nicht hilfreich

Du warst eine Woche krank. In einigen Schulfächern hast du viel verpasst und du erkennst, dass es schwierig wird, das Verpasste aufzuholen.

Sind die folgenden Verhaltensweisen in dieser Stresssituation hilfreich oder nicht?

		hilfreich	nicht hilfreich
1)	Ich nehme die Sache in die Hand (z.B. lerne ich oder leihe mir Heft aus).	☐	☐
2)	Ich bitte jemanden, mir bei dem Problem zu helfen.	☐	☐
3)	Ich versuche, den Schwierigkeiten auszuweichen.	☐	☐
4)	Ich versuche, mich zu entspannen.	☐	☐
5)	Ich fluche vor mich hin.	☐	☐
		hilfreich	nicht hilfreich

Aus: Beyer & Lohaus: Stressbewältigung im Jugendalter © 2006 Hogrefe
Mit freundlicher Unterstützung durch die Techniker Krankenkasse

SNAKE
Stress nicht als Katastrophe erleben

Stell dir bitte vor:

Du bist allein im Park. Eine Gruppe betrunkener, grölender Leute kommt auf dich zu. Die Leute wirken bedrohlich.

Sind die folgenden Verhaltensweisen in dieser Stresssituation hilfreich oder nicht?

		hilfreich	nicht hilfreich
1)	Ich nehme die Sache in die Hand (z. B. sage ich den Leuten, sie sollen mich in Ruhe lassen).	☐	☐
2)	Ich bitte jemanden, mir bei dem Problem zu helfen (z. B. rufe ich jemanden mit dem Handy an und lasse mich trösten).	☐	☐
3)	Ich versuche, den Schwierigkeiten auszuweichen.	☐	☐
4)	Ich tue etwas, um mich zu entspannen.	☐	☐
5)	Ich fluche vor mich hin.	☐	☐
		hilfreich	nicht hilfreich

Aus: Beyer & Lohaus: Stressbewältigung im Jugendalter © 2006 Hogrefe
Mit freundlicher Unterstützung durch die Techniker Krankenkasse

Stress nicht als Katastrophe erleben

(4) Jetzt geht es los!

Jetzt plane ich, wie ich meine Lösung in die Tat umsetzen kann. Und dann geht es los!

Lösungsnummer ... (Hier bitte die Lösungsnummer eintragen)	
Was ist zu tun?	
Welche Hindernisse können sich mir in den Weg stellen?	
Wie kann ich mögliche Hindernisse überwinden?	

Aus: Beyer & Lohaus: Stressbewältigung im Jugendalter © 2006 Hogrefe
Mit freundlicher Unterstützung durch die Techniker Krankenkasse

Stress nicht als Katastrophe erleben

(5) Hat es funktioniert?

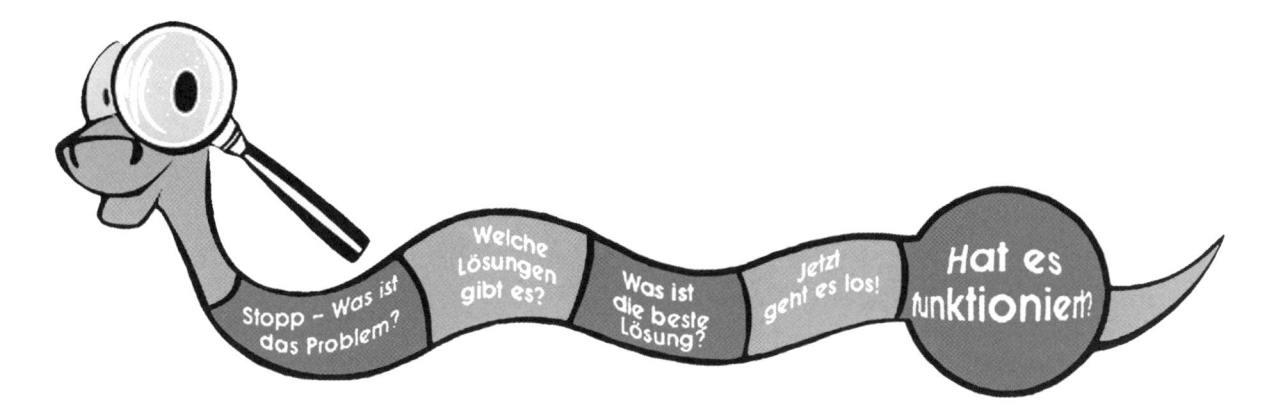

Zum Schluss überlege ich mir, wie ich das Ergebnis finde …

Situation	
Was war das Problem?	
Ziel	
Was wünschte ich mir?	
Wie geht es mir jetzt?	**Stressbarometer** 0 % ◄─────────────► 100 % gar keinen Stress sehr viel Stress
Habe ich mein Ziel erreicht?	☐ Ja, ich habe mein Ziel erreicht. Das Problem ist gelöst. ☐ Nein, ich habe mein Ziel noch nicht erreicht. Das Problem ist noch nicht gelöst. Ich frage mich also erneut „Stopp – Was ist das Problem?" (zurück zu Schritt 1)

Aus: Beyer & Lohaus: Stressbewältigung im Jugendalter © 2006 Hogrefe
Mit freundlicher Unterstützung durch die Techniker Krankenkasse

Stress nicht als Katastrophe erleben

Und wenn das Problem nicht gelöst ist ...

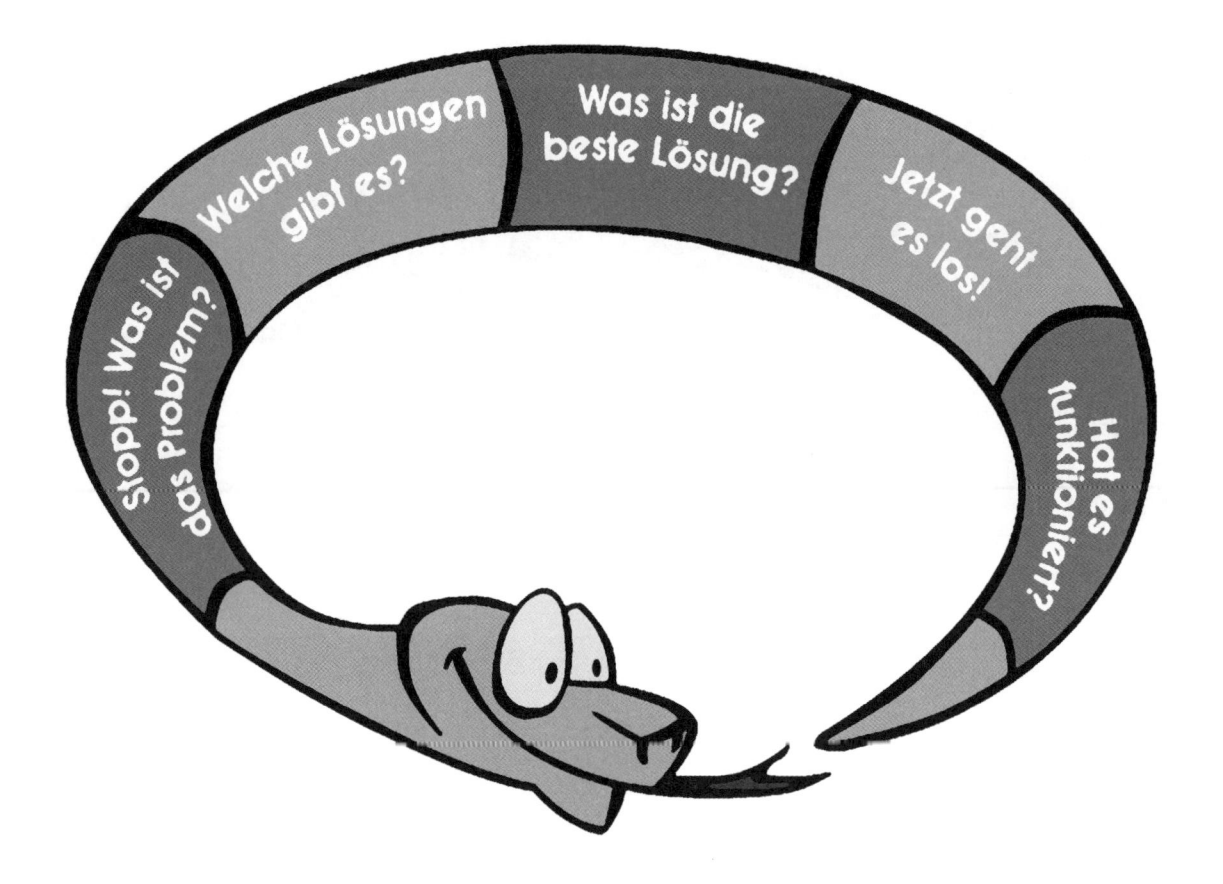

- Stopp! Was ist das Problem?
- Welche Lösungen gibt es?
- Was ist die beste Lösung?
- Jetzt geht es los!
- Hat es funktioniert?

Aus: Beyer & Lohaus: Stressbewältigung im Jugendalter © 2006 Hogrefe
Mit freundlicher Unterstützung durch die Techniker Krankenkasse

SNAKE
Stress nicht als Katastrophe erleben

Was ich bei Stress alles tun kann:

Wenn ich Stress habe, dann …

SNAKE
Stress nicht als Katastrophe erleben

SNAKE

Stress Nicht Als Katastrophe Erleben

Teilnehmerunterlage

Gedanken und Stress

Einführung

Die Kurseinheit mit dem Titel „Gedanken und Stress" baut auf dem Grundkurs zu „Wissen zu Stress und Problemlösen" auf.

In diesem Modul geht es vor allem um den Zusammenhang zwischen Gedanken und Stresserleben.

Was ist damit gemeint?

Wie du bereits weißt, gibt es eine ganze Reihe verschiedener Ereignisse, die für die Entstehung von Stress bedeutsam sind. Interessanterweise erleben nicht alle Menschen in der gleichen Situation Stress. Das Auftreten eines bestimmten Ereignisses reicht also nicht aus, um Stress zu erzeugen. Ob man Stress erlebt, hängt häufig davon ab, wie man ein Ereignis bewertet bzw. wie man über ein Ereignis denkt! Mit anderen Worten: Oft fühlt man sich so, wie man die Lage beurteilt.

Zum Beispiel kann die Ankündigung einer Klassenarbeit eine Bedrohung darstellen, wenn bei einem schlechten Ergebnis die Versetzung gefährdet ist.

Sie kann aber auch eine Herausforderung sein, die eigenen Leistungen unter Beweis zu stellen.

In dieser Kurseinheit zum Thema „Gedanken und Stress" geht es genau um diese Bewertungen! Wir werden gemeinsam solchen Gedanken bzw. Situationsbewertungen auf die Spur kommen, die zu Stress führen und erlernen, alternative Bewertungen vorzunehmen. Es wird gezeigt, wie die eigenen Gedanken, Gefühle/ Körperreaktionen und Verhaltensweisen zusammenhängen und sich gegenseitig beeinflussen.

Außerdem wird die Bewertung der eigenen Person thematisiert. Denn auch hier gilt: Wenn man stärker das Positive an sich selbst sieht und nicht dauernd das Negative, erscheint vieles schon in einem günstigeren Licht.

In dieser Mappe findest du einige Unterlagen, welche die Sitzungen begleiten.

So, viel Spaß!

Aus: Beyer & Lohaus: Stressbewältigung im Jugendalter © 2006 Hogrefe
Mit freundlicher Unterstützung durch die Techniker Krankenkasse

Stress nicht als Katastrophe erleben

Referat

Aus: Beyer & Lohaus: Stressbewältigung im Jugendalter © 2006 Hogrefe
Mit freundlicher Unterstützung durch die Techniker Krankenkasse

Stress nicht als Katastrophe erleben

Unangekündigter Test

Verabredung

Sportfest

Führerschein

Aus: Beyer & Lohaus: Stressbewältigung im Jugendalter © 2006 Hogrefe
Mit freundlicher Unterstützung durch die Techniker Krankenkasse

Stress nicht als Katastrophe erleben

Mein bester Freund ...

.... ist mein bester Freund/ meine beste Freundin, weil:

👍 Er/ sie kann richtig gut ...

_____

_____

👍 Ich mag die Art, wie er/ sie ...

_____

_____

👍 An seinem/ ihrem Aussehen mag ich besonders ...

_____

_____

👎 Was er/ sie nicht so gut kann, ist ...

_____

_____

👍 Das ist aber kein Problem, weil ...

_____

_____

Stress nicht als Katastrophe erleben

Aus: Beyer & Lohaus: Stressbewältigung im Jugendalter © 2006 Hogrefe
Mit freundlicher Unterstützung durch die Techniker Krankenkasse

SNAKE

Stress Nicht Als Katastrophe Erleben

Teilnehmerunterlage

Soziale Unterstützung

Einführung

Die Kurseinheit mit dem Titel „Soziale Unterstützung" baut auf dem Grundkurs zu „Wissen zu Stress und Problemlösen" auf.

In diesem Modul geht es um die Fähigkeit, sich bei Schwierigkeiten Unterstützung zu holen, um so das eigene Stresserleben zu reduzieren.

Wie kann man sich das vorstellen?

Es gibt eine Reihe von Problemen, bei denen man sich selbst helfen kann. Manchmal gibt es aber auch Probleme, bei denen man sich nicht alleine helfen kann oder bei denen es günstig ist, andere um Unterstützung zu bitten: Um sich einfach trösten zu lassen, um sich einen guten Rat zu holen, um einen Konflikt gemeinsam zu lösen oder auch um das Problem von einer anderen Person lösen zu lassen. Beispiele für solche Probleme sind Schulschwierigkeiten, Geldsorgen oder erlebte Gewalt.

In dieser Kurseinheit wird erarbeitet, welche Ansprechpartner jeder in seinem Umfeld hat und welche Personen bzw. Institutionen darüber hinaus zur Problemlösung zur Verfügung stehen und in Anspruch genommen werden können. Das Stichwort „Beratungsstelle" kann beispielsweise an dieser Stelle genannt werden.

Wenn Jugendliche gefragt werden, welche Ereignisse bei ihnen Stress auslösen, werden auch immer wieder „Konflikte", „Auseinandersetzungen mit Lehrer oder Freunden" genannt. Aus diesem Grund wird in dieser Kurseinheit das Thema „Konflikte" aufgegriffen und es werden Verhaltensweisen besprochen und praktisch erprobt, die Grundlage für einen „stressfreieren" Umgang mit anderen sind.

In dieser Mappe findest du einige Unterlagen, welche die Sitzungen begleiten.

So, viel Spaß!

Aus: Beyer & Lohaus: Stressbewältigung im Jugendalter © 2006 Hogrefe
Mit freundlicher Unterstützung durch die Techniker Krankenkasse

Stress nicht als Katastrophe erleben

Mein soziales Netz

- Geldsorgen:
- Schlechte Note:
- Streit mit meinen Eltern:
- Streit mit meiner Freundin/ meinem Freund:
- Krankheit:
- Opfer von Gewalt:
- Liebeskummer:

Mein soziales Netz

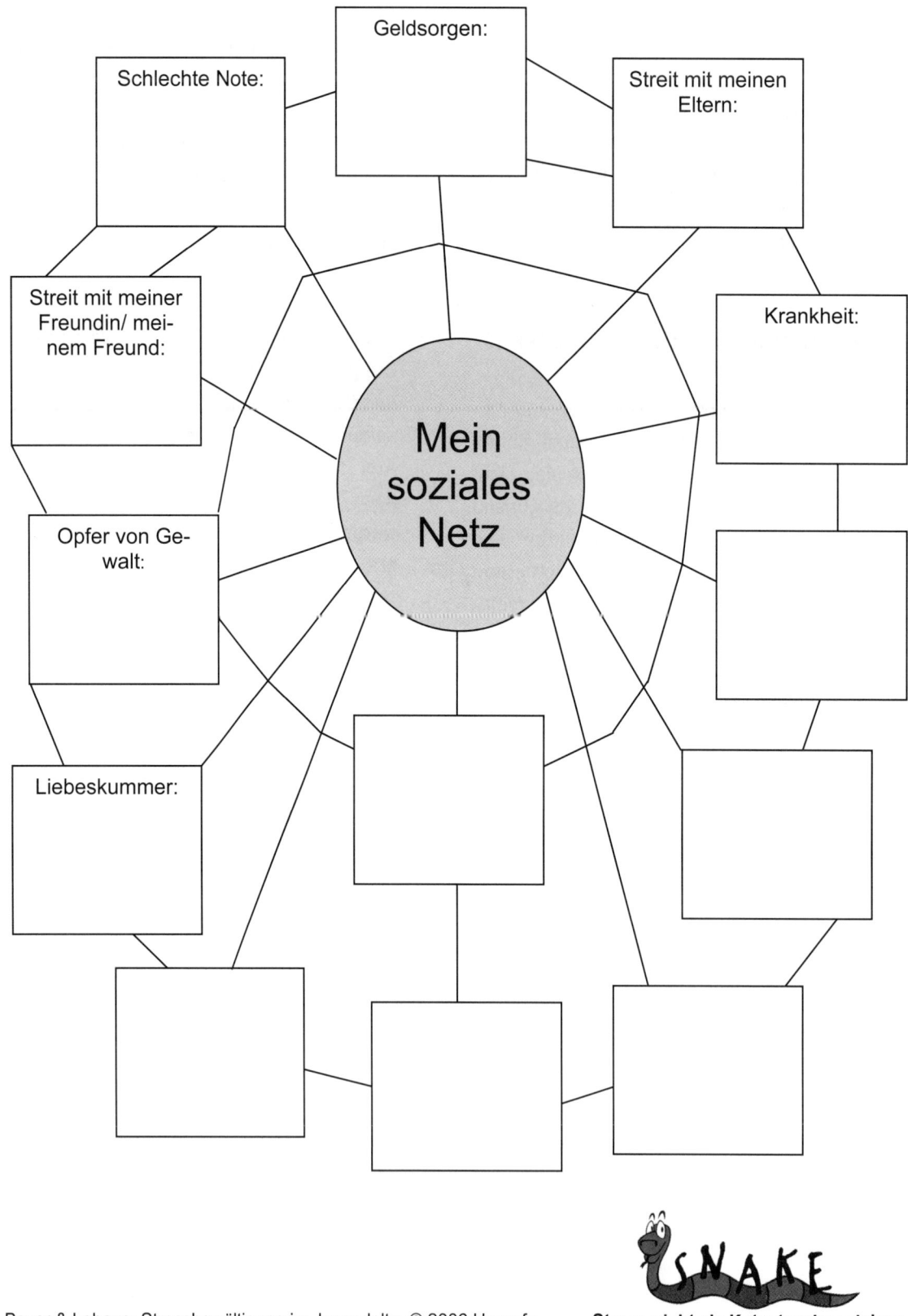

Aus: Beyer & Lohaus: Stressbewältigung im Jugendalter © 2006 Hogrefe
Mit freundlicher Unterstützung durch die Techniker Krankenkasse

SNAKE
Stress nicht als Katastrophe erleben

Broschüren verschiedener Beratungseinrichtungen

Name der Beratungsstelle

_____

Für welche Probleme bietet die Beratungsstelle Unterstützung an?

_____

_____

_____

_____

Wie findest du den Informationsgehalt der Broschüre?

_____

_____

_____

_____

Wie kann ich herausfinden, ob und wo es Beratungseinrichtungen in meiner Nähe gibt?

Wähle aus den vorgegebenen Möglichkeiten diejenige aus, die du ausprobieren möchtest!

Falls du eine Idee hast, die hier nicht aufgeführt ist, so kannst du diese gerne ausprobieren.

- Telefonbuch ☐
- Gelbe Seiten ☐
- Kirche ☐
- Lehrer ☐
- Freunde ☐
- Eltern ☐
- Internet ☐
- Andere Möglichkeit ☐

_____

_____

Aus: Beyer & Lohaus: Stressbewältigung im Jugendalter © 2006 Hogrefe
Mit freundlicher Unterstützung durch die Techniker Krankenkasse

Stress nicht als Katastrophe erleben

Links und Verweise:
Hilfen für Jugendliche bei Stress

Das Kinder- und Jugendtelefon: 0800-1110333	Telefonseelsorge: 0800-1110111 und 0800-1110222
Steht kostenlos von 15 bis 19 Uhr montags bis freitags zur Verfügung	Steht kostenlos rund um die Uhr zur Verfügung
kids-hotline: http://kinderschutz.kidshotline.de	bke-sorgenchat: www.bke-sorgenchat.de
Bietet vielfältige Beratungsmöglichkeiten für Kinder und Jugendliche	Beratung für die Sorgen und Nöte Jugendlicher (montags, mittwochs und freitags von 17-20 Uhr)

Wir können keine Haftung für die Inhalte externer Angebote übernehmen.

Meine Konflikte ...

	Ich
Freunde / Mitschüler	
Freund / Freundin (Partner)	
Eltern / Geschwister	
Lehrer	
Andere Personen	

Aus: Beyer & Lohaus: Stressbewältigung im Jugendalter © 2006 Hogrefe
Mit freundlicher Unterstützung durch die Techniker Krankenkasse

Stress nicht als Katastrophe erleben

Verhaltenstypen

Kriterien sicheren, unsicheren und aggressiven Verhaltens

Merkmal	Sicher	Unsicher	Aggressiv
Stimme			
Formulierung			
Inhalt			
Gestik, Mimik			

Aus: Beyer & Lohaus: Stressbewältigung im Jugendalter © 2006 Hogrefe
Mit freundlicher Unterstützung durch die Techniker Krankenkasse

Stress nicht als Katastrophe erleben

Sozial kompetentes Verhalten: Gefühle

Regeln für das selbstsichere Mitteilen von Gefühlen:

- Das Wort „Ich" gebrauchen

- Das Gefühl beim Namen nennen
  Ich bin jetzt ... / Ich fühle mich ...

- Das Gefühl begründen

  Richtig:
  Dabei ein konkretes Ereignis benennen

  Falsch:
  „Du hast immer ..." „Du bist immer so ..."

- Übereinstimmung von Gesagtem und Körpersprache

Aus: Beyer & Lohaus: Stressbewältigung im Jugendalter © 2006 Hogrefe
Mit freundlicher Unterstützung durch die Techniker Krankenkasse

Stress nicht als Katastrophe erleben

Rollenspielsituationen

Situation 1

Du hast heute Geburtstag. Du erwartest keine Gäste, weil du erst am Samstag eine Grillparty veranstaltest. Es klingelt an der Haustür. Du öffnest die Tür und zu deiner Überraschung steht eine Freundin aus der Nachbarschaft vor der Tür. Sie hat ein Geschenk in der Hand. Du äußerst deine Überraschung und sagst ihr, wie sehr du dich über den Besuch und das Geschenk freust.

Situation 2

Ein Kumpel von dir hat letzte Woche eine Party gegeben und sich deshalb von dir jede Menge CDs ausgeliehen. Als du die CDs zu Hause anhörst, stellst du fest, dass 5 der 20 ausgeliehenen CDs Kratzer haben und jetzt springen. Du bist dir ganz sicher, dass die CDs vorher unbeschädigt waren, weil du sehr sorgfältig mit deiner Musiksammlung umgehst. Du rufst deinen Kumpel an und sagst ihm, dass du sehr verärgert darüber bist, dass fünf CDs kaputt sind. Zusammen erarbeitest du mit ihm eine Lösung für das Problem.

Situation 3

Du hast eine Freundin, mit der du viel unternimmst. In den letzten Wochen hat sie aber sehr wenig Zeit für dich. Immer wenn du sie anrufst, um dich mit ihr zu verabreden, hat sie schon etwas anderes vor. Zum Beispiel muss sie mit ihren Eltern zu den Großeltern fahren, im Garten helfen, noch mit dem Hund raus oder sie muss noch Hausaufgaben nachholen. In der Schule erfährst du dann aber, dass sie mit anderen Leuten etwas unternommen hat, was dich sehr enttäuscht.

Du sprichst mit ihr und sagst ihr, dass du über ihr Verhalten sehr enttäuscht bist, da sie dich angelogen hat.

Situation 4

Du hast nächste Woche Führerscheinprüfung. Du bist deswegen total aufgeregt und hast mächtig Angst. Du willst natürlich auf keinen Fall durchfallen. Das ist so teuer und du musst den Führerschein selbst bezahlen. Dein Freund/ deine Freundin merkt, dass etwas mit dir nicht stimmt und fragt, was los ist. Du sagst ihm/ ihr, dass du Angst vor der Führerscheinprüfung hast.

Aus: Beyer & Lohaus: Stressbewältigung im Jugendalter © 2006 Hogrefe
Mit freundlicher Unterstützung durch die Techniker Krankenkasse

Stress nicht als Katastrophe erleben

Rollenspielsituationen

Situation 5

Deine Eltern sind im Urlaub und du hast zwei Wochen sturmfrei. Du hast eine Freundin/ einen Freund eingeladen, damit du nicht so alleine bist. Eigentlich versteht ihr euch prima. Nur eine Sache nervt dich mächtig. Die Freundin/ der Freund hat bisher noch kein einziges Mal geholfen, das Geschirr abzuspülen. Und sie/ er wohnt jetzt schon sechs Tage bei dir. Du sagst ihr/ ihm, dass du dich sehr darüber ärgerst und dass du erwartest, das sie/ er von jetzt an auch abwäscht.

Situation 6

Im Schulbus, auf dem Weg zur Schule, sitzt du neben deiner Freundin/ deinem Freund. Auf einmal fangen ein paar Jungs aus der Parallelklasse an, dich zu hänseln. Sie lachen über deine neue Jacke, dann über deine Frisur und schreien durch den Bus, dass du stinkst. Du versuchst dich zu wehren, so gut du kannst. Deine Freundin/ dein Freund guckt beschämt aus dem Fenster und sagt nichts. Darüber bist du sehr enttäuscht. Du hättest dir gewünscht, dass sie/ er zu dir hält.

In der Schule angekommen, sagst du deiner Freundin/ deinem Freund, dass du über ihr/ sein Verhalten sehr enttäuscht bist.

Situation 7

Wenn du eine Arbeit in der Schule zurückbekommst und abends deinen Eltern von deiner Note erzählst, fragen sie sofort, wie die Arbeit denn bei den besten Schülern der Klasse ausgefallen ist. Sie vergleichen deine Leistungen also mit denen deiner Mitschüler. Dann machen sie dir Vorwürfe, dass du schlechter bist.

Heute hast du eine Bioarbeit zurückbekommen und du hast eine 3 geschrieben. Damit bist du ganz zufrieden. Deine Eltern fragen abends sofort danach, wer denn eine bessere Arbeit geschrieben hat. Als sie erfahren, dass du eine drei geschrieben hast und andere besser sind, machen sie dir Vorwürfe. Du sagst, dass du mit dem Ergebnis zufrieden bist und dass es dich sehr ärgert, dass sie dich danach fragen, wie die anderen abgeschnitten haben und dir dann Vorwürfe machen.

Sozial kompetentes Verhalten: Forderungen durchsetzen

Regeln für das selbstsichere Äußern von Forderungen:

- Ich-Form

    (statt „man", „wir")

- Die Forderung direkt formulieren

    Richtig:
    Ich möchte ...
    Ich bestehe darauf ...
    Ich verlange ...
    Ich fordere ...

    Falsch:
    Könntest du vielleicht ...
    Würde es vielleicht etwas ausmachen, wenn ...
    Du musst ...
    Wenn du das nicht machst, dann ...

- Die Forderung konkret und klar formulieren

    Was will ich von dem anderen?
    Wann soll es passieren?

Rollenspielsituationen

Situation 1

Du hast dir eine neue Jeans gekauft, die ganz schön teuer war. Zu Hause stellst du leider fest, dass eine Naht am Bein der Hose aufgeht. Am nächsten Tag bist du wieder in der Stadt.

Du gehst in den Jeansladen und reklamierst die fehlerhafte Ware.

Situation 2

Du sitzt im Zug. In deinem Abteil raucht jemand unerlaubt.

Du weist ihn auf die Schilder „Rauchen Verboten" hin und bittest ihn, das Rauchen einzustellen oder das Abteil zu verlassen, da dich der Rauch stört.

Situation 3

Du bist beim Schnellimbiss. Es ist gerammelt voll. Du bestellst eine Pizza Spinat, die du im Park um die Ecke essen willst. Im Park stellst du allerdings fest, dass du eine Pizza Hawaii bekommen hast. Du bist Vegetarier.

Du gehst zurück zum Schnellimbiss und verlangst die richtige Pizza.

Situation 4

Du hast am Mittwoch dein Fahrrad zur Reparatur gebracht. Der Händler hat versprochen, dass es noch diese Woche Freitag fertig ist. Das ist auch gut so, weil du am Wochenende eine Fahrradtour geplant hast. Am Freitag fährst du in die Stadt, um das Fahrrad abzuholen. Zu deiner Verärgerung musst du erfahren, dass es erst am Montag fertig sein soll.

Du sagst, dass die Vereinbarung getroffen wurde, dass das Fahrrad am Freitag fertig ist. Du bestehst darauf, dass es noch vor dem Wochenende repariert wird.

Aus: Beyer & Lohaus: Stressbewältigung im Jugendalter © 2006 Hogrefe
Mit freundlicher Unterstützung durch die Techniker Krankenkasse

Stress nicht als Katastrophe erleben

Rollenspielsituationen

Situation 5

Du hast Fahrstunde. Kurz bevor ihr auf dem Parkplatz losfahrt, trifft dein Fahrlehrer einen alten Bekannten. Er kurbelt das Fenster herunter und fängt mit ihm ein Gespräch an. Nach 15 Minuten wirst du ärgerlich, da du gerne losfahren willst.

Du bittest deinen Fahrlehrer, die Unterhaltung zu unterbrechen und mit der Fahrstunde zu beginnen, da du für die Stunde bezahlen musst und die ganze Zeit ausnutzen willst.

Situation 6

Du darfst samstags immer bis 24 Uhr ausgehen, seit du 15 geworden bist. So hast du es mit deinen Eltern ausgehandelt. Diesen Samstag findet eine geniale Party in der „Motte" statt, da willst du unbedingt hin. Am Freitag verkündet deine Mutter, dass du am Samstag zu Hause bleiben sollst, weil du in Englisch eine 4 geschrieben hast. Sie meint, du sollst besser lernen als feiern, Vereinbarung hin oder her.

Sag deiner Mutter, dass du auf der Vereinbarung, samstags bis 24 Uhr ausgehen zu dürfen, bestehst. Sag ihr, dass die Vereinbarung nichts mit deinen Schulleistungen zu tun hat.

Situation 7

Dein Französischlehrer hat nun schon drei Mal hintereinander am Donnerstag seine Stunde überzogen. Es handelt sich dabei immer um die letzte Stunde, was dazu führt, dass du den Schulbus verpasst (so geht es den anderen Schülern natürlich auch). Das ist sehr ärgerlich, weil du weit außerhalb wohnst.

Du gehst nach der Stunde zu ihm, und bittest ihn, seine Stunde pünktlich zu beenden.

Situation 8

Du hast deinen Walkman verliehen. Eigentlich nur für ein Wochenende, mittlerweile ist es aber schon zwei Wochen her. Du verlangst ihn sofort zurück.

Aus: Beyer & Lohaus: Stressbewältigung im Jugendalter © 2006 Hogrefe
Mit freundlicher Unterstützung durch die Techniker Krankenkasse

Stress nicht als Katastrophe erleben

SNAKE

Stress Nicht Als Katastrophe Erleben

Teilnehmerunterlage

Entspannung und Zeitmanagement

Einführung

Die Kurseinheit mit dem Titel „Entspannung und Zeitmanagement" baut auf dem Grundkurs zu „Wissen zu Stress und Problemlösen" auf.

Fragt man Jugendliche nach ihren Stressauslösern, werden auch immer wieder „Zeitdruck", „Hektik", „Termine" genannt.

Wenn allzu viel Hektik erlebt wird, bekommt man leicht das Gefühl, dass einem alles über den Kopf wächst. Es gibt mehrere Möglichkeiten, damit umzugehen. Eine Möglichkeit besteht darin zu überlegen, wie der eigene Tag geschickter geplant werden kann, um dadurch wiederum mehr Zeit für Freiräume zu haben. Solche Zeitmanagementstrategien werden in diesem Modul bearbeitet.

Wenn man sich Freiräume für Ruhe geschaffen hat, lohnt es sich zu überlegen, wie man entspannen kann. Beispielsweise einfach ein wenig dösen, schlafen oder Musik hören.

Neben solchen unsystematischen Arten, zu entspannen, kann man auch eine systematische Methode anwenden, die man sich aber vorher aneignen muss, wie beispielsweise die Progressive Muskelentspannung oder Autogenes Training. Welche Entspannung wirkt, ist von Person zu Person unterschiedlich, hier gibt es kein Patentrezept. Deshalb habt ihr die Möglichkeit, in diesem Aufbaukurs verschiedene Arten der Entspannung kennen zu lernen. Zum Beispiel die Progressive Muskelentspannung und Phantasiereisen.

In dieser Mappe findest du einige Unterlagen, welche die Sitzungen begleiten.

So, viel Spaß!

Progressive Muskelentspannung

Zur Einführung

Wenn du Lust hast, die progressive Muskelentspannung, die du im Kurs kennen gelernt hast, alleine auszuprobieren, dann kannst du das mit der folgenden Anleitung ganz einfach machen. Bei der progressiven Muskelentspannung werden nacheinander einzelne Muskelgruppen angespannt und dann wieder entspannt, bis ein Entspannungszustand erreicht ist. Zuerst kommen die Arme dran, dann der Kopf, die Schultern, der Bauch, der Rücken und zum Schluss die Beine. Und so wird es gemacht:

Entspannungsanleitung

- Setze dich bequem auf deinen Stuhl, so dass du eine Weile sitzen kannst. Achte darauf, dass die Füße fest auf dem Boden stehen und deine Hände auf deinen Oberschenkeln aufliegen.
- Alternativ kannst du dich auch hinlegen. Dabei winkelst du die Knie an und stellst die Füße fest auf den Boden.
- Schließe die Augen. Nimm einige tiefe Atemzüge.

1. Arme

- Du fängst mit dem rechten Arm an.
- Mache mit der rechten Hand eine Faust, die du zusammendrückst, als wolltest du einen Schwamm in deiner Hand ausdrücken und spanne die rechte Faust, den rechten Unterarm und Oberarm gleichzeitig an. Halte die Spannung (5 Sekunden lang). Achte darauf, wie es in den Muskeln zieht, wie sie hart und fest sind und wie sich die Spannung in den Muskeln anfühlt.
- Und wieder locker lassen (30 Sekunden lang). Konzentriere dich darauf, was du in den Muskeln spürst. Achte auf den Unterschied von Anspannung und Entspannung.
- Und nun das gleiche mit dem linken Arm.
- Mache mit der linken Hand eine Faust, die du zusammendrückst und spanne den linken Unterarm und Oberarm gleichzeitig an. Halte die Spannung (5 Sekunden lang).
- Und wieder locker lassen (30 Sekunden lang).

2. Kopf

- Nun gehst du zum Kopf über. Kneife beide Augen zusammen, rümpfe die Nase und spanne dabei die Stirn leicht an. Halte die Spannung (5 Sekunden lang). Achte wieder darauf, wie es in den Muskeln zieht, wie sich die Spannung in den Muskeln anfühlt.
- Und wieder locker lassen (30 Sekunden lang). Achte darauf, wie sich die Muskeln langsam entspannen.

3. Schultern

- Nun geht es um das Anspannen der Schultern. Ziehe die Schultern zurück, als wollten sich die Schulterblätter auf dem Rücken berühren und spanne sie dabei an. Halte die Spannung (5 Sekunden lang).
- Und wieder locker lassen (30 Sekunden lang).
- Nun ziehe die Schultern hoch, so dass der Hals fast verschwindet und die Schultern die Ohrläppchen fast berühren. Halte die Spannung (5 Sekunden lang).
- Und dann wieder locker lassen (30 Sekunden lang).

4. Bauch

- Nun kommt der Bauch an die Reihe. Spanne den Bauch an und lass ihn nach vorne kippen, so als würdest du auf einer Schaukel sitzen und Schwung holen. Halte die Spannung (5 Sekunden lang).
- Und wieder locker lassen (30 Sekunden lang).

5. Rücken

- Als nächstes gehst du zum Rücken über. Spanne den Rücken an, indem du ihn zu einem Hohlkreuz durchdrückst. Halte die Spannung (5 Sekunden lang). Achte darauf, wie es in den Muskeln zieht und wie sich die Spannung in den Muskeln anfühlt.
- Und wieder locker lassen (30 Sekunden lang). Konzentriere dich darauf, was du in den Muskeln spürst. Achte auf den Kontrast von Anspannung und Entspannung.

6. Beine

- Zum Schluss kommen die Beine dran. Fange mit dem rechten Bein an:
- Spanne den rechten Ober- und Unterschenkel und den rechten Fuß an. Dazu ziehst du die rechte Fußspitze zu dir hin, drückst die Ferse in den Boden, so als wolltest du ein Loch in den Boden drücken, und spannst so den Fuß, den Ober- und Unterschenkel zusammen an. Halte die Spannung (5 Sekunden lang).
- Und wieder locker lassen (30 Sekunden lang).
- Und nun das gleiche mit der linken Seite.
- Spanne den linken Ober- und Unterschenkel und den linken Fuß an. Dazu ziehst du die linke Fußspitze zu dir hin, drückst die Ferse in den Boden und spannst so den Fuß, den Ober- und Unterschenkel zusammen an. Halte die Spannung (5 Sekunden lang).
- Und wieder locker lassen (30 Sekunden lang).

Lass dir jetzt noch etwas Zeit und genieß die Entspannung.

Nun beende die Entspannung und bringe deinen Kreislauf wieder in Schwung:

- Strecke und recke deine Arme und Beine!
- Atme dreimal tief und hörbar ein und aus!
- Öffne deine Augen wieder!

Stress nicht als Katastrophe erleben

Aus: Beyer & Lohaus: Stressbewältigung im Jugendalter © 2006 Hogrefe
Mit freundlicher Unterstützung durch die Techniker Krankenkasse

Progressive Muskelentspannung – was sonst noch wichtig ist …

Bevor du dich das erste Mal alleine zu Hause entspannst, übe das Anspannen und Entspannen der einzelnen Muskelgruppen noch einmal bei geöffneten Augen.

Dann lies' dir in aller Ruhe die Entspannungsanleitung durch und gehe die Entspannung Schritt für Schritt durch, so dass du weißt, wie sich die einzelnen Muskelgruppen anspannen und entspannen lassen.

Jede Muskelgruppe wird ca. 5 Sekunden angespannt, dann folgt eine ca. 30 Sekunden anhaltende Entspannung.

Wichtig ist natürlich, dass du es dir für die Entspannung gemütlich machst. Setze dich bequem auf einen Stuhl oder Sessel oder lege dich bequem hin. Du kannst dir einfach die Position aussuchen, die für dich am besten ist. Im Kurs haben wir die Entspannung bisher im Sitzen ausprobiert.

Aus: Beyer & Lohaus: Stressbewältigung im Jugendalter © 2006 Hogrefe
Mit freundlicher Unterstützung durch die Techniker Krankenkasse

Stress nicht als Katastrophe erleben

So ein Stress ...

„Auch das noch! – so viele Hausaufgaben!" Jan weiß nicht mehr weiter. Wie soll er das heute alles schaffen? Die Bandprobe, der Auftritt heute Abend, Besorgungen für den Vater, das Schwimmtraining...

„... und jetzt auch noch einen Aufsatz über die alten Römer – Super!" Jan hat keine Ahnung wie er das alles auf die Reihe bekommen soll, denn da ist ja auch noch der Streit mit seiner Freundin Julia.

Schauen wir mal, was los ist:

Julia ist sauer, weil Jan seit zwei Wochen nur noch den Auftritt im Kopf hat. Sie hat ihn kaum noch gesehen. Selbst in den Pausen trifft er sich immer nur mit den anderen Jungs, um Liedtexte zu schreiben. Aber Jan will sie mit einem kleinen Geschenk und einer Einladung zum Konzert heute Abend wieder versöhnlich stimmen.

Jan hat um 13:00 Uhr Schulschluss. Nach der Schule geht er erst einmal zu seinem Kumpel Dirk. Der hat sich zwei Videospiele gekauft, die er Jan unbedingt zeigen will. Die beiden spielen eine Stunde, bis Jan einfällt, dass er eigentlich längst Zuhause sein müsste. Er rennt nach Hause und vergisst dabei die Schrauben, die er für seinen Vater auf dem Heimweg von der Schule besorgen soll. Sein Vater ist ganz schön sauer. Er schickt Jan gleich wieder los in den Baumarkt. Den Besuch bei Julia kann er jetzt vergessen. Er muss sich schon beeilen, um rechtzeitig noch zum Schwimmtraining zu kommen, das um 16:00 Uhr stattfindet.

Er schafft es natürlich nicht. Zehn Minuten zu spät – das macht zwei Euro in die Mannschaftskasse. Als er beim Wettschwimmen den Start verpasst, ist das Gelächter groß. Jetzt muss er auch noch um seinen Startplatz in der Staffel bangen. Er kann sich einfach nicht konzentrieren ...

Jetzt fährt Jan schnell zu seiner Freundin: „Julia ist nicht mehr zu Hause!" so die Auskunft ihrer Mutter. „Sie hat gewartet, weil sie hoffte, dass du noch vorbeikommen würdest. Aber jetzt ist sie mit einer Freundin in die Stadt. Julia war ziemlich enttäuscht!" – „Mist!" denkt sich Jan, „den ganzen Umweg umsonst gefahren!" Ob Julia ihn überhaupt noch sehen möchte?

Mit einem richtig schlechten Gewissen und total gestresst radelt er weiter. Seit Wochen hat er sich auf das Konzert gefreut. Es ist der erste Auftritt seiner Band. Alle Freunde werden da sein, und dann so ein Ärger. Die anderen haben im Proberaum auf ihn gewartet, um die neuen Lieder noch einmal zu spielen. Dafür ist jetzt keine Zeit mehr, das Konzert beginnt um 20:00 Uhr. Sie hetzen ins Jugendzentrum, wo die erste Band schon spielt. „Danach sind wir dran! Los, schnell!" Jan ist tierisch aufgeregt und ziemlich erschöpft.

Dann gehen die vier Jungs auf die Bühne und spielen, was das Zeug hält. Als Jan den blonden Lockenkopf von Julia vor der Bühne herumhüpfen sieht, ist er beruhigt und glücklich. Ist ja fast alles noch mal gut gegangen. Aber vielleicht geht's ja beim nächsten Mal etwas stressfreier!?

Während die anderen noch den erfolgreichen Auftritt feiern, muss Jan nach Hause. Ihr wisst schon, die alten Römer ...

Stress nicht als Katastrophe erleben

Aus: Beyer & Lohaus: Stressbewältigung im Jugendalter © 2006 Hogrefe
Mit freundlicher Unterstützung durch die Techniker Krankenkasse

So ein Stress ...

„Auch das noch! – so viele Hausaufgaben!" Nadine weiß nicht mehr weiter. Wie soll sie das heute alles schaffen? Die Bandprobe, der Auftritt heute Abend, Besorgungen für den Vater, das Schwimmtraining...

„... und jetzt auch noch einen Aufsatz über die alten Römer – Super!" Nadine hat keine Ahnung wie sie das alles auf die Reihe bekommen soll, denn da ist ja auch noch der Streit mit ihrem Freund Axel.

Schauen wir mal, was los ist:

Axel ist sauer, weil Nadine seit zwei Wochen nur noch den Auftritt im Kopf hat. Er hat sie kaum noch gesehen. Selbst in den Pausen trifft sie sich immer nur mit den anderen aus der Band, um Liedtexte zu schreiben. Aber Nadine will ihn mit einem kleinen Geschenk und einer Einladung zum Konzert heute Abend wieder versöhnlich stimmen.

Nadine hat um 13:00 Uhr Schulschluss. Nach der Schule geht Nadine erst einmal zu ihrer Freundin Jessica. Die hat sich zwei neue CD's gekauft, die sie Nadine unbedingt vorspielen will. Die beiden hören eine Stunde Musik, bis Nadine einfällt, dass sie eigentlich längst Zuhause sein müsste. Sie rennt nach Hause und vergisst dabei die Schrauben, die sie für ihren Vater auf dem Heimweg von der Schule besorgen soll. Ihr Vater ist ganz schön sauer. Er schickt Nadine gleich wieder los in den Baumarkt. Den Besuch bei Axel kann sie jetzt vergessen. Sie muss sich schon beeilen, um rechtzeitig noch zum Schwimmtraining zu kommen, das um 16:00 Uhr stattfindet.

Sie schafft es natürlich nicht. Zehn Minuten zu spät – das macht zwei Euro in die Mannschaftskasse. Als sie beim Wettschwimmen den Start verpasst, ist das Gelächter groß. Jetzt muss sie auch noch um ihren Startplatz in der Staffel bangen. Sie kann sich einfach nicht konzentrieren ...

Jetzt fährt Nadine schnell zu ihrem Freund: „Axel ist nicht mehr zu Hause!" so die Auskunft seiner Mutter. „Er hat gewartet, weil er hoffte, dass du noch vorbeikommen würdest. Aber jetzt ist er mit einem Freund in die Stadt. Axel war ziemlich enttäuscht!" – „Mist!" denkt sich Nadine, „den ganzen Umweg umsonst gefahren!" Ob Axel sie überhaupt noch sehen möchte?

Mit einem richtig schlechten Gewissen und total gestresst radelt sie weiter. Seit Wochen hat sie sich auf das Konzert gefreut. Es ist der erste Auftritt ihrer Band. Alle Freunde werden da sein, und dann so ein Ärger. Die anderen haben im Proberaum auf sie gewartet, um die neuen Lieder noch einmal zu spielen. Dafür ist jetzt keine Zeit mehr, das Konzert beginnt um 20:00 Uhr. Sie hetzen ins Jugendzentrum, wo die erste Band schon spielt. „Danach sind wir dran! Los, schnell!" Nadine ist tierisch aufgeregt und ziemlich erschöpft.

Dann gehen sie auf die Bühne und spielen, was das Zeug hält. Als Nadine den blonden Lockenkopf von Axel vor der Bühne herumhüpfen sieht, ist sie beruhigt und glücklich. Ist ja fast alles noch mal gut gegangen. Aber vielleicht geht's ja beim nächsten Mal etwas stressfreier!?

Während die anderen noch den erfolgreichen Auftritt feiern, muss Nadine nach Hause. Ihr wisst schon, die alten Römer ...

Aus: Beyer & Lohaus: Stressbewältigung im Jugendalter © 2006 Hogrefe
Mit freundlicher Unterstützung durch die Techniker Krankenkasse

Stress nicht als Katastrophe erleben

Tagesplan

Uhrzeit	Termine, Aktivitäten	Benötigte Zeit	erledigt	
12-13 Uhr			Ja Nein	☐ ☐
13-14 Uhr			Ja Nein	☐ ☐
14-15 Uhr			Ja Nein	☐ ☐
15-16 Uhr			Ja Nein	☐ ☐
16-17 Uhr			Ja Nein	☐ ☐
17-18 Uhr			Ja Nein	☐ ☐
18-19 Uhr			Ja Nein	☐ ☐
19-20 Uhr			Ja Nein	☐ ☐
20-21 Uhr			Ja Nein	☐ ☐
21-22 Uhr			Ja Nein	☐ ☐
22-23 Uhr			Ja Nein	☐ ☐
23-00 Uhr			Ja Nein	☐ ☐

Aus: Beyer & Lohaus: Stressbewältigung im Jugendalter © 2006 Hogrefe
Mit freundlicher Unterstützung durch die Techniker Krankenkasse

SNAKE
Stress nicht als Katastrophe erleben

Tipps zum Zeitmanagement

1. **Unterbrechungen vermeiden**

   Bitte-nicht-stören-Schilder, Anrufbeantworter, sich an einen ruhigen Ort zurückziehen.

2. **Nie mehrere Ziele gleichzeitig erreichen wollen**

   Eine Aufgabe nach der anderen abarbeiten, dann geht es insgesamt schneller.

3. **Wichtiges und Unwichtiges gewichten, Prioritäten setzen**

   Rangordnungen für die anliegenden Arbeiten aufstellen (Frage an sich selbst: Welche Aufgabe muss ich zuerst machen, da sie zuerst fertig sein muss?).

4. **Checklisten, „Left to do-Listen", Merkzettel**

5. **Die eigene Energie gut einteilen**

   Dazu ist es gut, die eigene Leistungskurve zu kennen und z. B. für schwierige Hausaufgaben oder Dinge, die einem wichtig sind, die eigenen Leistungshochs zu nutzen. (Frage an sich selbst: Wie sieht es aus mit der eigenen Leistungsfähigkeit direkt nach dem Mittagessen oder abends um 23:00 Uhr?)

6. **Pausen machen**

   Ohne Pause lässt die Arbeitsleistung nach. Wenn man wieder ein bisschen Energie getankt hat, kann man die Aufgabe oft schneller bewältigen, auch wenn man die Pausenzeiten dazurechnet Tipp: Nach einer Stunde „Arbeit" immer 10 Minuten Pause.

Stress nicht als Katastrophe erleben

Aus: Beyer & Lohaus: Stressbewältigung im Jugendalter © 2006 Hogrefe
Mit freundlicher Unterstützung durch die Techniker Krankenkasse

Wochenplan

In den Wochenplan kannst du eintragen, wie lange du jeden Tag zur Schule gehst und welche Termine (wie etwa Sport, Musikunterricht) du in der Woche hast.

Beispiel: Du siehst hier den Wochenplan eines Jugendlichen, der montags 5 Stunden, dienstags 6 Stunden, mittwochs 6 Stunden, donnerstags 7 Stunden und freitags 5 Stunden Schule hat, der montags Nachhilfeunterricht hat, der dienstags und donnerstags zum Schwimmtraining geht, der einen Job hat, um Geld zu verdienen, der Jazztanz macht und der ein Musikinstrument in der Musikschule lernt. Außerdem muss er Hausaufgaben machen und sein Instrument für die Musikschule üben.

Schulstunden							
	MO	DI	MI	DO	FR	SA	SO
	5	6	6	7	5		

Termine außerhalb der Schule							
	MO	DI	MI	DO	FR	SA	SO
12-13 Uhr							
13-14 Uhr							
14-15 Uhr	Hausaufgaben		Hausaufgaben				
15-16 Uhr	Hausaufgaben	Schwimmen	Hausaufgaben	Schwimmen	Hausaufgaben		
16-17 Uhr	Nachhilfe	Schwimmen		Schwimmen	Hausaufgaben		
17-18 Uhr	Instrument üben	Musikschule	Job zum Geldverdienen		Instrument üben	Job zum Geldverdienen	Instrument üben
18-19 Uhr		Hausaufgaben		Hausaufgaben	Nachhilfe	Job zum Geldverdienen	
19-20 Uhr		Hausaufgaben		Hausaufgaben	Musikschule		
20-21 Uhr				Jazztanz			
21-22 Uhr				Jazztanz			
22-23 Uhr							
23-00 Uhr							

Stress nicht als Katastrophe erleben

Jetzt geht es um dich!

Trage in deinen Wochenplan ein, wie viele Schulstunden du jeden Tag hast und welche festen bzw. regelmäßigen Termine und Arbeitszeiten du außerhalb der Schulzeit wahrnimmst.

Schulstunden							
	MO	DI	MI	DO	FR	SA	SO

Termine außerhalb der Schule							
	MO	DI	MI	DO	FR	SA	SO
12-13 Uhr							
13-14 Uhr							
14-15 Uhr							
15-16 Uhr							
16-17 Uhr							
17-18 Uhr							
18-19 Uhr							
19-20 Uhr							
20-21 Uhr							
21-22 Uhr							
22-23 Uhr							
23-00 Uhr							

Aus: Beyer & Lohaus: Stressbewältigung im Jugendalter © 2006 Hogrefe
Mit freundlicher Unterstützung durch die Techniker Krankenkasse

SNAKE

Stress nicht als Katastrophe erleben

Wie viel Spaß hast du beim ...?

	Sehr viel Spaß	Viel Spaß	Wenig Spaß	Keinen Spaß
Musik hören	☺☺	☺	☹	☹☹
Lesen	☺☺	☺	☹	☹☹
Faulenzen	☺☺	☺	☹	☹☹
Schwimmbadbesuch	☺☺	☺	☹	☹☹
mit Freunden unterwegs sein	☺☺	☺	☹	☹☹
Fernsehen	☺☺	☺	☹	☹☹
Musik machen	☺☺	☺	☹	☹☹
Sport (z. B. _____)	☺☺	☺	☹	☹☹
Basteln und Schrauben	☺☺	☺	☹	☹☹
Computerspielen	☺☺	☺	☹	☹☹

Was sonst noch Spaß macht:

_____

_____

_____

Aus: Beyer & Lohaus: Stressbewältigung im Jugendalter © 2006 Hogrefe
Mit freundlicher Unterstützung durch die Techniker Krankenkasse

Stress nicht als Katastrophe erleben

Wie oft gehst du den Aktivitäten nach, die dir Spaß machen?

Sieh dir jetzt bitte die vorhergehende Seite noch einmal an. Schreibe alles, was dir sehr viel oder viel Spaß macht, auf diese Seite. Gib dazu bitte an, wie häufig du das machst.

	Nie	Selten	Manchmal	Oft
_____	O	O	O	O
_____	O	O	O	O
_____	O	O	O	O
_____	O	O	O	O
_____	O	O	O	O
_____	O	O	O	O
_____	O	O	O	O
_____	O	O	O	O
_____	O	O	O	O
_____	O	O	O	O
_____	O	O	O	O
_____	O	O	O	O
_____	O	O	O	O

Aus: Beyer & Lohaus: Stressbewältigung im Jugendalter © 2006 Hogrefe
Mit freundlicher Unterstützung durch die Techniker Krankenkasse

Stress nicht als Katastrophe erleben

Vanessa Speck

Training progressiver Muskelentspannung für Kinder

(Reihe: »Therapeutische Praxis«)
2005, 110 Seiten, Großformat,
€ 29,95 / sFr. 52,50
ISBN 3-8017-1875-1

Das Manual bietet eine detaillierte und strukturierte Anleitung für die Durchführung eines Trainings zur progressiven Muskelentspannung mit 8- bis 12-jährigen Kindern. Ziel des Trainings ist es, die Kinder präventiv im Hinblick auf eine gesunde Entwicklung und ein gesteigertes Wohlbefinden zu fördern. Die Gruppe selbst bietet gegenseitigen Austausch, gemeinsame Spiele und Spaß. Mit Hilfe der Übungen sollen Kompetenzen zur Bewältigung von Alltagsbelastungen sowie ein Schutz vor stressbedingter Überlastung aufgebaut werden. Zu diesem Buch ist außerdem eine CD mit Entspannungsübungen zum selbstständigen Üben zu Hause erhältlich.

Vanessa Speck

Progressive Muskelentspannung für Kinder

2005, CD, € 15,95 / sFr. 28,50
ISBN 3-8017-1880-8

Die Lebenssituation von Kindern und Jugendlichen wird häufig von Hektik, Unruhe und Leistungsdruck geprägt. Viele Kinder und Jugendliche haben nie gelernt, eine individuelle Art der Entspannung zu entwickeln und einzusetzen. Mit Progressiver Muskelentspannung können sie lernen, sich im Alltag Ruhe- und Entspannungsmomente zu errichten. Die CD enthält Instuktionen mit verschiedenen Entspannungsübungen, die die Kinder und Jugendlichen selbstständig und trainingsbegleitend zu Hause durchführen können.

Lydia Suhr-Dachs
Manfred Döpfner

Leistungsängste

Therapieprogramm für Kinder und Jugendliche mit Angst- und Zwangsstörungen (THAZ) – Band 1

(Reihe: »Therapeutische Praxis«)
2005, 204 Seiten, Großformat,
€ 36,95 / sFr. 63,50
ISBN 3-8017-1878-6

Der Band beschreibt das diagnostische und therapeutische Vorgehen bei Kindern und Jugendlichen mit Leistungsängsten. Die multimodale Therapie umfasst patientenzentrierte sowie familien- und umfeldzentrierte Behandlungskomponenten. Umfangreiche Therapiematerialien erleichtern die Umsetzung des Vorgehens in der klinischen Praxis.

Claus Jacobs
Dietmar Heubrock
Despina Muth
Franz Petermann

Training für Kinder mit Aufmerksamkeitsstörungen

Das neuropsychologische Gruppenprogramm ATTENTIONER

(Reihe: »Therapeutische Praxis«)
2005, 152 Seiten, Großformat,
inkl. DVD, € 49,95 / sFr. 86,–
ISBN 3-8017-1892-1

Ein zentrales Problem vieler Kinder und Jugendlicher im Alter von 7 bis 13 Jahren besteht darin, dass sie ihre Aufmerksamkeit nicht gezielt fokussieren und steuern können. Mit dem neuropsychologischen Gruppentraining ATTENTIONER lassen sich die Aufmerksamkeitsleistungen wirksam verbessern. Das Manual beschreibt die einzelnen Trainingseinheiten, die durch kindgerecht gestaltete Trainingsaufgaben und -materialien auf der beigefügten DVD ergänzt werden.

HOGREFE

Hogrefe Verlag GmbH & Co. KG
Rohnsweg 25 · 37085 Göttingen · Tel: (0551) 49609-0 · Fax: -88
E-Mail: verlag@hogrefe.de · Internet: www.hogrefe.de

Gerhard W. Lauth
Bernd Heubeck

Kompetenztraining für Eltern sozial auffälliger Kinder (KES)

Ein Präventionsprogramm

(Reihe: »Therapeutische Praxis«)
2006, 190 Seiten, Großformat,
€ 34,95 / sFr. 56,–
ISBN 3-8017-1829-8

Bei diesem ressourcenorientierten Gruppentraining lernen Eltern von sozial auffälligen Kindern, belastende Alltagssituationen in der Familie zu identifizieren und ihre eigenen Stärken zu erkennen, um anschließend das Lösen der bestehenden Schwierigkeiten zu üben. Das Buch schildert nicht nur den theoretischen Hintergrund des Konzeptes, sondern gibt auch eine genaue Anleitung zum Training und enthält alle Materialien.

Johannes Klein-Heßling
Arnold Lohaus

Stresspräventionstraining für Kinder im Grundschulalter

(Reihe: »Therapeutische Praxis«)
2., erweiterte und aktualisierte
Auflage 2000, 117 Seiten,
Großformat,
€ 26,95 / sFr. 44,80
ISBN 3-8017-1348-2

Mit Hilfe des Stresspräventionstrainings können Kinder auf spielerische Weise lernen, akute und zukünftige Belastungen wahrzunehmen und angemessen auf sie zu reagieren. Das Buch beschreibt ein Gruppentraining, das mit einer Vielfalt von Methoden, wie z.B. Rollenspiele, Auflockerungs- und Entspannungsübungen, Fallgeschichten und Comics versucht, der Komplexität des Stresserlebens Rechnung zu tragen. Zusätzlich enthält es eine Anleitung zur Gestaltung von trainingsbegleitenden Elternabenden. Zu diesem Buch ist außerdem die Kassette »Bleib locker« mit Entspannungsübungen erhältlich.

Julia Plück
Elke Wieczorrek
Tanja Wolff Metternich
Manfred Döpfner

Präventionsprogramm für Expansives Problemverhalten (PEP)

Ein Manual für Eltern- und Erziehergruppen

(Reihe: »Therapeutische Praxis«)
2006, 221 Seiten, Großformat,
inkl. CD-ROM, € 59,95 / sFr. 95,–
ISBN 3-8017-1894-8

Das Präventionsprogramm »PEP« besteht aus einem Eltern- und einem Erzieherprogramm. Es macht mit den wichtigsten Methoden der Verhaltensänderung vertraut. Ziel des Programmes ist die Stärkung der Erziehenden selbst, die Stärkung der positiven Eltern/Erzieher-Kind-Interaktion sowie die Stärkung der konstruktiven Eltern-Erzieher-Interaktion. Die beiliegende CD-ROM enthält das umfangreiche didaktische Material für alle Sitzungen und darüber hinaus alle Arbeitsblätter, die an die Teilnehmer verteilt werden können.

Manfred Wünsche
Hans Reinecker

Selbstmanagement in der Erziehung

Ein Training mit Eltern

(Reihe: »Therapeutische Praxis«)
2006, 112 Seiten, Großformat,
inkl. CD-ROM, € 29,95 / sFr. 52,50
ISBN 3-8017-1908-1

Der Band stellt ein sechs Sitzungen umfassendes Elterntraining vor, welches an den Prinzipien der Selbstmanagement-Therapie orientiert ist. Ziel ist es, Eltern in die Lage zu versetzen, autonom, selbstbestimmt und eigenverantwortlich ihre erzieherischen Ziele zu erreichen. Im Training werden relevante Erziehungssituationen bearbeitet und erzieherisches Handeln geübt. Die Umsetzung des Gelernten im jeweiligen erzieherischen Alltag der Teilnehmer wird durch Rollenspiele, Übungen und Hausaufgaben zwischen den Sitzungen unterstützt.

HOGREFE

Hogrefe Verlag GmbH & Co. KG
Rohnsweg 25 · 37085 Göttingen · Tel: (0551) 49609-0 · Fax: -88
E-Mail: verlag@hogrefe.de · Internet: www.hogrefe.de